辽宁工程技术大学研究生教育教学改革研究资助项目

政府会计准则和制度下
高等学校会计实务

唐 伟 主编

东南大学出版社
SOUTHEAST UNIVERSITY PRESS
·南京·

内 容 提 要

本书以《政府会计准则》《政府会计制度》为引领,以《关于高等学校执行〈政府会计制度〉的补充规定》为指南,全面讲解了《政府会计制度》下高等学校会计核算实务,主要内容包括:高等学校执行《政府会计制度》解读、高等学校内部控制建设及内控报告的填报、8个会计要素的账务处理过程、年末结转结账核算、会计报表编报等。通过列举具体实务案例,直观解析《政府会计制度》"双功能、双基础、双报告"的会计核算模式在高校财务核算中的应用。

图书在版编目(CIP)数据

政府会计准则和制度下高等学校会计实务/唐伟主编. —南京:东南大学出版社,2022.1
ISBN 978-7-5641-9297-6

Ⅰ.①政… Ⅱ.①唐… Ⅲ.①高等学校-会计实务 Ⅳ.①G647.5

中国版本图书馆 CIP 数据核字(2020)第 259696 号

责任编辑:张　煦　责任校对:子雪莲　封面设计:王　玥　责任印制:周荣虎

政府会计准则和制度下高等学校会计实务

主　　编	唐　伟
出版发行	东南大学出版社
社　　址	南京四牌楼2号　邮　编:210096　电　话:025-83793330
网　　址	http://www.seupress.com
电子邮件	press@seupress.com
经　　销	全国各地新华书店
印　　刷	广东虎彩云印刷有限公司
开　　本	700mm×1000mm　1/16
印　　张	28.25
字　　数	462 千
版　　次	2022年1月第1版
印　　次	2022年1月第1次印刷
书　　号	ISBN 978-7-5641-9297-6
定　　价	138.00 元

本社图书若有印装质量问题,请直接与营销部调换。电话(传真):025-83791830

编 委 会

主　编：唐　伟
副主编：周茂春　桑　笑　王笑薇
委　员：唐守国　郐晓红　任海芝　付正莉　滕婧怡
　　　　艾　雪　王浩明　宁　野　孙　喆(沈阳师范大学)　潘资文(沈阳体育学院)

引 言

2013年11月党的十八届三中全会通过《中共中央关于全面深化改革若干重大问题的决定》,提出建立权责发生制的政府综合财务报告制度,正式拉开政府会计改革的序幕。2014年8月全国人大常委会发布《预算法》修正案,2014年10月国务院发布《国务院关于深化预算管理制度改革的决定》(国发〔2014〕63号),逐步推进政府会计改革。自2015年10月财政部发布《政府会计准则-基本准则》,政府会计具体准则和应用指南陆续出台。2017年12月,财政部印发《政府会计制度—行政事业单位会计科目和报表》(财会〔2017〕25号),自2019年1月1日起施行。

全面贯彻执行《政府会计制度》是广大财会工作者的基本职责,特别是高等学校作为政府会计实施主体的重要组成部分,更应当发挥引领作用,通过实施政府会计准则、制度,有效提高单位会计信息质量,满足政府财务管理需要,推动预算绩效管理,促进财政经济可持续发展。

新准则、新制度已经实施、运行近三个会计年度,作为一名高校财务工作者,在实际业务中遇到了一些特殊和疑难问题,对新旧制度会计核算的变化有着切实的体验和感受,希望通过不断修改完善、提炼总结,出版一本工作指南。为此,我们多方征求理论界的专家教授和省内高校会计实务工作者的意见,深入理解领会《政府会计制度》准则的内涵和逻辑,并结合高等学校具体会计实务处理的特点进行示范,用业财融合的理念全面梳理高校政府会计实务,列举大量会计核算业务中的真实案例,以贴近于实际工作的思想编写此书。希望本书不仅能成为高校财务人员的实用手册,提升财务人员的业务水平,为高校实施《政府会计制度》、完善财务管理和会计核算提供参考和借鉴,同时,高等学校会计、财务管理专业的本科生、研究生,也可以通过本书了解《政府会计准则》和《政府会计制度》、高校政府会计业务处理的基本知识,作为会计实践教学指导用书。

本书以文字、表格和流程图等传统表述方式为主体,结合"新媒体"教学手段呈现教学团队的教学经验,形成理论与实务知识嵌入、知识讲解课件、动画演示视频等以"二维码扫描阅读"来辅助教材知识内容的"多维度"新形态。

本书具有以下几个显著特点:

一、制度落地。本书内容基于中国现行《政府会计制度》,体现了最新事业单位改革精神。从读者需求及实际问题出发,突出阐述高等学校会计实务中容易混淆的概念,按照会计要素逐个解读政府会计基本概念和核算方法。

二、结构系统。本书根据高等学校资金运动特点安排结构,使知识描述更加系统,有助于读者在理解理论的基础上更熟练地应对实务中的问题。

三、内容务实。本书通过结合高等学校财务工作的实际业务,列举了高等学校财务涉及的重点和难点经济事项,引导读者对实际工作中存在的问题进行思考的同时,帮助读者强化和提高自主学习和实际业务操作能力。

本书在编写过程中,得到辽宁工程技术大学研究生院、工商管理学院、会计学院多位领导、专家教授的鼎力支持,他们毫无保留地为本书提供了许多宝贵的建议和电子资料,在此一并表示诚挚的谢意。由于作者学识水平有限,书中难免存在疏漏、错误和不当之处,恳请各位读者不吝指正!同时,更期待与各位行业专家、学者和从事高校财务会计工作的同仁交流探讨,共同进步!

编写组

2021 年 9 月

目 录

第一部分 高等学校执行政府会计相关法规

第一章 高等学校执行《政府会计准则》及制度概述 ……………………… 3
  1.1 高等学校《政府会计制度》发布 …………………………………… 3
  1.2 高等学校执行《政府会计制度》解读 ……………………………… 3
  1.3 高等学校实施《政府会计制度》的意义 …………………………… 5
  1.4 《政府会计制度》下高校会计核算改革策略 ……………………… 6

第二章 高等学校内部控制规范 ……………………………………………… 8
  2.1 高等学校内部控制的概念 …………………………………………… 8
  2.2 高等学校内部控制的范围 …………………………………………… 8
  2.3 高等学校内部控制的目标 …………………………………………… 9
  2.4 高等学校内部控制的原则 …………………………………………… 10
  2.5 高等学校内部控制建设工作流程 …………………………………… 11
  2.6 高等学校内控建设内容 ……………………………………………… 19
  2.7 《高等学校内部控制报告》填报实务 ……………………………… 20

第二部分 《政府会计制度》下高等学校会计实务

第三章 资产类会计科目设置与使用说明 …………………………………… 37
  3.1 1001 库存现金会计核算 ……………………………………………… 38
  3.2 1002 银行存款会计核算 ……………………………………………… 40
  3.3 1011 零余额账户用款额度会计核算 ………………………………… 43
  3.4 1021 其他货币资金会计核算 ………………………………………… 45
  3.5 1101 短期投资会计核算 ……………………………………………… 46

3.6　1201 财政应返还额度会计核算 …………………… 48

3.7　1211 应收票据会计核算 …………………………… 52

3.8　1212 应收账款会计核算 …………………………… 55

3.9　1214 预付账款会计核算 …………………………… 59

3.10　1215 应收股利会计核算 ………………………… 63

3.11　1216 应收利息会计核算 ………………………… 66

3.12　1218 其他应收款会计核算 ……………………… 67

3.13　1219 坏账准备会计核算 ………………………… 69

3.14　1301 在途物品会计核算 ………………………… 71

3.15　1302 库存物品会计核算 ………………………… 72

3.16　1303 加工物品会计核算 ………………………… 80

3.17　1401 待摊费用会计核算 ………………………… 84

3.18　1501 长期股权投资会计核算 …………………… 86

3.19　1502 长期债券投资会计核算 …………………… 94

3.20　1601 固定资产会计核算 ………………………… 97

3.21　1602 固定资产累计折旧会计核算 ……………… 107

3.22　1611 工程物资会计核算 ………………………… 110

3.23　1613 在建工程会计核算 ………………………… 111

3.24　1701 无形资产会计核算 ………………………… 122

3.25　1702 无形资产累计摊销会计核算 ……………… 129

3.26　1703 研发支出会计核算 ………………………… 131

3.27　1891 受托代理资产会计核算 …………………… 134

3.28　1901 长期待摊费用会计核算 …………………… 136

3.29　1902 待处理财产损溢会计核算 ………………… 137

第四章　负债类会计科目设置与使用说明 ……………… 143

4.1　2001 短期借款会计核算 …………………………… 143

4.2　2101 应交增值税会计核算 ………………………… 145

4.3　2102 其他应交税费会计核算 ……………………… 157

4.4　2103 应缴财政款会计核算 ………………………… 160

4.5　2201 应付职工薪酬会计核算 ……………………… 162

4.6 2301 应付票据会计核算 ………………………………… 168
4.7 2302 应付账款会计核算 ………………………………… 170
4.8 2304 应付利息会计核算 ………………………………… 171
4.9 2305 预收账款会计核算 ………………………………… 172
4.10 2307 其他应付款会计核算 ……………………………… 174
4.11 2401 预提费用会计核算 ………………………………… 177
4.12 2501 长期借款会计核算 ………………………………… 181
4.13 2502 长期应付款会计核算 ……………………………… 184
4.14 2601 预计负债会计核算 ………………………………… 186
4.15 2901 受托代理负债会计核算 …………………………… 188

第五章 净资产类会计科目设置和使用说明 …………………… 190
5.1 3001 累计盈余会计核算 ………………………………… 190
5.2 3101 专用基金会计核算 ………………………………… 194
5.3 3201 权益法调整会计核算 ……………………………… 198
5.4 3301 本期盈余会计核算 ………………………………… 199
5.5 3302 本年盈余分配会计核算 …………………………… 200
5.6 3401 无偿调拨净资产会计核算 ………………………… 203
5.7 3501 以前年度盈余调整会计核算 ……………………… 205

第六章 收入类会计科目设置和使用说明 ……………………… 209
6.1 4001 财政拨款收入会计核算 …………………………… 209
6.2 4101 事业收入会计核算 ………………………………… 213
6.3 4201 上级补助收入会计核算 …………………………… 218
6.4 4301 附属单位上缴收入会计核算 ……………………… 220
6.5 4401 经营收入会计核算 ………………………………… 221
6.6 4601 非同级财政拨款收入会计核算 …………………… 222
6.7 4602 投资收益会计核算 ………………………………… 225
6.8 4603 捐赠收入会计核算 ………………………………… 229
6.9 4604 利息收入会计核算 ………………………………… 231
6.10 4605 租金收入会计核算 ………………………………… 232
6.11 4609 其他收入会计核算 ………………………………… 234

第七章　费用类会计科目设置和使用说明 ·················· 238
7.1　5001 业务活动费用会计核算 ·················· 238
7.2　5101 单位管理费用会计核算 ·················· 244
7.3　5201 经营费用会计核算 ·················· 250
7.4　5301 资产处置费用会计核算 ·················· 253
7.5　5401 上缴上级费用会计核算 ·················· 257
7.6　5501 对附属单位补助费用会计核算 ·················· 258
7.7　5801 所得税费用会计核算 ·················· 259
7.8　5901 其他费用会计核算 ·················· 261

第八章　预算收入类会计科目设置和使用说明 ·················· 266
8.1　6001 财政拨款预算收入会计核算 ·················· 266
8.2　6101 事业预算收入会计核算 ·················· 269
8.3　6201 上级补助预算收入会计核算 ·················· 271
8.4　6301 附属单位上缴预算收入会计核算 ·················· 272
8.5　6401 经营预算收入会计核算 ·················· 273
8.6　6501 债务预算收入会计核算 ·················· 273
8.7　6601 非同级财政拨款预算收入会计核算 ·················· 275
8.8　6602 投资预算收益会计核算 ·················· 276
8.9　6609 其他预算收入会计核算 ·················· 278

第九章　预算支出类会计科目设置和使用说明 ·················· 281
9.1　7201 事业支出会计核算 ·················· 281
9.2　7301 经营支出会计核算 ·················· 285
9.3　7401 上缴上级支出会计核算 ·················· 288
9.4　7501 对附属单位补助支出会计核算 ·················· 289
9.5　7601 投资支出会计核算 ·················· 289
9.6　7701 债务还本支出会计核算 ·················· 291
9.7　7901 其他支出会计核算 ·················· 292

第十章　预算结余类会计科目设置和使用说明 ·················· 296
10.1　8001 资金结存会计核算 ·················· 296
10.2　8101 财政拨款结转会计核算 ·················· 302

10.3　8102 财政拨款结余会计核算 ……………………………………… 306
10.4　8201 非财政拨款结转会计核算 ……………………………………… 310
10.5　8202 非财政拨款结余会计核算 ……………………………………… 313
10.6　8301 专用结余会计核算 ……………………………………………… 316
10.7　8401 经营结余会计核算 ……………………………………………… 318
10.8　8501 其他结余会计核算 ……………………………………………… 319
10.9　8701 非财政拨款结余分配会计核算 ………………………………… 320

第十一章　政府支出经济分类科目设置 …………………………………… 323
第十二章　期末结转与结账 ………………………………………………… 332
12.1　财务会计期末结账 …………………………………………………… 332
12.2　预算会计期末结账 …………………………………………………… 335

第三部分　会计报表编报

第十三章　会计报表编制与示范 …………………………………………… 344
13.1　资产负债表 …………………………………………………………… 344
13.2　收入费用表 …………………………………………………………… 351
13.3　净资产变动表 ………………………………………………………… 355
13.4　现金流量表 …………………………………………………………… 358
13.5　会计报表附注 ………………………………………………………… 365
13.6　预算收入支出表 ……………………………………………………… 376
13.7　预算结转结余变动表 ………………………………………………… 380
13.8　财政拨款预算收入支出表 …………………………………………… 384
13.9　会计报表编制实务示范 ……………………………………………… 386

附录一 …………………………………………………………………………… 396
附录二 …………………………………………………………………………… 417
参考文献 ………………………………………………………………………… 439

第一部分

高等学校执行政府会计相关法规

第一章　高等学校执行《政府会计准则》及制度概述

1.1　高等学校《政府会计制度》发布

2015年10月23日,财政部发布中华人民共和国财政部第78号令《政府会计准则—基本准则》,要求自2017年1月1日起施行。

2017年12月24日,财政部发布了《政府会计制度—行政事业单位会计科目和报表》(财会〔2017〕25号),要求自2019年1月1日起全面实施,并且规定执行政府会计制度的单位,不再执行行业会计制度。

2018年8月14日,为了确保新制度有效贯彻实施,根据《政府会计准则—基本准则》,结合行业实际情况,财政部印发了高等学校执行《政府会计制度—行政事业单位会计科目和报表》的补充规定和衔接规定(财会〔2018〕19号)。

1.2　高等学校执行《政府会计制度》解读

政府会计,是指用于确认、计量、记录和报告政府及事业单位财务收支活动及其受托责任的履行情况的会计体系。《政府会计准则》,正式建立了以"双功能、双基础、双报告"为基础的政府会计核算体系。作为政府会计主体的高等学校,在执行政府会计准则、制度过程中,其会计核算将发生重大变化:

(一)采用"双会计基础"

为了能够更加准确地反映高等学校资产负债情况,《政府会计制度》在原有《高等学校会计制度》单一会计基础"收付实现制"的基础上,引入了"权责发生制",要求高等学校采用"双会计基础",即财务会计核算采用权责发生制、预算会计核算采用收付实现制。

（二）引入"5+3"会计要素

为了兼顾反映预算执行状况和财务信息的双重目标，《政府会计制度》引入"5+3"会计要素，即财务会计要素：资产、负债、净资产、收入和费用 5 个要素，预算会计要素：预算收入、预算支出、预算结余 3 个要素。

（三）实行"双重"会计核算

《政府会计制度》要求高等学校会计核算应当具备财务会计与预算会计双重功能，对于纳入部门预算管理的现金收支业务，在采用财务会计核算的同时应当进行预算会计核算；对于其他业务，仅需进行财务会计核算。同时要求高等学校对基本建设投资应当按照《政府会计制度》的规定统一进行会计核算，不再单独建账，但是应当按项目单独核算，并保证项目资料完整。

（四）调整会计科目

为了准确、完整反映高等学校的资产和负债以及各项收入和运行成本情况，更好地运用权责发生制，《政府会计制度》对原会计科目进行了调整：

（1）新增会计科目

《政府会计制度》强化了财务会计功能，扩大了资产负债核算范围，在财务会计要素中新增了"其他货币资金""预提费用""待摊费用""长期待摊费用""研发支出""应收股利""坏账准备""应付利息""预计负债""非同级财政拨款收入""投资收益""捐赠收入""利息收入""租金收入""资产处置费用""权益法调整""本期盈余""本年盈余分配""无偿调拨净资产""以前年度盈余调整"等科目。《政府会计制度》进一步完善了预算会计功能，在预算会计要素中新增了"债务预算收入""非同级财政拨款预算收入""投资预算收益""投资支出""债务还本支出""资金结存"等科目。

（2）分解部分会计科目

《政府会计制度》将《高等学校会计制度》中"存货"科目分解为"在途物品""库存物品""加工物品"三个科目，"长期投资"科目分解为"长期股权投资"和"长期债券投资"两个科目，"应缴税费"科目分解为"应缴增值税""其他应缴税费"两个科目。

（3）合并部分会计科目

《政府会计制度》将《高等学校会计制度》中"应缴国库款""应缴财政专户款"两个科目合并为"应缴财政款"。

（4）废除部分会计科目

《政府会计制度》中废除了《高等学校会计制度》中部分会计科目,如:"代管款项""非流动资产基金"。

(5)重新归并分化会计科目

《政府会计制度》在财务会计要素中设置"累计盈余"科目,用以核算《高等学校会计制度》中的"事业基金""财政补助结转""财政补助结余""非财政补助结转"。

(五)编制"双报告"

《政府会计制度》要求高等学校应当按年编制财务报表和预算会计报表。财务报表以权责发生制为基础编制,一般包括资产负债表、收入费用表、净资产变动表及报表附注。单位可自行选择编制现金流量表。预算会计报表以收付实现制为基础编制,至少应包括预算收入支出表、预算结转结余变动表和财政拨款预算收入支出表。

1.3 高等学校实施《政府会计制度》的意义

《政府会计制度》全面实施,能保障高校会计核算全面发展。在《政府会计制度》下,在高校的会计核算系统中录入了会计核算科目,促使会计核算范围与内容不断扩大。《政府会计制度》中还规定了基建投资要录入到高校财会核算系统中,不再单独设定账务,这样能集中反映出高校相关部门财务发展现状。《政府会计制度》注重对财务报告、决算报告相关信息内容集中整合,依照相关规定对报表内容与结构展开设计,促使现有财务报告能集中披露会计内容,提高会计信息精确性。

《政府会计制度》颁布和实施能从多角度保障高校财务管理全面优化,对促进高校稳定发展以及高效化管理具有重要作用。当前规范化实施《政府会计制度》能集中反映高校教育成本,做好绩效评价与优化。《政府会计制度》实施促使高校要注重自身成本管理,对成本精确化分配以及归集,这样能获取相应的单位教育成本。其次,高校还要注重结合成本做好自身财务绩效评价,这样能进一步做好资金资产管理工作,全面实现各项高标准的财务目标,为其长期发展提供动力。

实施《政府会计制度》,引导高校引入权责发生制的核算基础,有助于实现会计核算工作规范化开展,促使会计信息质量全面提升。《政府会计制度》在会计核算中具有更高标准与更多要求,通过实施《政府会计制度》,促使高校要逐步完善财务监管体系,落实各项工作,实现财务管理体系公开化,实现对高校教育资源的合理配置。

1.4 《政府会计制度》下高校会计核算改革策略

(一) 强化会计核算改革规划,保障新旧会计制度有效衔接

在《政府会计制度》改革中,高校会计核算改革发展速度也随之加快,为促使会计核算工作能高效化开展,高校应做好原有经济业务的综合性梳理,还要依照《政府会计制度》对涉及的会计科目全面规范,防止会计核算科目出现混乱交叉的问题。其次,高校还要注重依照会计核算需求对会计功能科目全面优化,合理设定不同会计科目的使用范围、核算要求。另外,高校还要做好各项基建财务融合工作,将各项基建数据信息进行精确化保存、备份与转移,在大财务核算系统中设置完整的基建成本核算科目。

(二) 全面完善财务管理制度,推动会计核算改革发展

现阶段,高校要注重深入研究《政府会计制度》,拟定科学化的会计核算标准,依照自身发展现状以及财务制度的设定进行补充优化。在原有财务管理制度中设定收入以及支出管理,这样能适应《政府会计制度》费用管理、负债管理、成本管理、资产管理基本要求,能保障各项财务管理工作高效化开展。同时,高校也要注重扩大会计核算工作的监管,促使各项核算工作能透明化发展,提高会计信息质量,降低财务腐败问题的出现,保障高校各项资源能合理配置。

(三) 注重资产优化以及负债核算,真实反映会计信息

为集中反映高校负债以及资产现状,集中展示高校的会计信息,高校要全面整合《政府会计制度》的应用优势对负债核算以及资产核算展开重点优化,针对负债情况核算要提高核算深度,做好多方位监管,保障负债核算现状与高校对应的负债情况能有效对应,通过计提债务利息等,全面提升负债核算的精确性。在资产核算中,高校要全面依照《政府会计制度》各项规范展开计提折旧,对多项资产进行科学化分析,评估资产价值,为高校运行管理提供更多的参考意见。

(四) 构建信息化管理平台,保障会计核算工作开展

高校要注重强化信息基础建设,开发更多财务信息化管理平台,依照《政府会计制度》的要求补充完善对应的会计科目,对会计信息系统应用进行调控。其次,高校还要注重引入更多先进性较高的财务管理系统以及管理软件,建立完善多部门信息交流机制,促使多个部门能配合开展会计核算工作,扩大信息传递共享范围,保障财务管理以及多项工作中能集中应用会计信息。

(五) 加强业务培训,保障会计核算效率

为了保障会计核算效率、核算质量全面提升,高校要注重建立综合素质较强的财务管理队伍,注重培育更多专业性财务人员。高校要对当前《政府会计制度》中的会计核算要求进行分析,拟订完善的财务人才考核标准,依照考核成果拟定对应的培训方案,从信息技术素养、专业能力素养、职业道德等方面做好人才综合性培育。

第二章 高等学校内部控制规范

为了进一步提高行政事业单位内部管理水平,规范内部控制,加强廉政风险防范机制建设,根据《会计法》《预算法》等法律法规和相关规定,财政部于2012年11月29日,以财会〔2012〕21号印发《行政事业单位内部控制规范(试行)》,该规范分总则、风险评估和控制方法、单位层面内部控制、业务层面内部控制、评价与监督、附则6章65条,自2014年1月1日起施行。

2016年,教育部印发《教育部直属高等学校经济活动内部控制指南(试行)》,旨在推动部属各高等学校进一步完善内部控制,提高内部管理水平。党的十八届三中全会通过的《中共中央关于全面深化改革若干重大问题的决定》提出推进国家治理体系和治理能力现代化,要求高等学校推进内部控制建设,提升高等学校总体治理水平。党的十九大报告中指出:"只有以反腐败永远在路上的坚韧和执着,深化标本兼治,保证干部清正、政府清廉、政治清明,才能跳出历史周期率,确保党和国家长治久安。"高等学校建立健全的内部控制制度,能从根源上预防腐败,做好高等学校党风廉政建设,对于采购和基本建设项目等风险高发的业务尤为重要。建立"以预算为主线,以资金管控为核心"的内部控制业务流程协同机制,对于提高高等学校资金的使用效益、保证高等学校全方位发展、实现高等教育办学目标具有十分重要的意义。

2.1 高等学校内部控制的概念

高等学校内部控制是指学校为实现资源配置高效、报告真实准确、风险防控有力等控制目标,通过制定制度、实施机制、设计程序和利用工具等方法和步骤,对学校经济活动和权力运行的风险进行防范和管控的过程。

2.2 高等学校内部控制的范围

内部控制的客体,即内部控制的控制范围,主要包括两部分,即经济活动和权力运行。

(一) 经济活动

高等学校内部控制主要是指对高等学校的预算、收支、采购、资产、合同、基建等经济活动的风险进行防范和监控,同时对经济活动中的权力运行进行有效的监督,构建"以预算为主线,以资金管控为核心"的内部控制体系。

(二) 权力运行

党的十八届四中全会通过的《中共中央关于全面推进依法治国若干重大问题的决定》,明确指出:"对财政资金分配使用、国有资产监管、政府投资、政府采购、公共资源转让、公共工程建设等权力集中的部门和岗位实现分事行权、分岗设权、分级授权、定期轮岗,强化内部流程控制,防止权力滥用。"高等学校的内部权力主要包括党委权力、行政权力和学术权力。近年来,随着国家加大对高等教育的投入,高等学校可支配的资源越来越多,办学的自主权不断扩大,校内领导的权力也相应增加。因此,建立科学的权力运行和监督机制就显得至关重要。内部控制是保障权力规范有序、科学高效运行的有效手段。通过高等学校内部控制可以强化对内部权力运行的制约,防止内部权力滥用,建立科学高效的制约和监督体系,促进高等学校公共服务效能和内部治理水平不断提高,为实现国家治理体系和治理能力现代化奠定坚实基础、提供有力支撑。

2.3 高等学校内部控制的目标

(一) 合法合规

学校经济活动和权力运行必须在法律法规允许的范围内进行,严禁违法违规行为的发生,这是高等学校内部控制最基本的目标,是其他四个目标存在的前提和基础。高等学校内部控制适用的法律法规确定了其最低的行为准则,学校须将合法合规目标纳入内部控制目标之中。学校需要制定政策和程序来处理相关法律法规要求的事项。

(二) 资产安全

此目标强调了要保证学校资产的安全和有效利用,以保证其使用效率。学校资产管理始终是管理中的重点和难点问题,保证学校在建工程项目及时转为固定资产管理,保障资产的安全和完整,就必须从资产采购预算、资产配置标准、资产采购计划、资产采购实施、资产验收入账、资产使用和盘点到资产处置等各个环节入手,加强资产控制的过程管理。因此,强调保证资产的安全和有效,就是要加强学校以预算为中心的资产管理。

(三) 信息准确

此目标与会计报告和相关信息的可靠性有关,强调学校要提供真实可靠的会计报告和相关信息。会计报告和相关信息反映了学校的运行管理情况和预算的执行情况,是学校财务信息的主要载体。因此,学校必须合理保证会计报告和相关信息的真实完整,客观地反映部门的运行管理情况和预算的执行情况,为决策提供可靠依据。学校编制的报告既是学校管理的要求,也是一种有效的监督机制,有利于学校履行职责,完成工作任务。

(四) 防范腐败

学校在分配资源和资金的过程中,应该按照公平、公开、公正的态度,廉洁奉公,采用一系列程序化的办公流程,达到资源的优化配置。内部控制最基本的原则是权力制衡,学校应该充分运用内部控制的制衡原理,在校内发挥流程控制作用,有效地预防腐败,因此,内部控制制度是防范腐败制度的重要组成部分。防范腐败有助于学校实现内部控制的最高目标,作用于学校各个组织层级和业务层级。

(五) 提高效率

学校要对各项业务所需资金和学校内部正常工作开展所需经费进行预算管理。只有将本校的预算按照自身职能投向,公平、公正地批复给内部各单位(部门),才能有效地实现财权与事权的匹配,发挥预算的引导和监督作用,才能将有限的公共资源投向正当合理的方向,作为学校提供公共服务的财力保障。

2.4 高等学校内部控制的原则

高等学校内部控制建设应当遵循以下原则:

(一) 全面性原则

内部控制应当贯穿学校经济活动的决策、执行和监督全过程,实现对经济活动和权力运行的全面控制。

(二) 重要性原则

在全面控制的基础上,学校应当关注重要经济活动和重要权力运行及其可能产生的重大风险。

(三) 适应性原则

内部控制应当符合国家有关法律法规和学校实际情况,并随着外部环境变化、经济活动特点和管理要求提高,不断修订和完善。

(四)制衡性原则

学校应当在岗位设置、职责分工、业务流程等方面形成相互制约和相互监督的工作机制。

(五)易操作性原则

学校内部控制建设要具备便于操作的特点,制度设计要易于理解,规程绘制要突出实用性和可操作性,真正落实到学校的实际工作中。

2.5 高等学校内部控制建设工作流程

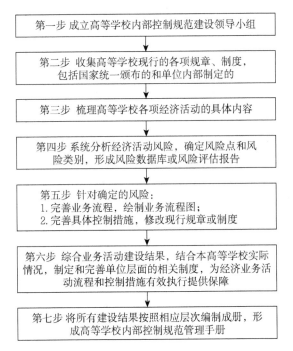

图2-1 高等学校内部控制建设工作流程图

依照《行政事业单位内部控制规范(试行)》,将高等学校内部控制的建立与实施分为两个层面:一个是单位层面内部控制,另一个是业务层面内部控制。

高等学校的单位层面内部控制是制定业务层面内部控制的基础,其主要内容是从内部环境出发,在组织架构、内控组织领导、决策内控机制、关键岗位设置、会计人员胜任能力、财务体系建设、信息系统建设等方面提出总体控制思想和内容。

(一)组织架构

(1)组织架构

在单位层面的内部控制设计中,组织架构是重中之重。学校的组织架构是学校明确内部各层级机构设置、职责权限、人员编制、工作程序和相关要求的制度安排。

组织架构的主要内容是学校机构设置及权责分配,即决策机构、执行机构和监督机构以及这三者之间的权责分配。一般来说,决策机构是学校的权力中心,其设计的合理性对学校整体内部控制的效果具有正向引导作用。执行机构是决策的具体承包部门,它是内部控制活动的直接实施者,如财务部门、资产部门、采购部门等。监督机构是约束决策机构和执行机构的关键,一般包括审计部门等。

学校可以结合自身实际情况构建组织架构,具体的机构和岗位设置方式包括两种:即常设机构和非常设机构。常设机构指学校因日常事务处理需要而设置的专门机构,一般有固定的办公场所、专职的人员配备、特定的业务处理范围,这类机构具有长期存在、连续运行的特点,如财务部门、审计部门等;非常设机构指学校为完成某一方面或某项业务的组织协调工作,通过调配内部相关人员成立的机构,这类机构具有临时组建、跨部门合作的特点。例如,学校领导办公会议、预算委员会、采购领导小组、资产清查小组和专项监督小组等。

除了从组织形式入手外,组织架构的另一内容是建立学校的内部自我约束机制。就内部控制而言,所谓机制,是指以所设机构为载体,建立科学的执行程序和完善的制度规范,并通过监督和评价来激励程序和规范的有效执行,以此实现制衡,其实质是对学校机构关系的一种协调。简单地说,机构设置及权责分配从静态角度呈现了内部控制在学校整体上是如何做出安排的,而机制建立则以动态视角说明了内部控制在学校进行机构设置和权责分配以后应如何开展的问题。因此,学校组织架构的设计还包括在决策、执行、监督三大机构基础上运行的决策机制、执行机制和监督机制的建立。

组织架构作为学校内部环境的有机组成部分,在内部控制体系中处于基础地位。一个科学高效、分工制衡的组织架构,可以使学校自上而下地对风险进行识别和分析,进而采取控制措施予以应对,可以促进信息在学校内部各层级之间、学校与外部环境之间及时、准确、顺畅地传递,可以提升日常监督和专项监督的力度和效能。学校党委要发挥在学校内部控制建设中的领导作用;学校领导机构其他成员要抓好各自分管领域的内部控制建设工作;学校各部门负责人对本部门的内部控制建设承担具体责任。

（2）职责分工

学校在履行行政职能时,需要按照学校机构和编制的要求,设置机构和岗位的职责分工。为了维持学校的日常运转和业务的开展,需要设置办公室、财务部门、审计部门等。学校应当明确财务部门、人事部门、资产部门、科研部门和审计部门等部门或岗位在内部控制建设、实施与监督检查中的职责权限,以及内部控制建设、实施与监督的程序和要求,并充分发挥各职能部门在内部控制建设、实施与监督检查中的作用。学校领导应根据内部控制的总体要求,划分各内设部门和二级高等学校的职能,厘清各部门在组织层级和业务层级内部控制中的角色和分工。

职责分工可以分为组织层级和业务层级。组织层级职责分工是按照不相容岗位相分离的制衡原则,确定学校领导和分管领导对内设部门和下属高等学校的管理职权划分。业务层级则是根据各内设部门和二级高等学校的职能进行划分,或者由学校根据业务分类和支出事项的不同特点自主设计职责分工和归口部门。

(二) 内控组织领导

（1）内控领导小组

内控领导小组组长由校党委书记或校长兼任,副组长由负责相关工作的分管校领导兼任,主要成员包括:学校办公室、发展规划部门、人事部门、审计部门、教务部门、科研部门、财务部门、国际合作与交流部门、资产管理部门、采购部门、基建部门等相关部门负责人。

内控领导小组负责组织制订学校内控建设工作方案、协调解决重大事项、监督指导工作开展。其主要职责包括:

① 审议内部控制规范建设总体规划和实施方案。

② 组织内部控制规范体系建设工作,督促相关部门按照实施方案推进内部控制规范体系建设工作。

③ 组织对内部控制规范体系建设的成果进行验收。

④ 审议内部控制规范体系建设成果。

⑤ 组织、指导内部控制规范体系落实。

（2）内控实施工作小组

内控实施工作小组组长由分管校领导兼任，成员由学校办公室、人事部门、财务部门、资产管理部门、基建部门等部门负责人组成。

内控实施工作小组具体负责全校各高等学校内控建设的协调、督促、指导、检查等工作。其主要职责包括：

① 组织拟定内部控制规范建设总体规划和实施方案，报领导小组审批。

② 组织内部控制规范体系建设方案的执行，协调解决方案执行过程中的相关问题。

③ 组织对内部控制规范体系建设成果的审核。

④ 组织对内部控制规范体系建设成果的初步验收。

⑤ 组织内部控制规范体系的落地。

（3）内控监督评价小组

内控监督评价小组组长由分管校领导兼任，审计部门或相关部门牵头，负责对全校内部控制体系的建立与实施情况开展内部监督检查，并定期组织编制学校风险评估报告，对学校内部控制的完善性、有效性等作出评价。审计部门负责实施内部监督工作，具体职责包括：研究制定内部控制监督制定；组织实施对内部控制的建立和执行情况及有效性的监督检查和自我评价，并提出改进意见或建议；督促相关部门落实内部控制的整改计划和措施；做好内部控制监督检查和审计的有关工作。

（三）决策内控机制

学校决策机制应包括三个方面：第一，合理的决策议事制度，让每一位领导机构成员能够充分行使职权，坚持决策的客观性，贯彻民主集中制，建立健全集体研究、专家论证和技术咨询相结合的议事决策机制。重大人事任免、重大经济决策、重大工程建设项目、大额资金支付等"三重一大"事项的内部决策，应当由学校领导机构集体研究决定。第二，详尽的决策记录制度，让记录如实反应每一位领导机构成员的决策过程和意见。在认真做好记录的基础之上，要向每一位领导机构成员核实记录并签字，并及时归档。第三，有可操作性的决策问责制度，让决策的效果与相关人员的升迁降免挂钩。在此过程中，要正确处理好集体决策和个人负责的关系，集体决策不意味着要集体负责，要建立健全责任追究制度，把责任具体落实到每个人身上，二者有机结合，才能使决策得到严格的贯彻和落实。

(四) 关键岗位设置

(1) 关键岗位责任制

学校应建立健全内部控制关键岗位责任制,明确岗位职责及分工,提升岗位人员业务水平与综合素质。

① 建立轮岗与专项监督制度,强化对预算管理岗、财务审核岗、票据管理岗、采购管理岗、资产管理岗、合同管理岗、招生管理岗等关键岗位的控制,确保不相容岗位相互分离、相互制约和相互监督。

② 合理划分不相容职责,定期实施专项检查等,合理控制关键岗位经济风险。

③ 加强内部控制关键岗位工作人员业务培训和职业道德教育,确保内部控制关键岗位工作人员具备与其工作岗位相适应的资格和能力。

关键岗位责任制是指学校结合自身性质、预算类型、收支管理特点,对某些严重影响内部控制目标实现的关键性岗位,明确其岗位职责权限和人员分配,以及按照规定的工作标准进行考核及奖惩而建立起来的制度。

(2) 不相容岗位和职责分离

某些岗位如果由一个部门或人员担任,这些岗位发生错误、舞弊甚至腐败的可能性会增大,同时又可以通过岗位职责与分工重合的便利,采取各种手段掩盖其错误、舞弊和腐败,这类岗位被称为不相容岗位。不相容岗位相互分离就是将这些不相容岗位相分离,达到内部控制的目标。不相容岗位和职责相互分离作为内部控制体系中最基本的控制手段,集中体现了相互制衡的基本原则,其核心是内部牵制。不相容岗位和职责分离控制要求学校全面系统地分析、梳理学校组织层级和业务活动中所涉及的不相容岗位和职责,科学划分机构职能与分工,合理设置内部控制关键岗位,明确不同部门或岗位的职责权限,实施相应的分离措施,从而形成相互监督、相互制约的工作机制。

不相容岗位和职责相分离对于学校遏制舞弊行为有着重要的作用:首先,不相容岗位和职责相分离,可以从源头上防止和遏制舞弊行为,有效预防、及时发现舞弊行为的发生;其次,不相容岗位和职责相分离不仅可以进行事前预防,更能在事中起到相互监督、相互牵制的作用,在舞弊发生时予以纠正。

(3) 定期轮岗及专项审计机制

定期轮岗是杜绝舞弊、保证岗位新鲜血液的必要措施。学校应当制定关键岗位人员定期轮岗制度,根据学校实际情况明确轮岗范围、轮岗周期、轮岗方式等。对暂不具备轮岗条件的,应当采取专项审计等控制措施替代轮岗制度,确保关键岗位工作人员认真依法履行岗位职责。

(4)业务培训宣传

学校应当加强内部控制关键岗位工作人员的职业道德教育和业务培训,不断提高工作人员的职业道德水平和综合素质,不断提升员工的专业技能及业务水平。通过业务培训可使职工紧密结合工作实际,深入领会、积极探索内部控制的特点和方法,让内部控制理念深入人心,为全面推进学校内部控制建设营造良好的内部环境和社会氛围。

(五)会计人员胜任能力

(1)会计专业能力

学校应当按照《中华人民共和国会计法》等法律法规要求,建立健全会计机构,明确会计机构的职责和权限,依法合理设置会计工作岗位,进行岗位授权和职责分工,配备具有资格条件和一定财务工作经验的会计工作人员,加强会计人员专业技能培训,明确学校会计工作的责任主体,为会计管理工作有序运转提供组织和人员保障。

(2)会计信息要求

会计控制为学校各项财务管理工作提供各类基本保障,是完善学校内部控制体系的重要方法。会计控制要求学校严格执行各项会计制度,加强会计基础工作,明确会计凭证、会计账簿和会计报表的处理程序,保证会计资料真实完整。会计控制直接关系着会计报告及相关信息的真实完整,是学校重要的控制活动。会计控制对于提高学校的会计信息质量,保护资产的安全完整,确保法律法规和规章制度的贯彻执行有重要意义。

(六)信息系统建设

(1)系统建设归口

学校应当根据内部控制相关要求,结合组织机构、业务流程、技术能力等因素,制定信息系统建设总体规划,健全信息系统管理程序,设置信息系统管理岗位,明确信息系统管理责任,对信息系统实行归口管理。

学校应当充分运用现代化科学技术手段加强内部控制,将降级活动及其内部控制流程嵌入信息系统中,并确保重要信息系统之间的互联互通、信息共享和业务协同,以减少或消除人为操纵因素,提高办事效率和管理水平,促进信息公开和廉政建设,增强降级活动处理过程与结果的透明和公正。

学校要强化信息系统的安全管理，建立用户管理制度、系统数据定期备份制度、信息系统安全保密和泄密责任追究制度等措施，确保重要信息系统安全、可靠，增强信息安全保障能力。

（2）系统全面覆盖

学校应建立覆盖的信息系统，在建立健全预算管理和财务核算系统的前提下，将其与采购管理、资产管理、合同管理、科研管理等系统相连通，充分发挥预算对资金流转全过程的控制，系统之间的对接点需在学校流程梳理优化后确定。学校应对各子系统进行有效整合，以模块之间标准的统一为基础，实现内部控制管理信息系统间数据交互，在各关联业务间建立联动机制，将内控理念、内控方法有效落实到系统中，使各业务在系统内相互制衡，建设自由裁量权的使用。

（七）财务体系建设

（1）预算控制体系

高校预算的执行应该严格遵守《预算法》的规定，并结合学校实际情况，制定适合本校的预算管理暂行办法。在编制年度综合预算时，经学校预算管理委员同意，对学校各个预算项目制定科学、合理的考核目标，在项目执行过程中进行严格的跟踪管理，一旦发现问题及时进行调整，确保项目按预期计划实施。高校还应建立科学合理的绩效评价体系，对预算项目进行后期考核评价，一方面可以对项目资金的运行状况、项目实施进度进行考核，检验项目的阶段性成果、绩效目标实现程度。另一方面，学校可以根据上年预算项目绩效考核评价的结果，有计划的对下年度的绩效目标进行调整，从而提高资金的配置效益，完善高校财务内控控制体系的建设。

（2）建立收支管理体系

高校应加强各类收费和非税收入的管理。在编制非税收入计划与预算时，要严格审核本单位的预算上报数，汇总和调整各部门的计划表，一次提交至预算管理委员会，学校常务委员会对其进行审批，同时，学校应设立资金收付管理委员会，报上级有关部门进行审批，在非税收入征收上缴的过程中，财务部门应及时查询经费到账情况。在支出管理方面应注意以下四点：一是每一项支出都要明确归口管理部门，二是各项业务的开支、范围和标准要明确，三是事前申请和审批的程序要明确，四是与支出相关的内部审核审批程序与责任要明确。高校应当建立健全与支出相关的决策、审批和监督机制，年度支出的大额项目和重大项目要严格按照审批程序履行职责。支出归口管理部门要根据发展纲要对相关资金的使用和安排进行匹配,严格按照预算批复和使用资金,确保预算执行进度与既定的业务相匹配,对于特殊项目要及时进行报告,以便进行预算调整。

(3) 加强票据和印章管理

高校须加强票据和印章管理,票据的填制、审核、保管等工作职能要进行分离,建立健全票据领用管理登记手续,设置票据管理台账并按时登记,审核人员要重点关注票据金额的真实性,要核实票面金额和实际金额是否吻合,防止出现混用、代开票据等行为。及时清理、登记核销相关的票据存根,防止出现票据买卖、转让、涂改、伪造等行为,检查是否存在票据丢失等现象,检查有无冒用、混用关键票据的行为。印章管理要注意不能由同一人管理全部的印章,印章使用审批手续要完善。

(4) 健全往来账款管理体系

高校往来账款的管理是财务内部控制的重点内容,随着我国政府收支分类、公务卡等政策改革的不断深化,对高校货币资金特别是现金的使用管理,提出了更加规范的要求,高校经济业务大多要求使用公对公转账或者公务卡支付,不允许现金支付。高校可以以此为依据对学校职工备用金借款、差旅费借款的金额和范围进行调整,规范职工个人借款业务。一方面,高校应加大个人借款的催还力度,及时清理以前往来款项,减少坏账的发生。另一方面,学校还应建立往来账款责任追究制度,对累计多年拖欠学校借款,多次催缴仍不归还者,采取从其每月工资中扣除等措施,并通知所在部门领导批评教育,督促尽快归还借款。

(5) 加强内部审计监督机制

高校内审部门对本单位财务控制情况比较了解,能准确把握财务内部控制过程中的薄弱环节,可以有针对性的提出一些改进策略,使单位财务内部控制体系更加完善。因此,高校应切实开展内部审计工作,充分发挥其"一审、二帮、三促进"的作用,使之不再流于形式。一方面,增强内部审计的独立性是发挥其内部审计职能的关键,机构的独立能够使审计的监督职能更好的发挥。另一方面,内部审计应充分发挥其监督管理职能,不仅仅局限于事后的控制,事前、事中的监督管理也是必不可少的,只有这样才能将一些乱纪的活动控制在开始环节,为完善高校财务内部控制体系建设保驾护航。

2.6 高等学校内控建设内容

表2-1 高等学校内部控制建设内容图

步骤	具体工作内容	成果
1	搭建学校内控建设组织结构:"一把手"为组长,确定牵头部门,与经济活动业务相关的所有部门参与,审计纪检部门监督	成立内控组织机构文件
2	高等学校适用的制度比较健全、繁杂,要以国家和上级颁布的制度为主,内部制度可以细化、具体,但不能违背。收集现行制度一定要全面,目的是为了内控建设过程有的放矢,内控建设从某些角度来说就是要将这些制度加以完善和串联	现行制度汇编(电子版,利于建设过程修改)
3	主要是针对预算、收支、政府采购、资产、建设项目、合同等六大方面,细化各方面具体业务,例如:预算的二级明细业务应包括预算编制、预算执行、预算批复与下达、预算追加调整、决算与绩效评价以及预算监督等;预算编制三级明细业务应包括编制基础的确认、汇总和分类、预算审批、预算上报等。梳理应尽量达到明细,最好末级明细业务内容能具体到对应的工作岗位,因为这一步是内控建设的基础和对象	经济活动梳理明细表
4	内控的基本理念(目标)就是风险防范和管控,所以,这一步很重要。针对上一步形成的经济活动明细逐项分析确认。例如,预算编制的风险有:1.编制基础不准确,预算编制与业务部门脱节;2.预算分类汇总不准确;3.预算未经有效审批;4.预算上报不及时等	风险数据库或风险评估报告
5	针对风险评估结果,完善业务活动梳理明细表,如发现有控制环节缺失的,应加上必要的步骤,完善后绘制业务流程图,使业务工作流程一目了然。完善各环节控制措施,尤其是关键控制点应重点关注,控制措施应与国家和上级的法律、法规一致,内部制度不一致、不完善的进行修改	流程图 控制措施文档 修改后的制度汇编
6	综合业务活动建设结果,结合本单位实际情况,制定和完善单位层面的相关制度,为经济业务活动流程和控制措施有效执行提供保证	单位层面控制规范

续表

步骤	具体工作内容	成　果
7	将所有内控建设结果按相应层次编制成册,形成高等学校内部控制规范管理手册: 1 单位基本情况 2 内部控制组织架构 3 经济活动业务流程梳理及风险评估 4 单位层面内部控制 5 业务层面内部控制 5.1 预算业务管理 5.2 收支业务管理 5.3 政府采购业务管理 5.4 资产业务管理 5.5 建设项目业务管理 5.6 合同业务管理 5.7 资金管理 5.8 债务管理 5.9 其他业务管理(财政专项管理、科研管理、招生管理、人事管理、学生管理、教务管理、高等学校教育基金会管理等) 6 评价与监督 7 文件汇编	内控手册

2.7　《高等学校内部控制报告》填报实务

表2-2　2019年度行政事业单位内部控制报告(表)

2019年度行政事业单位内部控制报告

单位公章

单　位　名　称：

单 位 负 责 人：＿＿＿＿＿(签章)

分管内控负责人：＿＿＿＿＿(签章)

牵头部门负责人：＿＿＿＿＿(签章)

填　表　人：＿＿＿＿＿(签章)

电　话　号　码：

单　位　地　址：

邮　政　编　码：

报　送　日　期：　　年　　月　　日

组织机构代码:□□□□□□□□□	隶属关系(国家标准:隶属关系—部门标识代码):□□□□□□□□
单位预算级次:□	单位所在地区(国家标准:行政区划代码):□□□□□□
单位基本性质:□□ (10. 行政单位 21. 参照公务员法管理事业单位 22. 财政补助事业单位 23. 经费自理事业单位 90. 其他单位)	预算管理级次:□□ (10. 中央级 20. 省级 30. 地(市)级 40. 县级 50. 乡镇级)
支出功能分类:	
内设机构数量:	2019年度支出总额(单位:元):
年末在职人数:	单位编制人数:

第一部分:单位内部控制情况总体评价

本单位内控总体运行情况	

第二部分:单位内部控制总体成果

一、单位层面内部控制情况

(一)内部控制机构组成情况

1. 单位内部控制领导小组		2. 单位内部控制领导小组负责人	
3. 其他班子成员是否在单位内部控制领导机构中任职		4. 单位内部控制工作小组	
5. 单位内部控制工作小组负责人		6. 内部控制建设牵头部门	
7. 内部控制评价与监督部门			

(二)内部控制机构运行情况

1. 本年单位内部控制领导小组会议次数		2. 本年单位主要负责人参加会议次数	
3. 本年单位内部控制领导小组会议形成决议次数		4. 本年单位"三重一大"事项通过集体议事决策机制形成决议次数	

续 表

5. 本年单位内部控制工作小组会议次数		6. 本年单位开展内部控制专题培训次数	
7. 本年单位内部控制风险评估覆盖情况(单位层面)		8. 本年单位内部控制风险评估覆盖情况(业务层面)	
9. 单位风险清单建立情况		10. 内部控制体系初期建设方式	
11. 内部控制体系本年建设方式		12. 本年单位是否开展内部控制评价	
13. 本年单位内部控制评价方式		14. 本年单位内部控制评价结果应用	
15. 本年单位内部控制评价结果运用效果			
16. 本年单位巡视结果应用效果			
17. 本年单位纪检监察结果运用效果			
18. 本年单位审计结果运用效果			
(三)权力运行制衡机制建立情况			
1. 分事行权		2. 分岗设权	
3. 分级授权		4. 定期轮岗	
5. 专项审计		6. 职责明晰	
7. 决策程序			
二、业务层面内部控制情况			
(一)内部控制业务工作职责分离情况			
1. 预算业务管理			
2. 收支业务管理			
3. 政府采购业务管理			
4. 国有资产业务管理			
5. 建设项目业务管理			

续　表

6. 合同业务管理			
(二) 内部控制业务轮岗情况			
1. 预算业务管理			
2. 收支业务管理			
3. 政府采购业务管理			
4. 国有资产业务管理			
5. 建设项目业务管理			
6. 合同业务管理			
(三) 建立健全内部控制制度情况			
1. 业务环节适用情况		2. 内部控制制度和流程图建立情况	
3. 内部控制制度和流程图本年更新必要性		4. 内部控制制度和流程图更新理由	
5. 内部控制制度和流程图本年更新情况		6. 制度和流程图本年是否正式发文	
7. 制度关键管控点			
(1) 预算业务管理			
(2) 收支业务管理			
(3) 政府采购业务管理			
(4) 国有资产业务管理			
(5) 建设项目业务管理			
(6) 合同业务管理			
(7) 其他业务领域管理			
(四) 内部控制制度执行情况			
评价要点		评价指标结果/指标值	
1. 项目支出绩效目标设定比例			
2. 预算执行及绩效运行监控程度			
3. 项目支出绩效目标完成情况			
4. 非税收入管控情况			
5. 采购合同匹配情况			

续 表

6. 采购验收管控情况			
7. 资产账实相符程度			
8. 固定资产处置规范程度			
9. 项目投资计划完成情况			
10. 合同订立规范情况			
11. 合同执行规范情况			
三、内部控制信息化情况			
1. 本年单位内部控制信息化建设阶段与投入资金规模		2. 本年单位内部控制信息化建设方式	
3. 单位内部控制信息化覆盖情况		4. 本年单位基于制度更新的内部控制信息化建设改造升级领域	
5. 单位内部控制信息化模块联通情况		6. 是否联通政府会计核算模块	
四、内部控制工作的经验、做法及取得的成效			
五、内部控制工作中存在的问题与遇到的困难			
六、对当前行政事业单位内部控制工作的意见或建议			

续　表

第三部分:单位内部控制存在问题和建议			
问题领域	问题分类	存在问题	完善建议
单位层面	1. 内部控制机构组成		
	2. 内部控制机构运行		
	3. 权力运行制衡机制建立		
预算业务管理	1. 工作职责分离		
	2. 定期轮岗		
	3. 建立健全内部控制制度		
	4. 内部控制制度执行		
收支业务管理	1. 工作职责分离		
	2. 定期轮岗		
	3. 建立健全内部控制制度		
	4. 内部控制制度执行		
政府采购业务管理	1. 工作职责分离		
	2. 定期轮岗		
	3. 建立健全内部控制制度		
	4. 内部控制制度执行		
资产管理	1. 工作职责分离		
	2. 定期轮岗		
	3. 建立健全内部控制制度		
	4. 内部控制制度执行		
建设项目管理	1. 工作职责分离		
	2. 定期轮岗		
	3. 建立健全内部控制制度		
	4. 内部控制制度执行		
合同管理	1. 工作职责分离		
	2. 定期轮岗		
	3. 建立健全内部控制制度		
	4. 内部控制制度执行		

续　表

信息化	1. 信息系统覆盖		
	2. 基于制度更新的信息化改造升级		
	3. 信息系统互联互通		

（一）封面填报要点说明

（1）年、月、日一律用公历和阿拉伯数字表示。

（2）单位名称：填写单位全称；如为本级报告时，在单位名称后加"（本级）"。

（3）电话号码：填写填表人的联系电话号码。

（4）报送日期：填写内部控制报告由单位负责人审批通过的时间。

（5）组织机构代码：根据各级技术监督部门核发的机关、团体、事业单位代码证书规定的9位码填写。若单位只有社会统一信用代码，应填写其中的9位主体标识码（第9位至17位）。

（6）隶属关系：由"隶属关系"和"部门标识代码"组成，以9位代码表示。其中，中央单位前六个空格均填零，后三个空格根据国家标准《中央党政机关、人民团体及其他机构代码》（GB/T 4657—2009）编制；地方单位前六个空格根据国家标准《中华人民共和国行政区划代码》（GB/T 2260—2007）编制，后三个空格按照单位财务或归口管理的部门、机构，比照国家标准《中央党政机关、人民团体及其他机构代码》（GB/T 4657—2009）填报。

（7）单位预算级次：根据预算管理权限和经费领拨关系填写。非预算单位填"无"。

（8）预算管理级次：根据单位预算分级管理的级次填写。

（9）2019年度支出总额：根据2019年决算金额填写；金额单位为"元"，保留整数。若单位在填报内部控制报告时点尚未统计出2019年年度支出总额，则填列2018年年度支出总额，并在金额后标注，如"2019年度支出总额：××元（2018）"，若未标记则默认为2019年支出金额。

（10）支出功能分类：为多个的，以基本支出的性质为准填写；

（11）内设机构数量：为独立编制机构数；

（12）年末在职人数：为实际在岗在编工作人数（不含长期临时工、短期临时工、劳务派遣人员）。

（二）系统填报要点说明

一、单位层面内部控制情况

（一）内部控制机构组成情况

（1）单位内部控制领导小组：根据单位关于成立内部控制领导小组的制度文件填写。需上传相关制度文件或会议纪要作为佐证材料。

（2）单位内部控制领导小组负责人：根据单位关于成立内部控制领导小组的制度文件勾选，并填写负责人姓名。需上传相关制度文件或会议纪要作为佐证材料。

（3）其他班子成员是否在单位内部控制领导机构中任职：根据单位关于成立内部控制领导小组的制度文件勾选。如是，需详细列出姓名及行政职务。需上传相关制度文件或会议纪要作为佐证材料。

（4）单位内部控制工作小组：根据单位关于成立内部控制工作小组的制度文件勾选。需上传相关制度文件或会议纪要作为佐证材料。

（5）单位内部控制工作小组负责人：根据单位关于成立内部控制工作小组的制度文件勾选，并填写负责人姓名。需上传相关制度文件或会议纪要作为佐证材料。

（6）内部控制建设牵头部门：根据单位关于成立内部控制工作小组的制度文件勾选，并明确填写牵头部门。需上传相关制度文件或会议纪要作为佐证材料。

（7）内部控制评价与监督部门：根据单位关于内部控制评价与监督的制度文件勾选。若多部门参与评价与监督，仅勾选最主要部门。需上传相关制度文件或会议纪要作为佐证材料。

（二）内部控制机构运行情况

（1）本年单位内部控制领导小组会议次数：根据本年单位内部控制领导小组会议纪要勾选。需上传会议纪要作为佐证材料。

（2）本年单位主要负责人参加会议次数：根据本年单位内部控制领导小组会议纪要勾选。需上传会议纪要作为佐证材料。

（3）本年单位内部控制领导小组会议中形成决议次数：根据本年单位内部控制领导小组会议纪要勾选。需上传会议纪要作为佐证材料。其中，形成决议是指会议对单位内部控制建设工作作出决策部署。

（4）本年单位"三重一大"事项通过集体议事决策机制形成决议次数：根

据本年单位内部控制领导小组会议纪要以及单位"三重一大"制度勾选。需上传会议纪要作为佐证材料。

（5）本年单位内部控制工作小组会议次数：根据本年单位内部控制工作小组会议纪要勾选。需上传会议纪要作为佐证材料。

（6）本年单位开展内部控制专题培训次数：根据本年单位内部控制实际培训情况勾选。需上传培训纪要、照片等作为佐证材料。

（7）本年单位内部控制风险评估覆盖情况（单位层面）：根据本年单位组织开展风险评估工作以及出具的风险评估报告或其他文件，逐项勾选已进行风险评估的方面。需上传风险评估报告或其他文件作为佐证材料。

（8）本年单位内部控制风险评估覆盖情况（业务层面）：根据本年单位从业务层面开展风险评估工作以及出具的风险评估报告或其他文件，逐项勾选已进行风险评估的方面。需上传单位内部控制风险评估报告、内控领导小组会议纪要、内控工作小组会议纪要、内部控制培训会议纪要或照片等材料。

（9）单位风险清单建立情况：根据单位从单位层面、业务层面建立的风险清单情况勾选。需上传单位风险评估报告、风险清单等材料。

（10）内部控制体系初期建设方式：指单位启动（首次开展）内部控制体系建设的方式。若勾选"外部协助"，需填写协助单位名称。需上传内部控制建设规划方案作为佐证材料。

（11）内部控制体系本年建设方式：对于2019年启动内部控制建设的单位，该指标与上一指标相同。若勾选"外部协助"，需填写协助单位名称。需上传内部控制建设规划方案作为佐证材料。

内部控制体系建设开展进度：

① 内部控制建立阶段是指单位正在建立或已完成建立六大经济业务领域内部控制制度体系，但未付诸实施的阶段；

② 内部控制实施阶段是指单位按照已经建立的内部控制制度体系管控各项业务，但尚未采用信息化手段的阶段；

③ 内部控制信息化阶段是指单位正在建立或已完成建立涵盖六大经济业务领域内部控制信息系统，且基本符合内部控制建设要求的阶段。

（12）本年单位是否开展内部控制评价：内部控制考核评价是指单位自行或者由单位委托第三方对单位内部控制体系建立与实施情况进行检查，并出具考核评价报告（或同等作用的检查报告）。需附内部控制考核评价报告、检查报告等作为佐证材料。

（13）本单位内部控制考核评价方式：根据本年单位开展内部控制考核评价的实际情况勾选。其中，"外部协助"不包括由外部主体发起的内部控制检查行为，如财政监督、国家审计等。若勾选"外部协助"，需填写协助单位名称。

（14）内部控制考核评价结果应用：

① 若勾选"出具内部控制考核评价报告"，需附考核评价报告作为佐证材料。

② "作为完善内部管理制度的依据"指单位根据内部控制考核评价发现的问题，及时更新内部管理制度。若勾选该项，需附内部控制考核评价报告以及已更新管理制度作为佐证材料。

③ "作为领导干部选拔任用的重要参考"是指单位将内部控制考核评价发现的问题落实到各责任主体，并把考核评价结果作为领导干部选拔任用的重要指标。若勾选该项，需附内部控制考核评价报告以及领导干部选拔任用标准作为佐证材料。

（15）内部控制考核评价与其他监督结果运用效果：根据内部控制考核评价报告、审计报告、巡视及纪检监察报告等报告，以及整改文件及成果等内容填写。该指标仅考虑与内部控制单位层面及六大经济领域业务的相关内容。"针对发现问题建立内部控制措施"是指单位根据评价与监督发现的问题，及时更新并实施内部管理制度以及完善内部控制信息系统等。需附内部控制考核评价与其他监督报告以及内部控制更新成果作为佐证材料。

（16）本年单位巡视结果应用效果：根据单位内部控制巡视结果报告以及整改文件及成果填写。

（17）本年单位纪检监察结果运用效果：根据单位内部控制纪检监察结果以及整改文件及成果填写。

（18）本年单位审计结果运用效果：根据单位内部控制审计报告以及整改文件及成果填写。

（三）权力运行制衡机制建立情况

（1）分事行权：根据单位内部控制体系实际建设情况勾选。需附权力清单、职责清单等制度文件作为佐证材料。

（2）分岗设权：根据单位内部控制体系实际建设情况勾选。需附岗位职责说明书等岗位描述文件作为佐证材料。

(3) 分级授权:根据单位内部控制体系实际建设情况勾选。需附分级授权相关制度文件作为佐证材料。

(4) 定期轮岗:根据单位内部控制体系实际建设情况勾选。若单位不具备定期轮岗条件,但对关键岗位实施专项审计,等同于实行定期轮岗,可勾选"是";若单位既未实行定期轮岗,也未实行专项审计,则勾选"否"。需附定期轮岗(或专项审计)相关制度文件以及轮岗(或审计)记录表作为佐证材料。

(5) 专项审计:根据单位开展专项审计实际情况勾选。需附专项审计报告。

(6) 职责明晰:根据单位建立的领导权力清单、部门职责清单和岗位职责清单填写。需附职责清单表作为佐证材料。

(7) 决策程序:根据单位的决策程序填报,对重大行政决策事项是否实施教工参与、专家论证、风险评估、合法性审查和集体讨论五个法定程序。需附风险评估报告、会议纪要、审查报告等材料佐证。

二、业务层面内部控制情况

(一)内部控制业务工作职责分离情况

内部控制业务工作职责分离是指对于各业务环节中的不相容职责,不得由完全相同的人员承担。该指标根据各业务环节中的工作职责安排与岗位设置情况填写,应明确六大业务管理领域内部控制的决策、管理、执行、监督机构的职责及业务环节等内容。

需附单位岗位职责清单、岗位职责说明书等制度文件。

六项业务不相容岗位是否分离,是否明确了岗位及人员且两个岗位为不同的人员。

① 预算业务管理不相容岗位包含:预算编制与审核;预算审批与执行;预算执行与分析;决算编制与审核。

② 收支业务管理不相容岗位包含:收款与会计核算;支出申请与审批;支出审批与付款;业务经办与会计核算。

③ 政府采购业务管理不相容岗位包含:采购需求提出与审核;采购方式确定与审核;采购执行与验收;采购验收与登记。

④ 资产管理不相容岗位包含:货币资金保管、稽核与账目登记;资产财务账与实物;资产保管与清查;对外投资立项申报与审核。

⑤ 建设项目管理不相容岗位包含:项目立申请与审核;概预算编制与审

核;项目实施与价款支付;竣工决算与审计。

⑥ 合同管理不相容岗位包含:合同拟订与审核;合同文本订立与章管理;合同订立与登记台账;合同执行与监督。

(二)内部控制业务轮岗情况

《中华人民共和国公务员法》(2017年9月修订)明确提出公务员交流制度,单位应有计划地对关键职位人员实行轮岗交流。

根据本单位内部控制各业务岗位轮换情况填写,重点关注内部控制六大业务领域的归口管理人员轮岗情况(仅考虑编制内管理人员数量)及人员轮岗人次,即每人每进行一次轮岗或专项审计,则计为1人次。若单位内部轮岗,每次轮岗计为2人次;若与单位外部人员轮岗,每次轮岗仅计为1人次。需附定期轮岗(或专项审计)相关制度、记录表等文件作为佐证材料。

(三)建立健全内部控制制度情况

① 业务环节(类别)适用情况:根据单位内部控制体系对业务环节(类别)的实际适用情况勾选。对于不适用的业务环节(类别),应在佐证材料中加以说明。

② 内部控制制度和流程图建立情况:根据单位内部控制制度和流程图建立的实际情况填写。需附内控手册、内部制度流程图(流程说明、风险数据库)等佐证材料。

③ 内部控制制度和流程图本年更新必要性:对单位内部控制制度和流程图更新的必要性进行说明。

④ 内部控制制度和流程图更新理由:根据单位内部控制制度及流程图更新情况勾选,可多选;若还涉及其他理由,可如实填写。

⑤ 内部控制制度和流程图本年更新情况:根据单位内部控制制度更新情况勾选。若单位在以前年度已经建立对应业务环节(类别)的制度且本年进行更新,或者单位首次建立对应制度,勾选"是";若单位在以前年度已经建立对应业务环节(类别)的制度但本年未进行更新,或者单位仍未建立对应制度,勾选"否"。需附各业务环节(类别)的内部控制制度作为佐证材料,并单独说明制度更新内容。

根据单位内部控制制度流程图更新情况勾选。若单位在以前年度已经编制对应业务环节(类别)的流程图且本年进行更新,或者单位首次编制相应流程图,勾选"是";若单位在以前年度已经建立对应业务环节(类别)的流程图但本年未进行更新,或者单位仍未编制相应流程图,勾选"否"。需附各业务环节

(类别)的流程图作为佐证材料,并单独说明流程图更新内容。

⑥ 制度和流程图本年是否正式发文:如正式发文,需填写文件名称、文号等,并附正式文件。

⑦ 制度关键管控点:根据单位业务层面内部控制制度内容勾选。需附各业务环节(类别)的内部控制制度作为佐证材料。

(四) 内部控制制度执行情况

根据单位内部控制管理制度、业务表单与文件、信息系统数据等材料填写。所填数据中以"元"为单位。需附表单数据、系统截图等作为佐证材料;对于不适用评价指标,应在佐证材料中加以说明。

各评价要点取数规则如下:

① 项目支出绩效目标设定比例。"预算编制范围内全部预算项目数",是指单位决算报表的《支出决算表》中支出功能分类科目的项级科目个数;"绩效目标申报项目数",是指单位填报《项目支出绩效目标申报表》的项目个数。

② 预算执行及绩效运行监控程度。根据预算管理要求,单位应至少每个月份开展一次预算执行分析,因此将"数据一"设定为12(个月)。"执行预算分析的月份数",是指按月份统计的预算执行分析次数;该月份内单位开展预算执行分析,则计数为1;同一月份内多次开展预算执行分析,也计数为1。该指标建议参考预算执行分析报告等资料填写。

③ 项目支出绩效目标完成情况。"绩效目标申报项目数",同上;"绩效评价达标项目数",是指《项目支出绩效自评表》中项目绩效目标实际完成情况达到90%以上的项目个数。

④ 非税收入管控情况。"应上缴非税收入",是指单位决算报表的《非税收入征缴情况表》中纳入预算管理的非税收入合计数;"实际上缴非税收入",是指单位决算报表的《非税收入征缴情况表》中纳入预算管理的已缴国库合计数。

⑤ 采购合同匹配情况。"本年实际采购金额",同上;"合同约定的本年采购金额",是指已签订采购合同中列示的需在本年内完成采购的项目金额。该指标建议参考合同台账等资料填写。

⑥ 采购验收管控情况。"本年实际采购金额",是指实际完成的采购金额,即采购决算金额;"已验收的采购金额",是指符合政府采购业务管理内部控制制度中关于采购验收的要求,一般应由需求部门、采购部门、资产管理部门三方验收的采购项目金额。该指标建议参考采购合同、采购验收记录表、采购验收

报告等资料填写。

⑦ 资产账实相符程度。"年末总资产账面金额",是指单位决算报表《资产情况表》或单位国有资产报表中资产价值年末数;"年末资产清查总额",是指单位资产清查报告中统计的年末单位资产价值总金额。

⑧ 固定资产处置规范程度。"固定资产本期减少额",是指单位国有资产报表《固定资产情况表》中本期减少的资产账面原值;"固定资产处置审批金额",是指严格按照单位国有资产业务管理制度中规定的资产处置审批权限及程序,实际审批的固定资产处置金额(本指标考核范围不包含固定资产出租出借涉及的金额)。该指标建议参考资产登记表、资产处置审批单、单位国有资产报表中的资产处置情况表等资料填写。

⑨ 项目投资计划完成情况。"年度投资计划总额",是指以预算年度为统计口径的项目计划投资金额,该指标建议参考投资计划表、项目概预算表等资料填写;"年度实际投资额",是指本年度单位决算报表中基本建设类项目支出决算金额。

⑩ 合同订立规范情况。"合同订立数",是指单位本年度签订的全部合同个数;"经合法性审查的合同数",是指在已签订的合同中,严格执行审核审批程序的合同,其中具有重大影响的合同需有法务人员参与审批并签字。该指标建议参考合同文本、合同台账等资料填写。

⑪ 合同执行规范情况。"当期应完成合同数",是指按照合同签订要求,本年度内应完成的合同个数;"到期完成合同数",是指单位当期应完成合同总数中实际按期完成的合同个数,合同完成要以取得具体的合同成果验收证明为依据。该指标建议参考合同台账、成果验收证明等资料填写。

三、内部控制信息化情况

(1) 本年内部控制信息系统建设阶段与投入资金规模:根据单位内部控制信息系统建设情况,勾选并填写本年度单位用于内部控制信息系统建设的实际金额,以及用于系统维护的实际金额。若未进行建设投入或运行维护,则填写金额为0。需附内部控制信息系统建设方案、内部控制系统建设合同文本、内部控制信息系统更新/改造/升级方案、资金支付凭证等作为佐证材料。

(2) 内部控制信息系统建设方式:根据单位内部控制信息系统建设情况勾选。若勾选"外部协助",需填写协助单位名称。

(3) 内部控制信息系统覆盖情况:根据单位内部控制信息系统建设情况勾

选。其中,对于只具有报表编报或信息记录功能的系统(模块),比如预决算报表系统、国库集中支付系统、资产管理信息系统、内部控制报告填报软件等,难以实现内部控制管理要求,不属于内部控制信息系统的组成模块。需附内部控制信息系统说明书、系统截图等作为佐证材料。

(4)内部控制信息系统是否及时基于制度更新进行改造升级:根据单位已完成的内部控制系统改造升级情况勾选,并填写系统模块更新时间(具体到月份),本年新建信息系统也纳入本指标统计范畴。需附系统设计方案、系统说明书、系统截图等作为佐证材料。

(5)内部控制信息系统互联互通实现情况:根据单位内部控制信息系统建设情况勾选。模块关联是指不同业务的系统模块之间的数据信息能够同步更新与实时共享。需附系统说明书、系统截图等作为佐证材料。

(6)内部控制大数据平台建立情况:根据单位内部控制信息系统建设以及数据整合情况勾选。内部控制大数据平台是指利用内部控制信息系统,搜集整合内部控制数据,并对数据进行分析,为管理决策提供信息支持。需附系统说明书、大数据平台构思方案、系统截图等作为佐证材料。

四、内部控制工作的经验、做法及取得的成效

填写单位在建立与实施内部控制的过程中总结出的经验、做法,以及在预算业务管理、收支业务管理、政府采购业务管理、资产管理、建设项目管理、合同管理等业务领域中建立与实施内部控制后取得的成效。

五、内部控制工作中存在的问题与遇到的困难

填写单位在建立与实施内部控制过程中出现的问题、单位在自我评价过程中发现的问题以及工作中遇到的困难。纪检、巡视、审计、财政检查等外部检查发现的与本单位预算业务管理、收支业务管理、政府采购业务管理、资产管理、建设项目管理、合同管理等经济业务领域相关的内部控制问题,也应一并反映。

六、对当前行政事业单位内部控制工作的意见或建议

填写基于本年内部控制建设的经验及问题总结,单位对于推进行政事业单位内部控制建设的意见或建议,可以包括但不局限于内部控制建设的组织形式、基本方向、建设难点等内容。

第二部分

《政府会计制度》下高等学校会计实务

政府会计由预算会计和财务会计构成。在执行《政府会计制度》过程中，高等学校应采取平行记账的方式进行会计核算，即同一笔经济业务按照财务会计和预算会计分别进行账务处理。因此，高等学校应当按照《政府会计准则》《政府会计制度》《关于高等学校执行〈政府会计制度—行政事业单位会计科目和报表〉的补充规定和衔接规定》设置和使用会计科目。

高等学校在设置会计科目编码时，应兼顾对外报告信息和对内加强管理的需要，以及未来进行成本核算的需要，将统一性和特殊性有机结合，尽可能便于掌握和使用。为便于填制会计凭证、登记账簿、查阅账目，实行会计信息化管理，应采用统一规定的会计科目编号。因没有相关业务无需使用的总账科目可以不设置；在不影响会计业务处理和编报财务报告的前提下，高等学校可以根据实际情况自行增设本制度以外的明细科目，或者自行减少、合并本制度规定的明细科目。

高等学校会计核算科目体系应包含财务会计科目和预算会计科目两大类。对于涉及纳入部门预算管理的现金收支业务，需按照政府会计核算要求设置为资金来源核算和收支类型核算。

高等学校会计科目的总账科目编号由4位数字组成。其中，第一位数字代表科目的类别或会计要素类型，"1"代表财务会计资产类科目，"2"代表财务会计负债类科目，"3"代表财务会计净资产类科目，"4"代表财务会计收入类科目，"5"代表财务会计支出类科目，"6"代表预算会计预算收入类科目，"7"代表预算会计预算支出类科目，"8"代表预算会计预算结余类科目，"9"代表预算类辅助核算账户。后三位数字代表会计科目的序号。以下将结合会计核算业务中的案例示范，具体介绍高等学校财务会计科目、预算会计科目设置、政府支出经济分类科目及使用说明、平行记账账务处理过程、财务会计报表和预算会计报表的编报。

第三章 资产类会计科目设置与使用说明

《政府会计制度—行政事业单位会计科目和报表》中资产类科目共35个一级科目,结合高等学校实际工作,"公共基础设施、公共基础设施累计折旧(摊销)、政府储备物资、文物文化资产、保障性住房和保障性住房累计折旧"六个一级科目很少在高校中使用,故可以不设置。

表3-1 高等学校资产类会计科目设置明细表

序号	科目编号	科目名称	科目类别
1	1001	库存现金	货币资金类科目
2	1002	银行存款	
3	1011	零余额账户用款额度	
4	1021	其他货币资金	
5	1101	短期投资	短期投资
6	1201	财政应返还额度	应收预付类科目
7	1211	应收票据	
8	1212	应收账款	
9	1214	预付账款	
10	1215	应收股利	
11	1216	应收利息	
12	1218	其他应收款	
13	1219	坏账准备	
14	1301	在途物品	存货类科目
15	1302	库存物品	
16	1303	加工物品	

续 表

序号	科目编号	科目名称	科目类别
17	1401	待摊费用	待摊类科目
18	1501	长期股权投资	长期投资类科目
19	1502	长期债券投资	
20	1601	固定资产	固定资产类科目
21	1602	固定资产累计折旧	
22	1611	工程物资	
23	1613	在建工程	
24	1701	无形资产	无形资产类科目
25	1702	无形资产累计摊销	
26	1703	研发支出	
27	1891	受托代理资产	受托科目
28	1901	长期待摊费用	待摊类科目
29	1902	待处理财产损溢	过渡类科目

由于政府会计中,部分资产类会计科目核算业务内容涉及预算会计,为了自动生成预算会计分录,这部分会计科目必须设置为资金来源核算和收支类型核算,其中包括预付账款、库存物品、固定资产、工程物资、在建工程等科目。

3.1 1001 库存现金会计核算

(一)库存现金会计科目核算说明

本科目为"资产类"科目的一级科目。

本科目核算高等学校的库存现金。

高等学校应当严格按照国家有关现金管理的规定收支现金,并按照本制度规定核算现金的各项收支业务。

本科目下设"100101 库存现金—基本户现金""100102 库存现金—国库现金""100103 库存现金—受托代理资产"三个二级明细科目,核算高等学校银行基本账户、国库以及受托代理、代管的现金。

库存现金的主要账务处理如下:

(1)从银行等金融机构提取现金,按照实际提取的金额,借记本科目,贷记

"银行存款"科目;将现金存入银行等金融机构,按照实际存入金额,借记"银行存款"科目,贷记本科目。

根据规定从高等学校零余额账户提取现金,按照实际提取的金额,借记本科目,贷记"零余额账户用款额度"科目。

将现金退回高等学校零余额账户,按照实际退回的金额,借记"零余额账户用款额度"科目,贷记本科目。

(2)因内部职工出差等原因借出的现金,按照实际借出的现金金额,借记"其他应收款"科目,贷记本科目。

出差人员报销差旅费时,按照实际报销的金额,借记"业务活动费用""单位管理费用"等科目,按照实际借出的现金金额,贷记"其他应收款"科目,按照其差额,借记或贷记本科目。

(3)因提供服务、物品或者其他事项收到现金,按照实际收到的金额,借记本科目,贷记"事业收入""应收账款"等相关科目。涉及增值税业务的,相关账务处理参见"应交增值税"科目。

因购买服务、物品或者其他事项支付现金,按照实际支付的金额,借记"业务活动费用""单位管理费用""库存物品"等相关科目,贷记本科目。涉及增值税业务的,相关账务处理参见"应交增值税"科目。

以库存现金对外捐赠,按照实际捐出的金额,借记"其他费用"科目,贷记本科目。

(4)收到受托代理、代管的现金,按照实际收到的金额,借记本科目(受托代理资产),贷记"受托代理负债"科目;支付受托代理、代管的现金,按照实际支付的金额,借记"受托代理负债"科目,贷记本科目(受托代理资产)。

高等学校应当设置"库存现金日记账",由出纳人员根据收付款凭证,按照业务发生顺序逐笔登记。每日终了,应当计算当日的现金收入合计数、现金支出合计数和结余数,并将结余数与实际库存数相核对,做到账款相符。

每日账款核对中发现有待查明原因的现金短缺或溢余的,应当通过"待处理财产损溢"科目核算。属于现金溢余,应当按照实际溢余的金额,借记本科目,贷记"待处理财产损溢"科目;属于现金短缺,应当按照实际短缺的金额,借记"待处理财产损溢"科目,贷记本科目。待查明原因后及时进行账务处理,具体内容参见"待处理财产损溢"科目。

现金收入业务繁多、单独设有收款部门的高等学校,收款部门的收款员应当将每天所收现金连同收款凭据一并交财务部门核收记账,或者将每天所收现金直接送存开户银行后,将收款凭据及向银行送存现金的凭证等一并交财务部门核收记账。

高等学校有外币现金的,应当分别按照人民币、外币种类设置"库存现金日记账"进行明细核算。有关外币现金业务的账务处理参见"银行存款"科目的相关规定。

本科目期末借方余额,反映高等学校实际持有的库存现金。

(二)库存现金会计科目核算示范

[例3-1]3月2日,某高校将库存现金3 000元存入银行,根据此业务的相关单据,做如下会计核算。

借:银行存款　　　　　　　　　　　　　　　　3 000
　贷:库存现金—基本户现金　　　　　　　　　　3 000

[例3-2]3月5日,某高校的教工李君出差预借差旅费10 000元,以现金支付。3月16日,李君出差回来报销差旅费9 700元,退回剩余现金300元。根据此业务的相关单据,做如下会计核算。

(1)3月5日借差旅费时

借:其他应收款—李君　　　　　　　　　　　　10 000
　贷:库存现金　　　　　　　　　　　　　　　　10 000

(2)3月16日报销差旅费时

财务会计

借:库存现金　　　　　　　　　　　　　　　　　 300
　　业务活动费用　　　　　　　　　　　　　　　9 700
　贷:其他应收款—李君　　　　　　　　　　　　10 000

预算会计

借:事业支出　　　　　　　　　　　　　　　　　9 700
　贷:资金结存—货币资金　　　　　　　　　　　9 700

3.2　1002 银行存款会计核算

(一)银行存款会计科目核算说明

本科目核算高等学校存入银行或其他金融机构的各种存款。

高等学校应当严格按照国家有关支付结算办法的规定办理银行存款收支

业务,并按照本制度规定核算银行存款的各项收支业务。

本科目下设"100201 银行存款—基本户存款""100202 银行存款—外币账户存款""100203 银行存款—贷款账户存款""100204 银行存款—受托代理资产""100205 银行存款—其他账户存款"二级明细科目,分别核算高等学校的基本账户、外币账户、银行贷款本金和利息、受托代理、代管的银行存款。

银行存款的主要账务处理如下:

(1) 将款项存入银行或者其他金融机构,按照实际存入的金额,借记本科目,贷记"库存现金""应收账款""事业收入""经营收入""其他收入"等相关科目。涉及增值税业务的,相关账务处理参见"应交增值税"科目。

收到银行存款利息,按照实际收到的金额,借记本科目,贷记"利息收入"科目。

(2) 从银行等金融机构提取现金,按照实际提取的金额,借记"库存现金"科目,贷记本科目。

(3) 以银行存款支付相关费用,按照实际支付的金额,借记"业务活动费用""单位管理费用""其他费用"等相关科目,贷记本科目。涉及增值税业务的,相关账务处理参见"应交增值税"科目。以银行存款对外捐赠,按照实际捐出的金额,借记"其他费用"科目,贷记本科目。

(4) 收到受托代理、代管的银行存款,按照实际收到的金额,借记本科目(受托代理资产),贷记"受托代理负债"科目;支付受托代理、代管的银行存款,按照实际支付的金额,借记"受托代理负债"科目,贷记本科目(受托代理资产)。

高等学校发生外币业务的,应当按照业务发生当日的即期汇率,将外币金额折算为人民币金额记账,并登记外币金额和汇率。期末,各种外币账户的期末余额,应当按照期末的即期汇率折算为人民币,作为外币账户期末人民币余额。调整后的各种外币账户人民币余额与原账面余额的差额,作为汇兑损益计入当期费用。

(1) 以外币购买物资、设备等,按照购入当日的即期汇率将支付的外币或应支付的外币折算为人民币金额,借记"库存物品"等科目,贷记本科目、"应付账款"等科目的外币账户。涉及增值税业务的,相关账务处理参见"应交增值税"科目。

(2) 销售物品、提供服务以外币收取相关款项等,按照收入确认当日的即期汇率将收取的外币或应收取的外币折算为人民币金额,借记本科目、"应收账款"等科目的外币账户,贷记"事业收入"等相关科目。

（3）期末,根据各外币银行存款账户按照期末汇率调整后的人民币余额与原账面人民币余额的差额,作为汇兑损益,借记或贷记本科目,贷记或借记"业务活动费用""单位管理费用"等科目。

"应收账款""应付账款"等科目有关外币账户期末汇率调整业务的账务处理参照本科目。

高等学校应当按照开户银行或其他金融机构、存款种类及币种等,分别设置"银行存款日记账",由出纳人员根据收付款凭证,按照业务的发生顺序逐笔登记,每日终了应结出余额。"银行存款日记账"应定期与"银行对账单"核对,至少每月核对一次。月度终了,高等学校银行存款日记账账面余额与银行对账单余额之间如有差额,应当逐笔查明原因并进行处理,按月编制"银行存款余额调节表",调节相符。

本科目期末借方余额,反映高等学校实际存放在银行或其他金融机构的款项。

（二）银行存款会计科目核算示范

[例3-3] 2月1日,某省属高校收到**公司的横向课题经费20万元,存入银行基本帐户。

财务会计
借:银行存款——基本户存款　　　　　　　　　　　　20万
　　贷:事业收入——科研收入　　　　　　　　　　　　20万
预算会计
借:资金结存——货币资金　　　　　　　　　　　　　20万
　　贷:事业预算收入——科研收入　　　　　　　　　　20万

[例3-4] 6月30日,某高校从银行贷款500万元,贷款期限1年。根据此业务的相关单据,做如下会计核算。

财务会计
借:银行存款——贷款帐户存款　　　　　　　　　　　500万
　　贷:短期借款　　　　　　　　　　　　　　　　　500万
预算会计
借:资金结存——货币资金　　　　　　　　　　　　　500万

贷:债务预算收入　　　　　　　　　　　　　　　　　500万

[例3-5]9月1日,某高校通过缴费系统集中扣缴学生学费550万元。

财务会计

借:银行存款—基本户　　　　　　　　　　　　　　　550万

　　贷:应缴财政专户款　　　　　　　　　　　　　　550万

预算会计不处理

[例3-6]7月8日,银行收到＊＊学院党员交纳的党费10 000元。

借:银行存款—受托代理资产　　　　　　　　　　　10 000

　　贷:受托代理负债—党费　　　　　　　　　　　　10 000

[例3-7]9月6日,某高校以外币购买实验设备一台,价值26 000元。

财务会计

借:固定资产　　　　　　　　　　　　　　　　　　26 000

　　贷:银行存款—外币账户存款　　　　　　　　　　26 000

预算会计

借:事业支出　　　　　　　　　　　　　　　　　　26 000

　　贷:资金结存—货币资金　　　　　　　　　　　　26 000

3.3　1011零余额账户用款额度会计核算

(一)零余额账户用款额度会计科目核算说明

本科目核算高等学校执行财政国库集中支付制度,根据财政部门批复的用款计划收到和支用的零余额账户用款额度。

本科目下设"基本支出""项目支出"两个二级明细科目。

零余额账户用款额度的主要账务处理如下:

(1) 收到额度:高等学校收到"财政授权支付到账通知书"时,根据通知书所列金额,借记本科目,贷记"财政拨款收入"科目。

(2) 支用额度

① 支付日常活动费用时,按照支付的金额,借记"业务活动费用""单位管理费用"等科目,贷记本科目。

② 购买库存物品或购建固定资产,按照实际发生的成本,借记"库存物品""固定资产""在建工程"等科目,按照实际支付或应付的金额,贷记本科目、"应付账款"等科目。涉及增值税业务的,相关账务处理参见"应交增值税"科目。

③从零余额账户提取现金时,按照实际提取的金额,借记"库存现金"科目,贷记本科目。

(3)因购货退回等发生财政授权支付额度退回的,按照退回的金额,借记本科目,贷记"库存物品"等科目。

(4)年末,根据代理银行提供的对账单作注销额度的相关账务处理,借记"财政应返还额度—财政授权支付"科目,贷记本科目。年末,高等学校本年度财政授权支付预算指标数大于零余额账户用款额度下达数的,根据未下达的用款额度,借记"财政应返还额度—财政授权支付"科目,贷记"财政拨款收入"科目。下年初,高等学校根据代理银行提供的上年度注销额度恢复到账通知书作恢复额度的相关账务处理,借记本科目,贷记"财政应返还额度—财政授权支付"科目。高等学校收到财政部门批复的上年未下达零余额账户用款额度,借记本科目,贷记"财政应返还额度—财政授权支付"科目。

本科目期末借方余额,反映高等学校尚未支用的零余额账户用款额度。年末注销高等学校零余额账户用款额度后,本科目应无余额。

(二)零余额账户用款额度会计科目核算示范

[例3-8]1月2日,L高校收到代理银行盖章的财政授权支付额度到账通知书,财政拨付1月份基本支出拨款500万元。

财务会计

借:零余额账户用款额度	500万
贷:财政拨款收入	500万

预算会计

借:资金结存—零余额账户用款额度	500万
贷:财政拨款预算收入	500万

[例3-9]3月6日,L高校采用授权支付方式,通过零余额账户购买零星办公用品5000元。

财务会计

借:单位管理费用	5 000
贷:零余额账户用款额度	5 000

预算会计

借:事业支出	5 000
贷:资金结存—零余额账户用款额度	5 000

[例3-10]2020年5月6日,L高校购买一批专用材料因质量问题退回给供货单位,收到退货款10 000元。

财务会计

借:零余额账户用款额度　　　　　　　　　　　　　　　10 000

　　贷:库存物品　　　　　　　　　　　　　　　　　　　10 000

预算会计

借:资金结存——零余额账户用款额度　　　　　　　　　10 000

　　贷:事业支出　　　　　　　　　　　　　　　　　　　10 000

3.4　1021 其他货币资金会计核算

(一) 其他货币资金会计科目核算说明

本科目核算高等学校的外埠存款、银行本票存款、银行汇票存款、信用卡存款、第三方支付平台存款等各种其他货币资金。

本科目应当设置"外埠存款""银行本票存款""银行汇票存款""信用卡存款""第三方支付平台存款"五个二级明细科目,进行明细核算。

其他货币资金的主要账务处理如下:

(1) 高等学校按照有关规定需要在异地开立银行账户,将款项委托本地银行汇往异地开立账户时,借记本科目,贷记"银行存款"科目。收到采购人员交来供应单位发票账单等报销凭证时,借记"库存物品"等科目,贷记本科目。将多余的外埠存款转回本地银行时,根据银行的收账通知,借记"银行存款"科目,贷记本科目。

(2) 将款项交存银行取得银行本票、银行汇票,按照取得的银行本票、银行汇票金额,借记本科目,贷记"银行存款"科目。使用银行本票、银行汇票购买库存物品等资产时,按照实际支付金额,借记"库存物品"等科目,贷记本科目。如有余款或因本票、汇票超过付款期等原因而退回款项,按照退款金额,借记"银行存款"科目,贷记本科目。

(3) 将款项交存银行取得信用卡,按照交存金额,借记本科目,贷记"银行存款"科目。用信用卡购物或支付有关费用,按照实际支付金额,借记"单位管理费用""库存物品"等科目,贷记本科目。高等学校信用卡在使用过程中,需向其账户续存资金的,按照续存金额,借记本科目,贷记"银行存款"科目。

(4) 通过支付宝、微信等方式取得收入时,根据取得金额,借记本科目,贷记"应缴财政款""其他应付款""经营收入""其他收入"科目;从支付宝、微信收付款等第三方支付平台账户转入银行存款时,根据转入金额,借记"银行存款"等科目,贷记本科目。

高等学校应当加强对其他货币资金的管理,及时办理结算,对于逾期尚未办理结算的银行汇票、银行本票等,应当按照规定及时转回,并按照上述规定进行相应账务处理。

本科目期末借方余额,反映高等学校实际持有的外埠存款等其他货币资金以及尚未转入银行存款的支付宝、微信收付款等第三方支付平台账户存款。

(二)其他货币资金会计科目核算示范

[例3-11]2020年6月5日,L高校学生王**通过支付宝转账缴纳住宿费1 200元。

借:其他货币资金—第三方支付平台存款　　　　1 200
　贷:应缴财政款　　　　　　　　　　　　　　1 200

[例3-12]2020年6月16日,L高校将支付宝、微信收款转入银行账户15 000元。

借:银行存款　　　　　　　　　　　　　　　　15 000
　贷:其他货币资金—第三方支付平台存款　　　　15 000

3.5　1101 短期投资会计核算

(一)短期投资会计科目核算说明

本科目核算高等学校按照规定取得的,持有时间不超过1年(含1年)的投资。

高等学校应当严格遵守国家法律、行政法规以及财政部门、主管部门关于对外投资的有关规定。

本科目应当按照投资的种类、投资对象设立二级明细科目。

短期投资的主要账务处理如下:

(1)取得短期投资时,按照确定的投资成本,借记本科目,贷记"银行存款"等科目。

收到取得投资时实际支付价款中包含的已到付息期但尚未领取的利息,按照实际收到的金额,借记"银行存款"科目,贷记本科目。

(2)收到短期投资持有期间的利息,按照实际收到的金额,借"银行存款"

科目,贷记"投资收益"科目。部分省份要求上缴财政,贷记"应缴财政款"科目。

（3）出售短期投资或到期收回短期投资本息,按照实际收到的金额,借记"银行存款"科目,按照出售或收回短期投资的账面余额,贷记本科目,按照其差额,借记或贷记"投资收益"科目。涉及增值税业务的,相关账务处理参见"应交增值税"科目。

部分省份规定,投资收益上缴财政。

本科目期末借方余额,反映高等学校持有短期投资的成本。

（二）短期投资会计核算业务

（1）取得短期投资,以取得时的实际成本（购价+相关税金+手续费等）作为初始投资成本。

财务会计

借:短期投资

 贷:银行存款

预算会计

借:投资支出

 贷:资金结存—货币资金

如果取得时实际支付价款中包括已到付息期但尚未领取的利息,应在收到时直接冲减短期投资成本。

财务会计

借:银行存款

 贷:短期投资

预算会计

借:资金结存—货币资金

 贷:投资支出

（2）在持有期间取得利息收入

财务会计

借:银行存款

 贷:投资收益

预算会计

借:资金结存—货币资金

贷:投资预算收益

(3) 出售或到期收回短期投资

财务会计

借:银行存款

 贷:短期投资(账面余额)

  投资收益(注意:正收益,负收益在借方)

预算会计

借:资金结存——货币现金

 贷:投资支出

  投资预算收益(正收益,负收益在借方)

3.6 1201 财政应返还额度会计核算

(一) 财政应返还额度会计科目核算说明

本科目核算高等学校执行国库集中支付制度,应收财政返还的资金额度,包括可以使用的以前年度财政直接支付资金额度和财政应返还的财政授权支付资金额度。

本科目下设"财政直接支付""财政授权支付"两个二级明细科目;设"基本支出""项目支出"等四个三级科目。

财政应返还额度的主要账务处理如下:

(1) 财政直接支付

年末,高等学校根据本年度财政直接支付预算指标数大于当年财政直接支付实际发生数的差额,借记本科目(财政直接支付),贷记"财政拨款收入"科目。

高等学校使用以前年度财政直接支付额度支付款项时,借记"业务活动费用""单位管理费用"等科目,贷记本科目(财政直接支付)。

(2) 财政授权支付

年末,根据代理银行提供的对账单作注销额度的相关账务处理,按照应该注销的财政授权支付中基本支出额度金额,借记本科目(财政授权支付——基本支出),贷记"零余额账户用款额度"科目。

年末,本年度财政授权支付预算指标中基本支出数大于零余额账户用款额度下达数时,根据未下达的用款额度,借记本科目(财政授权支付——基本支出),贷记"财政拨款收入"科目。

下年初,根据代理银行提供的上年度注销额度恢复到账通知书作恢复额度的相关账务处理,借记"零余额账户用款额度"科目,贷记本科目(财政授权支付)。收到财政部门批复的上年未下达零余额账户用款额度,按照未下达额度中的基本支出数,借记"零余额账户用款额度"科目,贷记本科目(财政授权支付—基本支出)。

本科目期末借方余额,反映高等学校应收财政返还的资金额度。

(二)财政应返还额度会计核算业务

(1)财政直接支付

① 年末,高校根据本年度财政直接支付预算指标数大于当年财政直接支付实际发生数的差额,即年末结转结余的直接支付指标,采取先注销后恢复的方法,次年初予以恢复,因此年末必须确认为当期收入,以完整反映当年预算总额。

财务会计

借:财政应返还额度—财政直接支付

　贷:财政拨款收入

预算会计

借:资金结存—财政应返还额度

　贷:财政拨款预算收入

② 高校使用以前年度财政直接支付额度支付款项时

财务会计

借:业务活动费用/单位管理费用等

　贷:财政应返还额度—财政直接支付

预算会计

借:事业支出等

　贷:资金结存—财政应返还额度

(2)财政授权支付

① 年末根据代理银行提供的对账单作为注销额度的依据

财务会计

借:财政应返还额度—财政授权支付

　贷:零余额账户用款额度

预算会计

借:资金结存—财政应返还额度

　　贷:资金结存—零余额账户用款额度

② 财政授权支付预算指标大于零余额账户下达额度

财务会计

借:财政应返还额度—财政授权支付

　　贷:财政拨款收入

预算会计

借:资金结存—财政应返还额度

　　贷:财政拨款预算收入

③ 次年初,根据代理银行提供的额度恢复通知书做依据

财务会计

借:零余额账户用款额度

　　贷:财政应返还额度—财政授权支付

预算会计

借:资金结存—零余额账户用款额度

　　贷:资金结存—财政应返还额度

④ 收到财政批复的上年末未下达零余额账户用款额度

财务会计

借:零余额账户用款额度

　　贷:财政应返还额度—财政授权支付

预算会计

借:资金结存—零余额账户用款额度

　　贷:资金结存—财政应返还额度

⑤ 使用以前年度的授权额度支出时

财务会计

借:业务活动费用/单位管理费用等

　　贷:零余额账户用款额度

预算会计

借:事业支出

　　贷:资金结存—零余额账户用款额度

(三) 财政应返还额度会计科目核算示范

[例 3-13] 2019 年 12 月 31 日,某省属高校注销结转的直接支付额度 70 万元,财政授权支付额度 38 万。2020 年 1 月,财政恢复上述额度指标,学校向财政部门申请用款计划,2 月收到授权支付额度 38 万。3 月,该高校使用上述资金直接支付办公设备采购款 60 万元,设备已验收,假设折旧年限为 5 年,以直线法计提折旧;同月,授权支付物业管理费 10 万元。账务处理如下:

(1) 2019 年年末,注销直接支付额度 70 万元

财务会计

借:财政应返还额度—财政直接支付　　　　　　　　　　70 万
　　贷:财政拨款收入　　　　　　　　　　　　　　　　　70 万

预算会计

借:资金结存—财政应返还额度　　　　　　　　　　　　70 万
　　贷:财政拨款预算收入　　　　　　　　　　　　　　　70 万

(2) 2019 年年末,注销授权支付额度 38 万元

财务会计

借:财政应返还额度—财政授权支付　　　　　　　　　　38 万
　　贷:零余额账户用款额度　　　　　　　　　　　　　　38 万

预算会计

借:资金结存—财政应返还额度　　　　　　　　　　　　38 万
　　贷:资金结存—零余额账户用款额度　　　　　　　　　38 万

(3) 2020 年 1 月,恢复授权支付额度 38 万

财务会计

借:零余额账户用款额度　　　　　　　　　　　　　　　38 万
　　贷:财政应返还额度—财政授权支付　　　　　　　　　38 万

预算会计

借:资金结存—零余额账户用款额度　　　　　　　　　　38 万
　　贷:资金结存—财政应返还额度　　　　　　　　　　　38 万

(4) 2020 年 3 月,使用 2019 年财政直接支付额度支付办公设备采购款 60 万元,设备已验收。

财务会计

借:固定资产　　　　　　　　　　　　　　　　　　　　60 万

贷:财政应返还额度—财政直接支付　　　　　　　60万
　预算会计
　借:事业支出—办公设备购置　　　　　　　　　　　60万
　　　贷:资金结存—财政应返还额度　　　　　　　　　60万
（5）2020年3月,授权支付物业管理费10万元。
　财务会计
　借:单位管理费用—商品和服务费用　　　　　　　　10万
　　　贷:零余额账户额度　　　　　　　　　　　　　10万
　预算会计
　借:事业支出—物业管理费　　　　　　　　　　　　10万
　　　贷:零余额账户用款额度　　　　　　　　　　　10万
（6）3月25日,计提当月新购入设备折旧（月折旧额＝60万/5年×12月＝1万元）
　财务会计
　借:单位管理费用—固定资产折旧费　　　　　　　　1万
　　　贷:固定资产累计折旧　　　　　　　　　　　　1万
　预算会计不处理

3.7　1211 应收票据会计核算

（一）应收票据会计科目核算说明

本科目核算高等学校因开展经营活动销售产品、提供有偿服务等而收到的商业汇票,包括银行承兑汇票和商业承兑汇票。

本科目应当按照开出、承兑商业汇票的高等学校等进行明细核算。

应收票据的主要账务处理如下:

（1）因销售产品、提供服务等收到商业汇票,按照商业汇票的票面金额,借记本科目,按照确认的收入金额,贷记"经营收入"等科目。涉及增值税业务的,相关账务处理参见"应交增值税"科目。

（2）持未到期的商业汇票向银行贴现,按照实际收到的金额（即扣除贴现息后的净额）,借记"银行存款"科目,按照贴现息金额,借记"经营费用"等科目,按照商业汇票的票面金额,贷记本科目（无追索权）或"短期借款"科目（有追索权）。附追索权的商业汇票到期未发生追索事项的,按照商业汇票的票面金额,借记"短期借款"科目,贷记本科目。

(3) 将持有的商业汇票背书转让以取得所需物资时,按照取得物资的成本,借记"库存物品"等科目,按照商业汇票的票面金额,贷记本科目,如有差额,借记或贷记"银行存款"等科目。涉及增值税业务的,相关账务处理参见"应交增值税"科目。

(4) 商业汇票到期时,应当分别以下情况处理:

① 收回票款时,按照实际收到的商业汇票票面金额,借记"银行存款"科目,贷记本科目。

② 因付款人无力支付票款,收到银行退回的商业承兑汇票、委托收款凭证、未付票款通知书或拒付款证明等,按照商业汇票的票面金额,借记"应收账款"科目,贷记本科目。

高等学校应当根据实际情况,设置"应收票据备查簿",逐笔登记每一应收票据的种类、号数、出票日期、到期日、票面金额、交易合同号和付款人、承兑人、背书人姓名或单位名称、背书转让日、贴现日期、贴现率和贴现净额、收款日期、收回金额和退票情况等。应收票据到期结清票款或退票后,应当在备查簿内逐笔注销。

本科目期末借方余额,反映高等学校持有的商业汇票票面金额。

(二) 应收票据会计核算业务

(1) 因销售产品、提供服务等收到商业汇票,按照商业汇票的票面金额

财务会计

借:应收票据

 贷:经营收入/事业收入

  应交增值税

不涉及预算会计业务

(2) 持未到期的商业汇票向银行贴现

财务会计

借:银行存款(按照实际收到的金额,即扣除贴现息后的净额)

 经营费用(按贴现息金额)

 贷:应收票据(票面金额,无追索权)

  短期借款"科目(有追索权)

预算会计

借:资金结存—货币资金

    贷:经营预算收入(贴现净额)

票据追索权,是指票据当事人行使付款请求权遭到拒绝或有其他法定原因存在时,向其前手请求偿还票据金额及其他法定费用的权利,是第二顺序权利,又称偿还请求权利。行使追索权的当事人除票据记载的收款人和最后被背书人外,还可能是代为清偿票据债务的保证人、背书人。

贴现利息=汇票金额×贴现天数×(月贴现率÷30天)

实得金额=票据到期价值-贴现利息

附追索权的商业汇票到期未发生追索事项时

财务会计

借:短期借款

    贷:应收票据

不涉及预算会计业务

(3)将持有的商业汇票背书转让以取得所需物资时

财务会计

借:库存物品

    银行存款(退回多付金额时)

    贷:应收票据

        银行存款(补付金额时)

预算会计

借:经营支出等

    贷:资金结存—货币资金

(4)商业汇票到期时,应当分别以下情况处理:

① 收回票据时

财务会计

借:银行存款(按实际收到的商业汇票票面金额)

    贷:应收票据

预算会计

借:资金结存—货币资金

    贷:经营预算收入等

② 因付款人无力支付票款,收到银行退回的商业承兑汇票、委托收款凭

证、未付票款通知书或拒付款证明等

财务会计

借:应收账款(按商业汇票的票面金额)

 贷:应收票据

不涉及预算会计业务

(三) 应收票据会计核算示范

[例3-14]2019年3月1日,某高校为＊＊企业提供科研技术服务,收到商业承兑汇票一张,票面价值100 000元,期限6个月。科研合同应纳增值税税率为3%。9月1日,票据到期,收到银行转来的100 000元科研服务费。

(1) 3月1日收到承兑汇票

财务会计

借:应收票据—＊＊企业   100 000

 贷:事业收入—科研收入   97 087.37

  应交增值税—销项税额   2 912.63

预算会计不需做

(2) 9月1日票据到期

财务会计

借:银行存款   100 000

 贷:应收票据—＊＊企业   100 000

预算会计

借:资金结存—货币资金   100 000

 贷:事业预算收入—科研收入   100 000

3.8 1212 应收账款会计核算

(一) 应收账款会计科目核算说明

本科目核算高等学校提供服务、销售产品等应收取的款项,以及因出租资产、出售物资等应收取的款项。

本科目应当按照债务高等学校(或个人)进行明细核算,高校可以在本科目下设"一般应收账款""应收应缴财政款"两个二级明细科目。

应收账款的主要账务处理如下:

(1) 应收账款收回后不需上缴财政

高等学校发生应收账款时,按照应收未收金额,借记本科目,贷记"事业收入""经营收入""租金收入""其他收入"等科目。涉及增值税业务的,相关账务处理参见"应交增值税"科目。收回应收账款时,按照实际收到的金额,借记"银行存款"等科目,贷记本科目。

(2) 应收账款收回后需上缴财政

① 高等学校出租资产发生应收未收租金款项时,按照应收未收金额,借记本科目,贷记"应缴财政款"科目。收回应收账款时,按照实际收到的金额,借记"银行存款"等科目,贷记本科目。

② 高等学校出售物资发生应收未收款项时,按照应收未收金额,借记本科目,贷记"应缴财政款"科目。收回应收账款时,按照实际收到的金额,借记"银行存款"等科目,贷记本科目。涉及增值税业务的,相关账务处理参见"应交增值税"科目。

高等学校应当于每年年末,对收回后不需上缴财政的应收账款进行全面检查,如发生不能收回的迹象,应当计提坏账准备。

(1) 对于账龄超过规定年限、确认无法收回的应收账款,按照规定报经批准后予以核销。按照核销金额,借记"坏账准备"科目,贷记本科目。核销的应收账款应在备查簿中保留登记。

(2) 已核销的应收账款在以后期间又收回的,按照实际收回金额,借记本科目,贷记"坏账准备"科目;同时,借记"银行存款"等科目,贷记本科目。

高等学校应当于每年年末,对收回后应当上缴财政的应收账款进行全面检查。

(1) 对于账龄超过规定年限、确认无法收回的应收账款,按照规定报经批准后予以核销。按照核销金额,借记"应缴财政款"科目,贷记本科目。核销的应收账款应当在备查簿中保留登记。

(2) 已核销的应收账款在以后期间又收回的,按照实际收回金额,借记"银行存款"等科目,贷记"应缴财政款"科目。

本科目期末借方余额,反映高等学校尚未收回的应收账款。

(二) 应收账款会计核算业务

(1) 不需上缴财政的应收账款

① 发生应收账款时

财务会计

借:应收账款—债务单位或个人
   贷:事业收入/经营收入/租金收入/其他收入
      应交增值税(区分一般纳税人和小规模纳税人处理)
预算会计不需做
② 收回应收账款时
财务会计
借:银行存款
   贷:应收账款—债务单位或个人
预算会计
借:资金结存—货币资金
   贷:事业预算收入/经营预算收入/其他预算收入等
③ 高等学校应当于每年年末,对收回后不需上缴财政的应收账款进行全面检查,如发生不能收回的迹象,应计提坏账准备。可按应收账款余额百分比法、账龄分析法、个别认定法等方法进行计提,确认坏账损失。计提方法一经确定不得随意变更,如需变更应按规定报经批准,并在财务报表附注中说明。
财务会计
借:其他费用
   贷:坏账准备
预算会计不需做
④ 对于账龄超过规定年限、确认无法收回的应收账款,按照规定报经批准后予以核销,核销的应收账款应在备查簿中保留登记,以批准核销金额记账
财务会计
借:坏账准备
   贷:应收账款—债务单位或个人。
预算会计不需做
⑤ 已核销的应收账款在以后期间又收回的,以实际收回金额
财务会计
借:应收账款—债务单位或个人
   贷:坏账准备
同时
借:银行存款

贷:应收账款—债务单位或个人

预算会计

借:资金结存—货币资金

　　贷:财政拨款结余(注:因收回为以前年度账款)

(2) 如需上缴财政应收账款

① 发生应收账款时

财务会计

借:应收账款—债务单位或个人

　　贷:应缴财政款

预算会计不需做

② 收回应收账款时

财务会计

借:银行存款

　　贷:应收账款—债务单位或个人

上缴时

借:应缴财政款

　　贷:银行存款

预算会计不需做

③ 高等学校应当于每年年末,对收回后应当上缴财政的应收账款进行全面检查。对于账龄超过规定年限、确认无法收回的应收账款,按照规定报经批准后予以核销,核销的应收账款应当在备查簿中保留登记,以批准核销金额记账。

财务会计

借:应缴财政款

　　贷:应收账款—债务单位或个人

预算会计不需做

④ 已核销的应收账款在以后期间又收回的,以实际收回金额记账

财务会计

借:银行存款

　　贷:应缴财政款

预算会计不需做

（三）应收账款会计科目核算示范

[例3-15]某高校与＊＊公司签订技术开发合同,合同金额100万元,合同中约定按照科研项目的完成进度支付科研经费。2020年5月1日,完成项目进度50%,开具增值税发票50万元,增值税税率3%,款项尚未收到;5月16日,收到＊＊公司转来的科研经费50万元。

（1）5月1日

财务会计

借:应收账款	500 000
贷:事业收入—科研事业收入	485 436.89
应交增值税—应交税金（销项税额）	14 563.11

预算会计不处理

（2）5月16日

财务会计

借:银行存款	500 000
贷:应收账款	500 000

预算会计

借:资金结存—货币资金	500 000
贷:事业预算收入—科研收入	500 000

3.9　1214 预付账款会计核算

（一）预付账款会计科目核算说明

本科目核算高等学校按照购货、服务合同或协议规定预付给供应高等学校（或个人）的款项,以及按照合同规定向承包工程的施工企业预付的备料款和工程款。

本科目应当按照供应高等学校（或个人）及具体项目进行明细核算,本科目下设"预付基建款""其他预付款"两个二级明细科目;"预付基建款"下设"预付材料款""预付工程款""预付设备款""其他预付基建款"四个三级明细科目,进行明细核算。

预付账款的主要账务处理如下:

（1）根据购货、服务合同或协议规定预付款项时,按照预付金额,借记本科目,贷记"财政拨款收入""零余额账户用款额度""银行存款"等科目。

(2) 收到所购资产或服务时，按照购入资产或服务的成本，借记"库存物品""固定资产""无形资产""业务活动费用"等相关科目，按照相关预付账款的账面余额，贷记本科目，按照实际补付的金额，贷记"财政拨款收入""零余额账户用款额度""银行存款"等科目。涉及增值税业务的，相关账务处理参见"应交增值税"科目。

(3) 根据工程进度结算工程价款及材料款时，按照结算金额，借记"在建工程"科目，按照相关预付账款的账面余额，贷记本科目，按照实际补付的金额，贷记"财政拨款收入""零余额账户用款额度""银行存款"等科目。

(4) 发生预付账款退回的，按照实际退回金额，借记"财政拨款收入"[本年直接支付]、"财政应返还额度"[以前年度直接支付]、"零余额账户用款额度"、"银行存款"等科目，贷记本科目。

高等学校应当于每年年末，对预付账款进行全面检查。如果有确凿证据表明预付账款不再符合预付款项性质，或者因供应单位破产、撤销等原因可能无法收到所购货物、服务的，应当先将其转入其他应收款，再按照规定进行处理。将预付账款账面余额转入其他应收款时，借记"其他应收款"科目，贷记本科目。

本科目期末借方余额，反映高等学校实际预付但尚未结算的款项。

（二）预付账款会计核算业务

(1) 根据所签立合同协议要求预付款项时，以合同和付款凭证为附件

财务会计

借：预付账款——单位、个人或项目（实付金额）

　　贷：财政拨款收入/银行存款/零余额账户用款额度/库存现金等

预算会计

借：事业支出

　　贷：财政拨款预算收入/资金结存等

(2) 收到所购物资和劳务时

财务会计

借：业务活动费用/单位管理费用/经营费用/固定资产/在建工程/库存物资/无形资产等

　　贷：预付账款——单位、个人或项目

　　　　财政拨款收入/银行存款/零余额账户用款额度/库存现金（补付金额）

预算会计

借:事业支出(补付金额)

 贷:财政拨款预算收入/资金结存等

(3) 预付款项退回时

① 当年预付款退回,按照实际退回金额

财务会计

借:财政拨款收入/零余额账户用款额度/银行存款等

 贷:预付账款——单位、个人或项目

预算会计

借:财政拨款预算收入/资金结存

 贷:事业支出等

② 以前年度预付款项退回

财务会计

借:财政应返还额度/零余额账户用款额度/银行存款等

 贷:预付账款——单位、个人或项目

预算会计

借:资金结存

 贷:财政拨款结余——年初余额调整/财政拨款结转——年初余额调整

(4) 根据工程进度结算工程价款及备料款等时,按实际结算金额

财务会计

借:在建工程

 贷:预付账款——某基建项目——预付备料款/预付工程款/其他预付款(结算金额)

  财政拨款收入/零余额账户用款额度/银行存款等(补付金额)

预算会计

借:事业支出等(补付金额)

 贷:财政拨款预算收入/资金结存

(5) 逾期无法收回的预付账款

如果有确凿证据表明预付账款不再符合预付款项性质,或者因供应单位破产、撤销等原因可能无法收到所购货物、服务的,应当先将其转入其他应收款,再按照规定进行处理。

财务会计

借:其他应收款

 贷:预付账款

预算会计不需做

(三)预付账款会计核算示范

[例 3-16]某高等学校 2019 年 12 月以授权支付方式预付办公大楼电费 50 000 元;2020 年 2 月供电公司开具结算发票。

(1) 2019 年 12 月预付

财务会计

借:预付账款   50 000

 贷:零余额账户用款额度   50 000

预算会计

借:事业支出—财政拨款支出—基本支出—商品和服务支出—电费

               50 000

 贷:资金结存—零余额账户用款额度 50 000

(2) 2020 年 2 月凭电费发票及结算明细清单

财务会计

借:单位管理费用—商品和服务费用 50 000

 贷:预付账款   50 000

预算会计不做账

[例 3-17]某高校为全额拨款事业单位。2019 年 9 月,按合同以财政直接支付方式预付教学实训中心大楼工程预付款项 100 万元,此工程包括专用设备购置和信息网络建设支出两个明细项目。假设预付时无法判断相关明细。

(1) 预付时

财务会计

借:预付账款   100 万

 贷:财政拨款收入   100 万

预算会计

借:事业支出—财政拨款支出—项目支出(教学实训中心大楼项目)

               100 万

贷:财政拨款预算收入—项目支出(教学实训中心大楼项目)
                                            100 万

(2) 2019 年 12 月施工单位结算工程款,提供的发票明细中列示专用设备购置费 30 万元,信息网络建设费 70 万元。

财务会计

借:在建工程   100 万
　　贷:预付账款   100 万

预算会计

借:事业支出—财政拨款支出—项目支出(教学实训中心大楼项目)—专
　　用设备购置费   30 万
　　事业支出—财政拨款支出—项目支出(教学实训中心大楼项目)—信
　　息网络及软件购置更新   70 万
　　贷:事业支出—财政拨款支出—项目支出(教学实训中心大楼项目)
                                            100 万

3.10　1215 应收股利会计核算

(一) 应收股利会计科目核算说明

本科目核算高等学校持有长期股权投资应当收取的现金股利或应当分得的利润。

本科目应当按照被投资高等学校等进行明细核算。

应收股利的主要账务处理如下:

(1) 取得长期股权投资,按照支付的价款中所包含的已宣告但尚未发放的现金股利,借记本科目,按照确定的长期股权投资成本,借记"长期股权投资"科目,按照实际支付的金额,贷记"银行存款"等科目。

收到取得投资时实际支付价款中所包含的已宣告但尚未发放的现金股利时,按照收到的金额,借记"银行存款"科目,贷记本科目。

(2) 长期股权投资持有期间,被投资单位宣告发放现金股利或利润的,按照应享有的份额,借记本科目,贷记"投资收益"(成本法下)或"长期股权投资"(权益法下)科目。

(3) 实际收到现金股利或利润时,按照收到的金额,借记"银行存款"等科目,贷记本科目。

本科目期末借方余额,反映高等学校应当收取但尚未收到的现金股利或利润。

(二)应收股利会计核算业务

(1) 取得长期股权投资时

财务会计

借:长期股权投资—被投资单位(确定的投资成本)

  应收股利—被投资单位(支付价款中包含的已宣告但尚未发放的股利金额)

 贷:银行存款(实付金额)

预算会计

借:投资支出(投资时支付的全部价款)

 贷:资金结存—货币资金

(2) 收到取得投资时实际支付价款中所包含的已宣告但尚未发放的现金股利时

财务会计

借:银行存款(实际收到金额)

 贷:应收股利—被投资单位

预算会计

借:资金结存—货币资金

 贷:投资支出

(3) 投资持有期间,被投资单位宣告发放现金股利或利润时

财务会计

借:应收股利—被投资单位(应享有的份额)

 贷:投资收益(成本法下)/长期股权投资(权益法下)

不涉及预算会计账务核算

(4) 实际收到宣告发放的现金股利或利润时,按照收到的金额

财务会计

借:银行存款

 贷:应收股利

预算会计

借:资金结存—货币资金

贷：投资预算收益

（三）应收股利会计核算示范

[例3-18] 某高校2019年10月16日购买＊＊上市公司股票200万元，持有该公司1%的股份，投资款中包含已宣告但尚未发放的股利5万元。2020年1月，收到现金股利5万元。2020年6月，＊＊公司宣布分红，按照持有份额，该高校应分得股利6万元。2020年9月，收到该公司发放的现金股利6万元。

（1）取得长期股权投资时

财务会计

借：长期股权投资—＊＊公司	195万
应收股利—＊＊公司	5万
贷：银行存款	200万

预算会计

借：投资支出	200万
贷：资金结存—货币资金	200万

（2）2020年1月收到取得投资时实际支付价款中所包含的已宣告但尚未发放的现金股利时

财务会计

借：银行存款	5万
贷：应收股利—＊＊公司	5万

预算会计

借：资金结存—货币资金	5万
贷：投资支出	5万

（3）投资持有期间，＊＊公司宣告分红时

财务会计

借：应收股利—＊＊公司	6万
贷：投资收益（成本法下）/长期股权投资（权益法下）	6万

不涉及预算会计账务核算

（4）实际收到＊＊公司发放的现金股利时，按照收到的金额

财务会计

借：银行存款	2万
贷：应收股利	2万

预算会计

借:资金结存—货币资金 2万
　　贷:投资预算收益 2万

3.11　1216 应收利息会计核算

(一) 应收利息会计科目核算说明

本科目核算高等学校长期债券投资应当收取的利息。

高等学校购入的到期一次还本付息的长期债券投资持有期间的利息,应当通过"长期债券投资—应计利息"科目核算,不通过本科目核算。

本科目应当按照被投资单位等进行明细核算。

应收利息的主要账务处理如下:

(1) 取得长期债券投资,按照确定的投资成本,借记"长期债券投资"科目,按照支付的价款中包含的已到付息期但尚未领取的利息,借记本科目,按照实际支付的金额,贷记"银行存款"等科目。收到取得投资时实际支付价款中所包含的已到付息期但尚未领取的利息时,按照收到的金额,借记"银行存款"等科目,贷记本科目。

(2) 按期计算确认长期债券投资利息收入时,对于分期付息、一次还本的长期债券投资,按照以票面金额和票面利率计算确定的应收未收利息金额,借记本科目,贷记"投资收益"科目。

(3) 实际收到应收利息时,按照收到的金额,借记"银行存款"等科目,贷记本科目。

本科目期末借方余额,反映高等学校应收未收的长期债券投资利息。

(二) 应收利息会计核算业务

(1) 取得长期债券投资时

财务会计

借:长期债券投资(投资成本)
　　应收利息(支付的价款中包含的已到付息期但尚未领取的利息)
　　贷:银行存款

预算会计

借:投资支出(按实付全部价款,包含已到付息期未领利息)
　　贷:资金结存—货币资金

（2）收到取得投资时实际支付价款中所包含的已到付息期但尚未领取的利息时

财务会计

借：银行存款

　　贷：应收利息

预算会计

借：资金结存—货币资金

　　贷：投资支出

（3）按期计算确认长期债券投资利息收入时，对于分期付息、一次还本的长期债券投资，按照以票面金额和票面利率计算确定的应收未收利息金额

财务会计

借：应收利息

　　贷：投资收益

不涉及预算会计核算

（4）实际收到上述应收利息时

财务会计

借：银行存款

　　贷：应收利息

预算会计

借：资金结存—货币资金

　　贷：投资预算收益

3.12　1218 其他应收款会计核算

（一）其他应收款会计科目核算说明

本科目核算高等学校除"财政应返还额度""应收票据""应收账款""预付账款""应收股利""应收利息"以外的其他各项应收及暂付款项，如职工预借的差旅费、已经偿还银行尚未报销的本高等学校公务卡欠款、拨付给内部有关部门的备用金、应向职工收取的各种垫付款项、支付的可以收回的订金或押金、应收的上级补助和附属高等学校上缴款项等。

本科目应当按照其他应收款的类别以及债务单位（或个人）进行明细核算。

本科目下设"周转类应收款""暂付类应收款""应收类应收款"三个二级明细科目。"暂付类应收款"下设"教育事业""科研事业""后勤保障""离退休""其他事业支出""其他"等七个三级明细科目核算。

其他应收款的主要账务处理如下：

(1) 发生各种暂付款项时，按照实际发生金额，借记本科目，贷记"零余额账户用款额度""银行存款""库存现金""上级补助收入""附属高等学校上缴收入"等科目。涉及增值税业务的，相关账务处理参见"应交增值税"科目。

(2) 收回各种暂付款项时，按照收回的金额，借记"库存现金""银行存款"等科目，贷记本科目。

(3) 偿还尚未报销的公务卡欠款时，按照偿还的款项，借记本科目，贷记"零余额账户用款额度""银行存款"等科目；持卡人报销时，按照报销金额，借记"业务活动费用""单位管理费用"等科目，贷记本科目。

(4) 将预付账款账面余额转入其他应收款时，借记本科目，贷记"预付账款"科目。具体说明参见"预付账款"科目。

高等学校应当于每年年末，对其他应收款进行全面检查，如发生不能收回的迹象，应当计提坏账准备。

(1) 对于账龄超过规定年限、确认无法收回的其他应收款，按照规定报经批准后予以核销。按照核销金额，借记"坏账准备"科目，贷记本科目。核销的其他应收款应当在备查簿中保留登记。

(2) 已核销的其他应收款在以后期间又收回的，按照实际收回金额，借记本科目，贷记"坏账准备"科目；同时，借记"银行存款"等科目，贷记本科目。

本科目期末借方余额，反映高等学校尚未收回的其他应收款。

（二）其他应收款会计核算业务

(1) 发生其他各种应收及暂付款项时，按实际支付金额

财务会计

借：其他应收款—单位、个人或项目(实付金额)

　贷：银行存款/零余额账户用款额度/库存现金/上级补助收入/附属高等
　　　学校上缴收入等

预算会计不需做

(2) 收到暂付款项时，按实际收回金额

财务会计

借:银行存款/零余额账户用款额度/库存现金
　　贷:其他应收款——单位、个人或项目(实际收回金额)
预算会计不需做

(3)报销时,按照实际报销金额

财务会计

借:业务活动费用/单位管理费用/经营费用等
　　贷:其他应收款——单位、个人或项目(实报金额)

预算会计

借:事业支出
　　贷:资金结存——货币资金

(4)将预付账款账面余额转入其他应收款时

财务会计

借:其他应收款——单位、个人或项目
　　贷:预付账款——单位、个人或项目

预算会计不需做

3.13　1219 坏账准备会计核算

(一)坏账准备会计科目核算说明

本科目核算高等学校对收回后不需上缴财政的应收账款和其他应收款提取的坏账准备。

本科目应当下设"应收账款坏账准备"和"其他应收款坏账准备"两个二级明细科目进行明细核算。

高等学校应当于每年年末,对收回后不需上缴财政的应收账款和其他应收款进行全面检查,分析其可收回性,对预计可能产生的坏账损失计提坏账准备、确认坏账损失。

高等学校可以采用应收款项余额百分比法、账龄分析法、个别认定法等方法计提坏账准备。坏账准备计提方法一经确定,不得随意变更。如需变更,应当按照规定报经批准,并在财务报表附注中予以说明。

年末应补提或冲减的坏账准备金额的计算公式如下:

期末应收账款或其他应收款计提的坏账准备金额-坏账准备科目期末贷方(或+本科目期末借方余额)

坏账准备的主要账务处理如下:

(1) 提取坏账准备时,借记"其他费用"科目,贷记本科目;冲减坏账准备时,借记本科目,贷记"其他费用"科目。

(2) 对于账龄超过规定年限并确认无法收回的应收账款、其他应收款,应当按照有关规定报经批准后,按照无法收回的金额,借记本科目,贷记"应收账款""其他应收款"科目。已核销的应收账款、其他应收款在以后期间又收回的,按照实际收回金额,借记"应收账款""其他应收款"科目,贷记本科目;同时,借记"银行存款"等科目,贷记"应收账款""其他应收款"科目。

本科目期末贷方余额,反映高等学校提取的坏账准备金额。

(二) 坏账准备会计核算业务

(1) 计提坏账准备

财务会计

借:其他费用

 贷:坏账准备—应收账款/其他应收款

不涉及预算会计业务

(2) 冲减多提坏账准备

财务会计

借:坏账准备

 贷:其他费用

不涉及预算会计业务

(3) 对于账龄超过规定年限并确认无法收回的应收账款、其他应收款,应当按照有关规定报经批准后,依据批复核销文件按照无法收回的金额

财务会计

借:坏账准备

 贷:应收账款/其他应收款

不涉及预算会计业务

(4) 已核销的应收账款、其他应收款在以后期间又收回的,按照实际收回金额

财务会计

借:应收账款/其他应收款

 贷:坏账准备

同时

借：银行存款/库存现金等

　　贷：应收账款/其他应收款

预算会计

借：资金结存—货币资金

　　贷：非财政拨款结余等

3.14　1301 在途物品会计核算

（一）在途物品会计科目核算说明

本科目核算高等学校采购材料等物资时货款已付或已开出商业汇票但尚未验收入库的在途物品的采购成本。

本科目可按照供应供货单位和物品种类进行辅助明细核算。

在途物品的主要账务处理如下：

（1）高等学校购入材料等物品，按照确定的物品采购成本的金额，借记本科目，按照实际支付的金额，贷记"财政拨款收入""零余额账户用款额度""银行存款"等科目。涉及增值税业务的，相关账务处理参见"应交增值税"科目。

（2）所购材料等物品到达验收入库，按照确定的库存物品成本金额，借记"库存物品"科目，按照物品采购成本金额，贷记本科目，按照使得入库物品达到目前场所和状态所发生的其他支出，贷记"银行存款"等科目。

本科目期末借方余额，反映高等学校在途物品的采购成本。

（二）在途物品会计核算业务

（1）高等学校购入材料等物品，收到发票等结算凭证但货物未到，款项已付。如未有结算凭证，不建议暂估核算。

财务会计

借：在途物品

　　应交增值税—应交税金（进项税额）

　　贷：财政拨款收入/零余额账户用款额度/银行存款/应付票据等

预算会计

借：事业支出/经营支出

　　贷：财政拨款预算收入/资金结存

（2）所购材料等物品到达验收入库

财务会计

借：库存物品（按确定的库存物品成本金额）

 贷：在途物品（按采购成本确定金额）

  银行存款（按使得入库物品达到目前场所和状态所发生的其他支出）

不涉及预算会计账务处理

3.15 1302 库存物品会计核算

（一）库存物品会计科目核算说明

本科目核算高等学校在开展业务活动及其他活动中，为耗用或出售而储存的各种材料、产品、包装物、低值易耗品，以及达不到固定资产标准的用具、装具、动植物等的成本。

已完成的测绘、地质勘察、设计成果等的成本，也通过本科目核算。

高等学校随买随用的零星办公用品，可以在购进时直接列作费用，不通过本科目核算。

高等学校受托存储保管的物资和受托转赠的物资，应当通过"受托代理资产"科目核算，不通过本科目核算。

高等学校为在建工程购买和使用的材料物资，应当通过"工程物资"科目核算，不通过本科目核算。

本科目应当按照库存物品的种类、规格、保管地点等进行明细核算。高等学校储存的低值易耗品、包装物较多的，可以在本科目（低值易耗品、包装物）下设"库存低值物品""库存易耗物品"两个二级明细科目进行明细核算。

库存物品的主要账务处理如下：

（1）取得的库存物品，应当按照其取得时的成本入账。

① 外购的库存物品验收入库，按照确定的成本，借记本科目，贷记"财政拨款收入""零余额账户用款额度""银行存款""应付账款""在途物品"等科目。涉及增值税业务的，相关账务处理参见"应交增值税"科目。

② 自制的库存物品加工完成并验收入库，按照确定的成本，借记本科目，贷记"加工物品—自制物品"科目。

③ 委托外单位加工收回的库存物品验收入库，按照确定的成本，借记本科目，贷记"加工物品—委托加工物品"等科目。

④ 接受捐赠的库存物品验收入库,按照确定的成本,借记本科目,按照发生的相关税费、运输费等,贷记"银行存款"等科目,按照其差额,贷记"捐赠收入"科目。接受捐赠的库存物品按照名义金额入账的,按照名义金额,借记本科目,贷记"捐赠收入"科目;同时,按照发生的相关税费、运输费等,借记"其他费用"科目,贷记"银行存款"等科目。

⑤ 无偿调入的库存物品验收入库,按照确定的成本,借记本科目,按照发生的相关税费、运输费等,贷记"银行存款"等科目,按照其差额,贷记"无偿调拨净资产"科目。

⑥ 置换换入的库存物品验收入库,按照确定的成本,借记本科目,按照换出资产的账面余额,贷记相关资产科目(换出资产为固定资产、无形资产的,还应当借记"固定资产累计折旧""无形资产累计摊销"科目),按照置换过程中发生的其他相关支出,贷记"银行存款"等科目,按照借贷方差额,借记"资产处置费用"科目或贷记"其他收入"科目。涉及补价的,分别以下情况处理:

支付补价的,按照确定的成本,借记本科目,按照换出资产的账面余额,贷记相关资产科目(换出资产为固定资产、无形资产的,还应当借记"固定资产累计折旧""无形资产累计摊销"科目),按照支付的补价和置换过程中发生的其他相关支出,贷记"银行存款"等科目,按照借贷方差额,借记"资产处置费用"科目或贷记"其他收入"科目。

收到补价的,按照确定的成本,借记本科目,按照收到的补价,借记"银行存款"等科目,按照换出资产的账面余额,贷记相关资产科目(换出资产为固定资产、无形资产的,还应当借记"固定资产累计折旧""无形资产累计摊销"科目),按照置换过程中发生的其他相关支出,贷记"银行存款"等科目,按照补价扣减其他相关支出后的净收入,贷记"应缴财政款"科目,按照借贷方差额,借记"资产处置费用"科目或贷记"其他收入"科目。

(2)库存物品在发出时,分别以下情况处理:

① 高等学校开展业务活动等领用、按照规定自主出售发出或加工发出库存物品,按照领用、出售等发出物品的实际成本,借记"业务活动费用""单位管理费用""经营费用""加工物品"等科目,贷记本科目。

采用一次转销法摊销低值易耗品、包装物的,在首次领用时将其账面余额一次性摊销计入有关成本费用,借记有关科目,贷记本科目。

采用五五摊销法摊销低值易耗品、包装物的,首次领用时,将其账面余额的

50%摊销计入有关成本费用,借记有关科目,贷记本科目;使用完时,将剩余的账面余额转销计入有关成本费用,借记有关科目,贷记本科目。

② 经批准对外出售的库存物品(不含可自主出售的库存物品)发出时,按照库存物品的账面余额,借记"资产处置费用"科目,贷记本科目;同时,按照收到的价款,借记"银行存款"等科目,按照处置过程中发生的相关费用,贷记"银行存款"等科目,按照其差额,贷记"应缴财政款"科目。

③ 经批准对外捐赠的库存物品发出时,按照库存物品的账面余额和对外捐赠过程中发生的归属于捐出方的相关费用合计数,借记"资产处置费用"科目,按照库存物品账面余额,贷记本科目,按照对外捐赠过程中发生的归属于捐出方的相关费用,贷记"银行存款"等科目。

④ 经批准无偿调出的库存物品发出时,按照库存物品的账面余额,借记"无偿调拨净资产"科目,贷记本科目;同时,按照无偿调出过程中发生的归属于调出方的相关费用,借记"资产处置费用"科目,贷记"银行存款"等科目。

⑤ 经批准置换换出的库存物品,参照本科目有关置换换入库存物品的规定进行账务处理。

(3) 高等学校应当定期对库存物品进行清查盘点,每年至少盘点一次。对于发生的库存物品盘盈、盘亏或者报废、毁损,应当先计入"待处理财产损溢"科目,按照规定报经批准后及时进行后续账务处理。

① 盘盈的库存物品,其成本按照有关凭据注明的金额确定;没有相关凭据、但按照规定经过资产评估的,其成本按照评估价值确定;没有相关凭据、也未经过评估的,其成本按照重置成本确定。如无法采用上述方法确定盘盈的库存物品成本的,按照名义金额入账。

盘盈的库存物品,按照确定的入账成本,借记本科目,贷记"待处理财产损溢"科目。

② 盘亏或者毁损、报废的库存物品,按照待处理库存物品的账面余额,借记"待处理财产损溢"科目,贷记本科目。

属于增值税一般纳税人的高等学校,若因非正常原因导致的库存物品盘亏或毁损,还应当将与该库存物品相关的增值税进项税额转出,按照其增值税进项税额,借记"待处理财产损溢"科目,贷记"应交增值税—应交税金(进项税额转出)"科目。

本科目期末借方余额,反映高等学校库存物品的实际成本。

(二)库存物品会计核算业务

(1) 取得库存物品

① 外购的库存物品验收入库

财务会计

借:库存物品

 贷:财政拨款收入/零余额账户用款额度/银行存款/应付账款/在途物品等

预算会计

借:事业支出/经营支出

 贷:资金结存/财政拨款预算收入

② 自制的库存物品加工完成并验收入库

财务会计

借:库存物品

 贷:加工物品—自制物品

不涉及预算会计业务

③ 委托外单位加工收回的库存物品验收入库

财务会计

借:库存物品

 贷:加工物品—委托加工物品

不涉及预算会计业务

④ 接受捐赠的库存物品验收入库

财务会计

借:库存物品(实际确定的成本)

 贷:银行存款(支付的税费、运输费用等)

  捐赠收入(差额)

预算会计

借:其他支出(实际支付的相关税费、运输费用等)

 贷:资金结存

如果接受捐赠的物品按名义金额入账

财务会计

借:库存物品(名义金额)

贷:捐赠收入

　　同时

　　借:其他费用(支付的相关税费、运输费用等)

　　　贷:银行存款

名义金额也就是指1元人民币,在实际取得资产并办妥相关手续时公允价值不能可靠计量的,会计上通常按照名义金额(即1元人民币)计量。

　　预算会计

　　借:其他支出(实际支付的相关税费、运输费用等)

　　　贷:资金结存

⑤ 无偿调入的库存物品验收入库

财务会计

　　借:库存物品(实际确定的成本)

　　　贷:银行存款(支付的相关税费、运输费用等)

　　　　　无偿调拨净资产(差额)

不涉及预算会计业务

⑥ 置换换入的库存物品验收入库

a. 支付补价的

财务会计

　　借:库存物品(换出资产评估价+其他相关支出-补价)

　　　　固定资产累计折旧/无形资产累计摊销

　　　　资产处置费用(借差)

　　　贷:库存物品/固定资产/无形资产等(换出资产账面余额)

　　　　　银行存款(支付的补价和相关支出)

　　　　　其他收入(贷差)

预算会计

　　借:其他支出(实际支付的补价和相关支出)

　　　贷:资金结存

b. 收到补价的

财务会计

　　借:库存物品(换出资产评估价+其他相关支出-补价)

　　　　固定资产累计折旧/无形资产累计摊销

资产处置费用(借差)
　　贷:库存物品/固定资产/无形资产等(换出资产账面余额)
　　　银行存款(支付的补价和相关支出)
　　　应缴财政款(补价减相关支出的净收入)
　　　其他收入(贷差)
预算会计
借:其他支出(如收到的补价大于相关支出的净值)
　　贷:资金结存
(2)发出库存物品
① 高等学校开展业务活动等领用、按照规定自主出售发出或加工发出库存物品
财务会计
借:业务活动费用/单位管理费用/经营费用/加工物品等
　　贷:库存物品(按领用和发出成本)
不涉及预算会计业务
② 经批准对外出售的库存物品(不含可自主出售的库存物品)发出时
财务会计
借:资产处置费用
　　贷:库存物品
同时
借:银行存款(收到的出售价款)
　　贷:银行存款(发生的相关税费支出等)
　　　应缴财政款(差额)
不涉及预算会计业务
③ 经批准对外捐赠的库存物品发出时
财务会计
借:资产处置费用
　　贷:库存物品
　　　银行存款(支付的捐赠过程相关支出)
预算会计
借:其他支出(支付的捐赠过程发生的相关支出)

贷:资金结存
④ 经批准无偿调出的库存物品发出时
财务会计
借:无偿调拨净资产
　　贷:库存物品
同时
借:资产处置费用
　　贷:银行存款(调拨时发生的相关支出)
预算会计
借:其他支出(支付的调拨过程发生的相关支出)
　　贷:资金结存
⑤ 经批准置换换出的库存物品,参见置换换入库存物品的会计核算
(3) 盘盈、盘亏库存物品
a. 盘盈的库存物品,其成本按照有关凭据注明的金额确定;无相关凭据、但按照规定经过资产评估的,其成本按照评估价值确定;无相关凭据、也未经评估的,其成本按照重置成本确定。如无法采用确定则按名义金额入账。
财务会计
借:库存物品
　　贷:待处理财产损溢
盘盈库存物品经批准处理
借:待处理财产损溢
　　贷:单位管理费用/业务活动费用
不涉及预算会计业务
b. 盘亏或者毁损、报废的库存物品
财务会计
借:待处理财产损溢
　　贷:库存物品
不涉及预算会计业务
属于增值税一般纳税人的高等学校,若因非正常原因导致的库存物品盘亏或毁损,还应当将与该库存物品相关的增值税进项税额转出。
借:待处理财产损溢(按照其增值税进项税额)

贷:应交增值税—应交税金(进项税额转出)

盘亏或毁损报废库存物品经批准处理,如发生过失人赔偿、保险理赔、残值收入等

借:资产处置费用/库存现金/其他应收款等

　贷:待处理财产损溢

发生的处置相关开支

借:待处理财产损溢—处理净收入

　贷:库存现金

处理结清收支

ⅰ 如果处理收入大于相关费用的

借:待处理财产损溢—处理净收入

　贷:应缴财政款

ⅱ 如果处理收入小于相关费用的

财务会计

借:资产处置费用

　贷:待处理财产损溢—处理净收入

预算会计

借:其他支出(支付的处理净支出)

　贷:资金结存

(三)库存物品会计核算示范

[例3-19]某高校经批准向贫困地区捐赠一批物资,该批物资账面余额为100 000元,捐赠过程中授权支付运输费用1 000元。

财务会计

借:资产处置费用　　　　　　　　　　　　　101 000

　贷:库存物品　　　　　　　　　　　　　　100 000

　　　零余额账户用款额度　　　　　　　　　　1 000

预算会计

借:其他支出　　　　　　　　　　　　　　　1 000

　贷:资金结存-零余额账户用款额度　　　　　　1 000

[例3-20]某高校于2019年3月1日预先收取学生教材款190万元。3月6日,教务部门批量采购教材200万元。3月10日,办理教材领用手续,其中

学生用教材190万元,教师用教材10万元。

(1) 3月1日预收教材款

借:银行存款	190万
贷:其他应付款	190万

(2) 3月6日购买教材

财务会计

借:库存物品	200万
贷:银行存款	200万

预算会计

借:事业支出	200万
贷:资金结存—货币资金	200万

(3) 3月10日教材出库

借:其他应付款	190万
业务活动费用	10万
贷:库存物品	200万

3.16　1303 加工物品会计核算

(一) 加工物品会计科目核算说明

本科目核算高等学校自制或委托外单位加工的各种物品的实际成本。未完成的测绘、地质勘察、设计成果的实际成本,也通过本科目核算。

本科目应当设置"自制物品""委托加工物品""受托加工物品"三个二级明细科目,并按照物品类别、品种、项目等设置明细账,进行明细核算。

本科目"自制物品"二级明细科目下应当设置"直接材料""直接人工""其他直接费用"等三级明细科目归集自制物品发生的直接材料、直接人工(专门从事物品制造人员的人工费)等直接费用;对于自制物品发生的间接费用,应当在本科目"自制物品"二级明细科目下单独设置"间接费用"三级明细科目予以归集,期末,再按照一定的分配标准和方法,分配计入有关物品的成本。

加工物品的主要账务处理如下:

(1) 自制物品

① 为自制物品领用材料等,按照材料成本,借记本科目(自制物品—直接材料),贷记"库存物品"科目。

② 专门从事物品制造的人员发生的直接人工费用,按照实际发生的金额,借记本科目(自制物品—直接人工),贷记"应付职工薪酬"科目。

③ 为自制物品发生的其他直接费用,按照实际发生的金额,借记本科目(自制物品—其他直接费用),贷记"零余额账户用款额度""银行存款"等科目。

④ 为自制物品发生的间接费用,按照实际发生的金额,借记本科目(自制物品—间接费用),贷记"零余额账户用款额度""银行存款""应付职工薪酬""固定资产累计折旧""无形资产累计摊销"等科目。

间接费用一般按照生产人员工资、生产人员工时、机器工时、耗用材料的数量或成本、直接费用(直接材料和直接人工)或产品产量等进行分配。高等学校可根据具体情况自行选择间接费用的分配方法。分配方法一经确定,不得随意变更。

⑤ 已经制造完成并验收入库的物品,按照所发生的实际成本(包括耗用的直接材料费用、直接人工费用、其他直接费用和分配的间接费用),借记"库存物品"科目,贷记本科目(自制物品)。

(2) 委托加工物品

① 发给委托加工单位加工材料,按照其实际成本,借记本科目(委托加工物品),贷记"库存物品"科目。

② 支付加工费、运输费等费用,按照实际支付的金额,借记本科目(委托加工物品),贷记"零余额账户用款额度""银行存款"等科目。涉及增值税业务的,相关账务处理参见"应交增值税"科目。

③ 委托加工完成的材料等验收入库,按照加工前发出材料的成本和加工、运输成本等,借记"库存物品"等科目,贷记本科目(委托加工物品)。

(3) 受托加工物品

① 收到委托单位支付的资金用于加工设备、材料等时,借记"银行存款"等科目,贷记"预收账款"科目;同时,按照收到的资金,借记"资金结存—货币资金"科目,贷记"事业预算收入"等科目。

② 对受托加工物品进行加工时,按照加工消耗的料、工、费等,借记"加工物品—受托加工物品"科目,贷记"库存物品""应付职工薪酬""银行存款"等科目;同时,对加工中支付的资金,在支付时按照实际支付的金额,借记"事业支出—科研支出"科目,贷记"资金结存—货币资金"科目。

③ 将加工完成的产品交付委托方时,按照受托加工产品的成本,借记"业

务活动费用—科研费用"科目,贷记"加工物品—受托加工物品"科目,同时,确认委托方的委托加工收入,按照预收账款账面余额,借记"预收账款"科目,按照应确认的收入金额,贷记"事业收入"等科目,按照委托方补付或退回委托方的金额,借记或贷记"银行存款"等科目(同时借记或贷记"资金结存"科目,贷记或借记"事业预算收入"等科目)。涉及增值税业务的,相关账务处理参见"应缴增值税"科目。

本科目期末借方余额,反映高等学校自制或委托外单位加工但尚未完工的各种物品的实际成本。

(二)加工物品会计核算业务

(1) 自制物品

① 为自制物品领用材料等

财务会计

借:加工物品—自制物品—直接材料

　　贷:库存物品

不涉及预算会计业务

② 专门从事物品制造的人员发生的直接人工费用

财务会计

借:加工物品—自制物品—直接人工

　　贷:应付职工薪酬

不涉及预算会计业务

③ 为自制物品发生的其他直接费用

财务会计

借:加工物品—自制物品—其他直接费用

　　贷:财政拨款收入/零余额账户用款额度/银行存款

预算会计

借:事业支出/经营支出

　　贷:财政拨款预算收入/资金结存

④ 为自制物品发生的间接费用

财务会计

借:加工物品—自制物品—间接费用

　　贷:财政拨款收入/零余额账户用款额度/银行存款/应付职工薪酬/固定

资产累计折旧/无形资产累计摊销等

预算会计

借:事业支出/经营支出

　　贷:财政拨款预算收入/资金结存等

间接费用一般按照生产人员工资、生产人员工时、机器工时、耗用材料的数量或成本、直接费用(直接材料和直接人工)或产品产量等进行分配。高等学校可根据具体情况自行选择间接费用的分配方法。分配方法一经确定,不得随意变更。

⑤ 已经制造完成并验收入库的物品

财务会计

借:库存物品

　　贷:加工物品——自制物品——直接材料/直接人工/其他直接费用/间接费用

不涉及预算会计业务

(2) 委托加工物品

① 发给外单位加工材料等

财务会计

借:加工物品——委托加工物品(发出的材料成本)

　　贷:库存物品

不涉及预算会计业务

② 支付加工费、运输费等费用

财务会计

借:加工物品——委托加工物品

　　贷:财政拨款收入/零余额账户用款额度/银行存款等

预算会计

借:事业支出/经营支出

　　贷:财政拨款预算收入/资金结存

③ 委托加工完成的材料等验收入库

财务会计

借:库存物品(按照加工前发出材料的成本和加工、运输成本等)

　　贷:加工物品——委托加工物品

不涉及预算会计业务

(3) 受托加工物品

① 收到委托单位支付的资金用于加工设备、材料等

财务会计

借:银行存款

　贷:预收账款

预算会计

借:资金结存—货币资金

　贷:事业预算收入

② 对受托加工物品进行加工时,按照加工消耗的料、工、费记账,同时,按照加工时实际支付的金额

财务会计

借:加工物品—受托加工物品

　贷:库存物品/应付职工薪酬/银行存款

预算会计

借:事业支出—科研支出

　贷:资金结存—货币资金

③ 将加工完成的产品交付委托方时,按照受托加工产品的成本,同时,确认委托方的委托加工收入,按照预收账款账面余额

财务会计

借:业务活动费用—科研费用

　贷:加工物品—受托加工物品

借:预收账款

　贷:事业收入

贷(借)银行存款

预算会计

借(贷):资金结存

　贷(借):事业预算收入

3.17　1401待摊费用会计核算

(一)待摊费用会计科目核算说明

本科目核算高等学校已经支付,但应当由本期和以后各期分别负担的分摊

期在1年以内(含1年)的各项费用,如预付航空保险费、预付租金等。

摊销期限在1年以上的租入固定资产改良支出和其他费用,应当通过"长期待摊费用"科目核算,不通过本科目核算。

待摊费用应当在其受益期限内分期平均摊销,如预付航空保险费应在保险期的有效期内、预付租金应在租赁期内分期平均摊销,计入当期费用。

本科目应当按照待摊费用种类进行明细核算。

待摊费用的主要账务处理如下:

(1)发生待摊费用时,按照实际预付的金额,借记本科目,贷记"财政拨款收入""零余额账户用款额度""银行存款"等科目。

(2)按照受益期限分期平均摊销时,按照摊销金额,借记"业务活动费用""单位管理费用""经营费用"等科目,贷记本科目。

(3)如果某项待摊费用已经不能使学校受益,应当将其摊余金额一次全部转入当期费用。按照摊销金额,借记"业务活动费用""单位管理费用""经营费用"等科目,贷记本科目。

本科目期末借方余额,反映高等学校各种已支付但尚未摊销的分摊期在1年以内(含1年)的费用。

(二)待摊费用会计核算业务

(1)发生待摊费用时,按实际预付金额

财务会计

借:待摊费用(实付金额)

 贷:银行存款/零余额账户用款额度/库存现金/财政拨款收入等

预算会计

借:事业支出/经营费用等

 贷:财政拨款预算收入/资金结存等

(2)受益期内平均分摊费用,如果某项待摊费用已经不能使高校受益,应当将其摊余金额一次全部转入当期费用,应附相关费用的摊销说明。

财务会计

借:业务活动费用/单位管理费用/经营费用等

 贷:待摊费用

预算会计不需做

(三)待摊费用会计核算示范

[例 3-21]某高校于 2019 年 11 月与＊＊公司签订场地租赁合同。2019 年 12 月 25 日,以授权支付方式预付 2020 年一季度＊＊科研项目的场地使用租金 4.5 万元。

(1) 2019 年 12 月预付

财务会计

借:待摊费用　　　　　　　　　　　　　　　　4.5 万
　　贷:零余额账户用款额度　　　　　　　　　　4.5 万

预算会计

借:事业支出—财政拨款支出—项目支出(＊＊项目)—商品和服务支
　　出—租赁费　　　　　　　　　　　　　　　4.5 万
　　贷:资金结存—零余额账户用款额度　　　　　4.5 万

(2) 2020 年 1 月 31 日摊销租赁费

财务会计

借:业务活动费用　　　　　　　　　　　　　　　1.5 万
　　贷:待摊费用　　　　　　　　　　　　　　　1.5 万

预算会计不处理

3.18　1501 长期股权投资会计核算

(一)长期股权投资会计科目核算说明

本科目核算高等学校按照规定取得的,持有时间超过 1 年(不含 1 年)的股权性质的投资。

本科目下设"成本法""权益法"两个二级明细科目,设"投资成本""损益调整""其他权益变动"三个三级明细科目进行明细核算。

长期股权投资的主要账务处理如下:

(1) 长期股权投资在取得时,应当按照其实际成本作为初始投资成本。

① 以现金取得的长期股权投资,按照确定的投资成本,借记本科目或本科目(成本),按照支付的价款中包含的已宣告但尚未发放的现金股利,借记"应收股利"科目,按照实际支付的全部价款,贷记"银行存款"等科目。

实际收到取得投资时所支付价款中包含的已宣告但尚未发放的现金股利时,借记"银行存款"科目,贷记"应收股利"科目。

② 以现金以外的其他资产置换取得的长期股权投资,参照"库存物品"科目中置换取得库存物品的相关规定进行账务处理。

③ 以未入账的无形资产取得的长期股权投资,按照评估价值加相关税费作为投资成本,借记本科目,按照发生的相关税费,贷记"银行存款""其他应交税费"等科目,按其差额,贷记"其他收入"科目。

④ 接受捐赠的长期股权投资,按照确定的投资成本,借记本科目或本科目(成本),按照发生的相关税费,贷记"银行存款"等科目,按照其差额,贷记"捐赠收入"科目。

⑤ 无偿调入的长期股权投资,按照确定的投资成本,借记本科目或本科目(成本),按照发生的相关税费,贷记"银行存款"等科目,按照其差额,贷记"无偿调拨净资产"科目。

(2) 长期股权投资持有期间,应当按照规定采用成本法或权益法进行核算。

① 采用成本法核算

被投资单位宣告发放现金股利或利润时,按照应收的金额,借记"应收股利"科目,贷记"投资收益"科目。收到现金股利或利润时,按照实际收到的金额,借记"银行存款"等科目,贷记"应收股利"科目。

② 采用权益法核算

a. 被投资单位实现净利润的,按照应享有的份额,借记本科目(损益调整),贷记"投资收益"科目。被投资单位发生净亏损的,按照应分担的份额,借记"投资收益"科目,贷记本科目(损益调整),但以本科目的账面余额减记至零为限。发生亏损的被投资单位以后年度又实现净利润的,按照收益分享额弥补未确认的亏损分担额等后的金额,借记本科目(损益调整),贷记"投资收益"科目。

b. 被投资单位宣告分派现金股利或利润的,按照应享有的份额,借记"应收股利"科目,贷记本科目(损益调整)。

c. 被投资单位发生除净损益和利润分配以外的所有者权益变动的,按照应享有或应分担的份额,借记或贷记"权益法调整"科目,贷记或借记本科目(其他权益变动)。

③ 成本法与权益法的转换

a. 高等学校因处置部分长期股权投资等原因而对处置后的剩余股权投资

由权益法改按成本法核算的,应当按照权益法下本科目账面余额作为成本法下本科目账面余额(成本)。

其后,被投资单位宣告分派现金股利或利润时,属于高等学校已计入投资账面余额的部分,按照应分得的现金股利或利润份额,借记"应收股利"科目,贷记本科目。

b. 高等学校因追加投资等原因对长期股权投资的核算从成本法改为权益法的,应当按照成本法下本科目账面余额与追加投资成本的合计金额,借记本科目(成本),按照成本法下本科目账面余额,贷记本科目,按照追加投资的成本,贷记"银行存款"等科目。

(3)按照规定报经批准处置长期股权投资

① 按照规定报经批准出售(转让)长期股权投资时,应当区分长期股权投资取得方式分别进行处理。

a. 处置以现金取得的长期股权投资,按照实际取得的价款,借记"银行存款"等科目,按照被处置长期股权投资的账面余额,贷记本科目,按照尚未领取的现金股利或利润,贷记"应收股利"科目,按照发生的相关税费等支出,贷记"银行存款"等科目,按照借贷方差额,借记或贷记"投资收益"科目。

b. 处置以现金以外的其他资产取得的长期股权投资,按照被处置长期股权投资的账面余额,借记"资产处置费用"科目,贷记本科目;同时,按照实际取得的价款,借记"银行存款"等科目,按照尚未领取的现金股利或利润,贷记"应收股利"科目,按照发生的相关税费等支出,贷记"银行存款"等科目,按照贷方差额,贷记"应缴财政款"科目。按照规定将处置时取得的投资收益纳入本学校预算管理的,应当按照所取得价款大于被处置长期股权投资账面余额、应收股利账面余额和相关税费支出合计的差额,贷记"投资收益"科目。

② 因被投资单位破产清算等原因,有确凿证据表明长期股权投资发生损失,按照规定报经批准后予以核销时,按照予以核销的长期股权投资的账面余额,借记"资产处置费用"科目,贷记本科目。

③ 报经批准置换转出长期股权投资时,参照"库存物品"科目中置换换入库存物品的规定进行账务处理。

④ 采用权益法核算的长期股权投资的处置,除进行上述账务处理外,还应结转原直接计入净资产的相关金额,借记或贷记"权益法调整"科目,贷记或借记"投资收益"科目。

本科目期末借方余额,反映高等学校持有的长期股权投资的价值。

(二)长期股权投资会计核算业务

(1)长期股权投资在取得时,以实际成本作为初始投资成本

① 以现金取得的长期股权投资,按照确定的投资成本,如支付的价款中包含的已宣告但尚未发放的现金股利

财务会计

借:长期股权投资—成本或长期股权投资

应收股利

 贷:银行存款

预算会计

借:投资支出

 贷:资金结存—货币资金

实际收到取得投资时所支付价款中包含的已宣告但尚未发放的现金股利时

财务会计

借:银行存款

 贷:应收股利

预算会计

借:资金结存—货币资金

 贷:投资支出

② 以现金以外的其他资产置换取得的长期股权投资,参照"库存物品"科目中置换取得库存物品的相关规定进行账务处理。

③ 以未入账的无形资产取得的长期股权投资,按照评估价值加相关税费作为投资成本财务会计

借:长期股权投资

 贷:银行存款(支付的相关税费)

  其他应交税费

  其他收入(差额)

预算会计

借:其他支出(支付的相关税费)

 贷:资金结存

④ 接受捐赠的长期股权投资,按照确定的投资成本
财务会计
借:长期股权投资—成本或长期股权投资
  贷:银行存款(支付的相关税费)
    捐赠收入
预算会计
借:其他支出(支付的相关税费)
  贷:资金结存
⑤ 无偿调入的长期股权投资,按照确定的投资成本
财务会计
借:长期股权投资
  贷:无偿调拨净资产
    银行存款(相关税费)
预算会计
借:其他支出(支付的相关税费)
  贷:资金结存

(2) 长期股权投资持有期间,应当按照规定采用成本法或权益法进行核算。
① 采用成本法核算
被投资单位宣告发放现金股利或利润时
财务会计
借:应收股利
  贷:投资收益
不涉及预算会计业务
收到现金股利或利润时,按照实际收到的金额
财务会计
借:银行存款
  贷:应收股利
预算会计
借:资金结存—货币资金
  贷:投资预算收益

② 采用权益法核算

a. 被投资单位实现净利润的,按照应享有的份额

财务会计

借:长期股权投资—损益调整

　　贷:投资收益

不涉及预算会计业务

被投资单位发生净亏损的,应按照应分担的份额减记投资收益,但以本科目的账面余额减记至零为限

财务会计

借:投资收益

　　贷:长期股权投资—损益调整

不涉及预算会计业务

发生亏损的被投资单位以后年度又实现净利润的,按照收益分享额弥补未确认的亏损分担额等后的金额

财务会计

借:长期股权投资—损益调整

　　贷:投资收益

不涉及预算会计业务

b. 被投资单位宣告分派现金股利或利润的,按照应享有的份额

财务会计

借:应收股利

　　贷:长期股权投资—损益调整

不涉及预算会计业务

③ 被投资单位发生除净损益和利润分配以外的所有者权益变动的,按照应享有或应分担的份额

财务会计

借:权益法调整或其他权益变动

　　贷:其他权益变动或权益法调整

不涉及预算会计业务

（3）成本法与权益法的转换

① 高等学校因处置部分长期股权投资等原因而对处置后的剩余股权投资

由权益法改按成本法核算的,应当按照权益法下本科目账面余额作为成本法下本科目账面余额(成本)。

财务会计

借:长期股权投资

 贷:长期股权投资—成本

    —损益调整

    —其他权益变动

不涉及预算会计业务

其后,被投资单位宣告分派现金股利或利润时,属于高等学校已计入投资账面余额的部分

财务会计

借:应收股利(按照应分得的现金股利或利润份额)

 贷:长期股权投资

不涉及预算会计业务

② 高等学校因追加投资等原因对长期股权投资的核算从成本法改为权益法的

财务会计

借:长期股权投资—成本

 贷:长期股权投资(按照成本法下本科目账面余额)

   银行存款(按照追加投资的成本)

预算会计

借:投资支出

 贷:资金结存—货币资金

(4) 按照规定报经批准处置长期股权投资

① 按照规定报经批准出售(转让)长期股权投资时,应当区分长期股权投资取得方式分别进行处理。

a. 处置以现金取得的长期股权投资

财务会计

借:银行存款

  投资收益(借差)

 贷:长期股权投资

应收股利
　　　银行存款
　　　投资收益(贷差)
预算会计
借:资金结存—货币资金(取得价款扣减支付相关税费后的差额)
　　贷:投资支出/其他结余(投资款)
投资预算收益

b. 处置以现金以外的其他资产取得的长期股权投资,处置净收入上缴财政时

财务会计
借:资产处置费用
　　贷:长期股权投资
同时,按照实际取得的价款
借:银行存款
　　贷:应收股利(尚未领取的现金股利或利润)
　　　　银行存款(发生的相关税费)
　　　　应缴财政款
预算会计
借:资金结存—货币资金
　　贷:投资预算收益(获得的现金股利或利润)
按照规定将处置时取得的投资收益纳入本学校预算管理的
财务会计
借:资产处置费用
　　贷:长期股权投资
借:银行存款
　　贷:应收股利
　　　　银行存款(支付的相关税费)
　　　　投资收益(取得价款扣减投资账面余额,应收股利和相关税费后的差额)
　　　　应缴财政款(贷差)
预算会计

借：资金结存—货币资金
　　贷：投资预算收益（获得的现金股利或利润）

② 因被投资单位破产清算等原因，有确凿证据表明长期股权投资发生损失，按照规定报经批准后予以核销时，按照予以核销的长期股权投资的账面余额。

财务会计
借：资产处置费用
　　贷：长期股权投资（账面余额）
不涉及预算会计业务

③ 报经批准置换转出长期股权投资时，参照"库存物品"科目中置换换入库存物品的规定进行账务处理。

④ 采用权益法核算的长期股权投资的处置，除进行上述账务处理外，还应结转原直接计入净资产的相关金额。

财务会计
借：权益法调整或投资收益
　　贷：投资收益或权益法调整
不涉及预算会计业务

3.19　1502 长期债券投资会计核算

（一）长期债券投资会计科目核算说明

本科目核算高等学校按照规定取得的，持有时间超过 1 年(不含 1 年)的债券投资。

本科目应当设置"成本"和"应计利息"两个二级明细科目，并按照债券投资的种类进行明细核算。

长期债券投资的主要账务处理如下：

（1）长期债券投资在取得时，应当按照其实际成本作为投资成本。取得的长期债券投资，按照确定的投资成本，借记本科目（成本），按照支付的价款中包含的已到付息期但尚未领取的利息，借记"应收利息"科目，按照实际支付的金额，贷记"银行存款"等科目。实际收到取得债券时所支付价款中包含的已到付息期但尚未领取的利息时，借"银行存款"科目，贷记"应收利息"科目。

（2）长期债券投资持有期间，按期以债券票面金额与票面利率计算确认利息收入时,如为到期一次还本付息的债券投资,借记本科目(应计利息),贷记"投资收益"科目;如为分期付息、到期一次还本的债券投资,借记"应收利息"科目,贷记"投资收益"科目。收到分期支付的利息时,按照实收的金额,借记"银行存款"等科目,贷记"应收利息"科目。

(3)到期收回长期债券投资,按照实际收到的金额,借记"银行存款"科目,按照长期债券投资的账面余额,贷记本科目,按照相关应收利息金额,贷记"应收利息"科目,按照其差额,贷记"投资收益"科目。

(4)对外出售长期债券投资,按照实际收到的金额,借记"银行存款"科目,按照长期债券投资的账面余额,贷记本科目,按照已记入"应收利息"科目但尚未收取的金额,贷记"应收利息"科目,按照其差额,贷记或借记"投资收益"科目。涉及增值税业务的,相关账务处理参见"应交增值税"科目。

本科目期末借方余额,反映高等学校持有的长期债券投资的价值。

(二) 长期债券投资会计核算业务

(1)取得长期债券投资时,以实际支付的价款

财务会计

借:长期债券投资(投资成本)

　　应收利息(支付的价款中包含的已到付息期但尚未领取的利息)

　　贷:银行存款

预算会计

借:投资支出(按实付全部价款,包含已到付息期未领利息)

　　贷:资金结存—货币资金

(2)收到取得投资时实际支付价款中所包含的已到付息期但尚未领取的利息时

财务会计

借:银行存款

　　贷:应收利息

预算会计

借:资金结存—货币资金

　　贷:投资支出

(3)按期计算确认长期债券投资利息收入时

区分分期付息、一次还本两种情况,按照以票面金额和票面利率计算确定

的应收未收利息金额

财务会计

借:应收利息(分期付息、到期还本)

　　长期债券投资—应计利息(到期一次还本付息)

　　贷:投资收益

不涉及预算会计核算

(4)实际收到上述应收利息时

财务会计

借:银行存款

　　贷:应收利息

预算会计

借:资金结存—货币资金

　　贷:投资预算收益

(5)到期收回长期债券投资本息时

财务会计

借:银行存款

　　贷:长期债券投资—成本

　　　　　　　　—应计利息

　　　　投资收益

预算会计

借:资金结存—货币资金

　　贷:投资支出/其他结余(投资成本)

　　　　投资预算收益

(6)对外出售长期债券投资时

财务会计

借:银行存款(实际收到的款项)

　　投资收益(借差)

　　贷:长期债券投资(账面余额)

　　　　应收利息

　　　　投资收益(贷差)

预算会计

借:资金结存—货币资金
  贷:投资支出/其他结余(投资成本)
    投资预算收益

3.20　1601 固定资产会计核算

(一) 固定资产会计科目核算说明

本科目核算高等学校固定资产的原值。

本科目应当按照固定资产类别和项目进行明细核算,下设"房屋及构筑物""专用设备""通用设备""文物和陈列品""图书、档案""家具、用具、装具及动植物"六个二级明细科目。

固定资产核算时,应当考虑以下情况:

(1) 购入需要安装的固定资产,应当先通过"在建工程"科目核算,安装完毕交付使用时再转入本科目核算。

(2) 以借入、经营租赁租入方式取得的固定资产,不通过本科目核算,应当设置备查簿进行登记。

(3) 采用融资租入方式取得的固定资产,通过本科目核算,并在本科目下设置"融资租入固定资产"明细科目。

(4) 经批准在境外购买具有所有权的土地,作为固定资产,通过本科目核算;高等学校应当在本科目下设置"境外土地"明细科目,进行相应明细核算。

固定资产的主要账务处理如下:

(1) 固定资产在取得时,应当按照成本进行初始计量。

① 购入不需安装的固定资产验收合格时,按照确定的固定资产成本,借记本科目,贷记"财政拨款收入""零余额账户用款额度""应付账款""银行存款"等科目。

购入需要安装的固定资产,在安装完毕交付使用前通过"在建工程"科目核算,安装完毕交付使用时再转入本科目。

购入固定资产扣留质量保证金的,应当在取得固定资产时,按照确定的固定资产成本,借记本科目[不需安装]或"在建工程"科目[需要安装],按照实际支付或应付的金额,贷记"财政拨款收入"、"零余额账户用款额度"、"应付账款"[不含质量保证金]、"银行存款"等科目,按照扣留的质量保证金数额,贷记"其他应付款"[扣留期在 1 年以内(含 1 年)]或"长期应付款"[扣留期超过1年]科目。质保期满支付质量保证金时,借记"其他应付款""长期应付款"科目,贷记"财政拨款收入""零余额账户用款额度""银行存款"等科目。

② 自行建造的固定资产交付使用时,按照在建工程成本,借记本科目,贷记"在建工程"科目。

已交付使用但尚未办理竣工决算手续的固定资产,按照估计价值入账,待办理竣工决算后再按照实际成本调整原来的暂估价值。

③ 融资租赁取得的固定资产,其成本按照租赁协议或者合同确定的租赁价款、相关税费以及固定资产交付使用前所发生的可归属于该项资产的运输费、途中保险费、安装调试费等确定。

融资租入的固定资产,按照确定的成本,借记本科目[不需安装]或"在建工程"科目[需要安装],按照租赁协议或者合同确定的租赁付款额,贷记"长期应付款"科目,按照支付的运输费、途中保险费、安装调试费等金额,贷记"财政拨款收入""零余额账户用款额度""银行存款"等科目。

定期支付租金时,按照实际支付金额,借记"长期应付款"科目,贷记"财政拨款收入""零余额账户用款额度""银行存款"等科目。

④ 按照规定跨年度分期付款购入固定资产的账务处理,参照融资租入固定资产。

⑤ 接受捐赠的固定资产,按照确定的固定资产成本,借记本科目[不需安装]或"在建工程"科目[需要安装],按照发生的相关税费、运输费等,贷记"零余额账户用款额度""银行存款"等科目,按照其差额,贷记"捐赠收入"科目。

接受捐赠的固定资产按照名义金额入账的,按照名义金额,借记本科目,贷记"捐赠收入"科目;按照发生的相关税费、运输费等,借记"其他费用"科目,贷记"零余额账户用款额度""银行存款"等科目。

⑥ 无偿调入的固定资产,按照确定的固定资产成本,借记本科目[不需安装]或"在建工程"科目[需要安装],按照发生的相关税费、运输费等,贷记"零余额账户用款额度""银行存款"等科目,按照其差额,贷记"无偿调拨净资产"科目。

⑦ 置换取得的固定资产,参照"库存物品"科目中置换取得库存物品的相关规定进行账务处理。

固定资产取得时涉及增值税业务的,相关账务处理参见"应交增值税"

科目。

(2) 与固定资产有关的后续支出

① 符合固定资产确认条件的后续支出通常情况下,将固定资产转入改建、扩建时,按照固定资产的账面价值,借记"在建工程"科目,按照固定资产已计提折旧,借记"固定资产累计折旧"科目,按照固定资产的账面余额,贷记本科目。

为增加固定资产使用效能或延长其使用年限而发生的改建、扩建等后续支出,借记"在建工程"科目,贷记"财政拨款收入""零余额账户用款额度""银行存款"等科目。

固定资产改建、扩建等完成交付使用时,按照在建工程成本,借记本科目,贷记"在建工程"科目。

② 不符合固定资产确认条件的后续支出为保证固定资产正常使用发生的日常维修等支出,借记"业务活动费用""单位管理费用"等科目,贷记"财政拨款收入""零余额账户用款额度""银行存款"等科目。

(3) 按照规定报经批准处置固定资产,应当分别以下情况处理:

① 报经批准出售、转让固定资产,按照被出售、转让固定资产的账面价值,借记"资产处置费用"科目,按照固定资产已计提的折旧,借记"固定资产累计折旧"科目,按照固定资产账面余额,贷记本科目;同时,按照收到的价款,借记"银行存款"等科目,按照处置过程中发生的相关费用,贷记"银行存款"等科目,按照其差额,贷记"应缴财政款"科目。

② 报经批准对外捐赠固定资产,按照固定资产已计提的折旧,借记"固定资产累计折旧"科目,按照被处置固定资产账面余额,贷记本科目,按照捐赠过程中发生的归属于捐出方的相关费用,贷记"银行存款"等科目,按照其差额,借记"资产处置费用"科目。

③ 报经批准无偿调出固定资产,按照固定资产已计提的折旧,借记"固定资产累计折旧"科目,按照被处置固定资产账面余额,贷记本科目,按照其差额,借记"无偿调拨净资产"科目;同时,按照无偿调出过程中发生的归属于调出方的相关费用,借记"资产处置费用"科目,贷记"银行存款"等科目。

④ 报经批准置换换出固定资产,参照"库存物品"中置换换入库存物品的规定进行账务处理。固定资产处置时涉及增值税业务的,相关账务处理参见"应交增值税"科目。

（4）高等学校应当定期对固定资产进行清查盘点，每年至少盘点一次。对于发生的固定资产盘盈、盘亏或毁损、报废，应当先记入"待处理财产损溢"科目，按照规定报经批准后及时进行后续账务处理。

① 盘盈的固定资产，其成本按照有关凭据注明的金额确定；没有相关凭据、但按照规定经过资产评估的，其成本按照评估价值确定；没有相关凭据、也未经过评估的，其成本按照重置成本确定。如无法采用上述方法确定盘盈固定资产成本的，按照名义金额（人民币1元）入账。

盘盈的固定资产，按照确定的入账成本，借记本科目，贷记"待处理财产损溢"科目。

② 盘亏、毁损或报废的固定资产，按照待处理固定资产的账面价值，借记"待处理财产损溢"科目，按照已计提折旧，借记"固定资产累计折旧"科目，按照固定资产的账面余额，贷记本科目。

本科目期末借方余额，反映高等学校固定资产的原值。

（二）固定资产会计核算业务

（1）固定资产取得时

① 购入不需安装的固定资产验收合格时

财务会计

借：固定资产

　　贷：财政拨款收入/零余额账户用款额度/银行存款/应付账款等

预算会计

借：事业支出/经营支出

　　贷：财政拨款预算收入/资金结存——货币资金

购入需要安装的固定资产，在安装完毕交付使用前通过"在建工程"科目核算，安装完毕交付使用时再转入本科目。

财务会计

借：在建工程

　　贷：财政拨款收入/零余额账户用款额度/银行存款/应付账款等

预算会计

借：事业支出/经营支出

　　贷：财政拨款预算收入/资金结存

购入固定资产扣留质量保证金的，在取得固定资产时

财务会计

借:固定资产(不需安装)

　　在建工程(需要安装)

　贷:财政拨款收入/零余额账户用款额度/应付账款(不含质保金)/银行存款等

　　其他应付款(扣留质保金在1年以内(含1年))

　　长期应付款(扣留期超过1年)

预算会计

借:事业支出/经营支出

　贷:财政拨款预算收入/资金结存

　　质保期满支付质量保证金时

财务会计

借:其他应付款/长期应付款

　贷:财政拨款收入/零余额账户用款额度/银行存款等

预算会计

借:事业支出/经营支出

　贷:财政拨款预算收入/资金结存

② 自行建造的固定资产交付使用时,按照在建工程成本

财务会计

借:固定资产

　贷:在建工程

不涉及预算会计业务

已交付使用但尚未办理竣工决算手续的固定资产,按照估计价值入账,待办理竣工决算后再按照实际成本调整原来的暂估价值。

③ 融资租赁取得的固定资产,其成本按照租赁协议或者合同确定的租赁价款、相关税费以及固定资产交付使用前所发生的可归属于该项资产的运输费、途中保险费、安装调试费等确定。

融资租入的固定资产,按照确定的成本

财务会计

借:固定资产(不需安装)/在建工程(需要安装)

　贷:长期应付款(按照租赁协议或者合同确定的租赁付款额)

贷:财政拨款收入/零余额账户用款额度/银行存款等(支付的运输费、途中保险费、安装调试费等费用)

预算会计

借:事业支出/经营支出

　　贷:财政拨款预算收入/资金结存

定期支付租金时,按照实际支付金额

财务会计

借:长期应付款

　　贷:财政拨款收入/零余额账户用款额度/银行存款等

预算会计

借:事业支出/经营支出

　　贷:财政拨款预算收入/资金结存

④ 按照规定跨年度分期付款购入固定资产的账务处理,参照融资租入固定资产。

⑤ 接受捐赠的固定资产

财务会计

借:固定资产(不需安装)/在建工程(需要安装)

　　贷:财政拨款收入/零余额账户用款额度/银行存款等(支付的相关税费、运输费等)

　　　捐赠收入(差额)

预算会计

借:其他支出(支付的相关税费、运输费等)

　　贷:资金结存

接受捐赠的固定资产按照名义金额入账的。

财务会计

借:固定资产(名义金额)

　　贷:捐赠收入

不涉及预算会计业务

如发生相关税费、运输费等。

财务会计

借:其他费用

贷:财政拨款收入/零余额账户用款额度/银行存款
预算会计
借:其他支出(支付的相关税费、运输费等)
　　贷:资金结存
⑥ 无偿调入的固定资产
财务会计
借:固定资产(不需安装)/在建工程(需要安装)
　　贷:无偿调拨净资产(差额)
　　　　财政拨款收入/零余额账户用款额度/银行存款等(支付的相关税费、运输费等)
预算会计
借:其他支出(支付的相关税费、运输费等)
　　贷:资金结存
⑦ 置换取得的固定资产
参照"库存物品"科目中置换取得库存物品的相关规定进行账务处理。
(2) 后续支出
① 符合固定资产确认条件的后续支出
将固定资产转入改建、扩建时
财务会计
借:在建工程
　　固定资产累计折旧
　　贷:固定资产
不涉及预算会计业务
为增加固定资产使用效能或延长其使用年限而发生的改建、扩建等后续支出
　财务会计
　借:在建工程
　　　贷:财政拨款收入/零余额账户用款额度/银行存款等
　预算会计
　借:事业支出/经营支出
　　　贷:财政拨款预算收入/资金结存

固定资产改建、扩建等完成交付使用时
财务会计
借:固定资产
　　贷:在建工程
不涉及预算会计业务
② 不符合固定资产确认条件的后续支出
为保证固定资产正常使用发生的日常维修等支出
财务会计
借:业务活动费用/单位管理费用/经营费用
　　贷:财政拨款收入/零余额账户用款额度/银行存款
预算会计
借:事业支出/经营支出
　　贷:财政拨款预算收入/资金结存
(3) 处置时
① 报经批准出售、转让固定资产
财务会计
借:资产处置费用(差额)
　　固定资产累计折旧(已计提折旧)
　　贷:固定资产(账面余额)
同时
借:银行存款(收到的价款)
　　贷:银行存款(处置过程中发生的相关费用)
　　　　应缴财政款(差额)
不涉及预算会计业务
② 报经批准对外捐赠固定资产
财务会计
借:资产处置费用(差额)
　　固定资产累计折旧
　　贷:固定资产(账面余额)
　　　　银行存款(按照捐赠过程中发生的归属于捐出方的相关费用)
同时,发生相关费用

预算会计

借:其他支出

　　贷:资金结存

③ 报经批准无偿调出固定资产

财务会计

借:无偿调拨净资产

　　固定资产累计折旧

　　贷:固定资产

同时,如发生相关费用

财务会计

借:资产处置费用(按照无偿调出过程中发生的归属于调出方的相关费用)

　　贷:银行存款

预算会计

借:其他支出

　　贷:资金结存

④ 报经批准置换换出固定资产

参照"库存物品"中置换换入库存物品的规定进行账务处理。

(4) 资产盘点

高校应当定期对固定资产进行清查盘点,每年至少盘点一次。对于发生的固定资产盘盈、盘亏或毁损、报废,应当先记入"待处理财产损溢"科目,按照规定报经批准后及时进行后续账务处理。

① 盘盈的固定资产,其成本按照有关凭据注明的金额确定;没有相关凭据、但按照规定经过资产评估的,其成本按照评估价值确定;没有相关凭据、也未经过评估的,其成本按照重置成本确定。如无法采用上述方法确定盘盈固定资产成本的,按照名义金额(人民币1元)入账。

盘盈固定资产时

财务会计

借:固定资产

　　贷:待处理财产损溢

不涉及预算会计业务

② 盘亏、毁损或报废的固定资产

财务会计

借:待处理财产损溢(账面价值)

  固定资产累计折旧

 贷:固定资产(账面余额)

不涉及预算会计业务

(三) 固定资产会计核算示范

[例3-22]某省属高校2019年末盘点固定资产时,发现一台设备已报废无法使用,账面余额20 000元,已计提折旧8 000元,经上报财政国资部门批准报废处置。报废出售取得残值收入500元,已上缴至财政专户,不考虑处置过程税费。其会计处理如下:

(1) 清查盘点发现报废固定资产时,待上报财政部门批复

财务会计

借:待处理财产损溢—待处理资产价值　　　　　　　12 000

  固定资产累计折旧　　　　　　　　　　　　　　 8 000

 贷:固定资产　　　　　　　　　　　　　　　　　　20 000

预算会计不需处理

(2) 按程序上报同级财政、国资部门,经批复同意报废处置,凭批复文件转销报废固定资产的账面价值

财务会计

借:资产处置费用　　　　　　　　　　　　　　　　12 000

 贷:待处理财产损溢-待处理财产价值　　　　　　　　12 000

预算会计不处理

(3) 取得残值收入

财务会计

借:银行存款　　　　　　　　　　　　　　　　　　　 500

 贷:待处理财产损溢-处置净收入　　　　　　　　　　　500

预算会计不处理

(4) 处理收支净额

财务会计

借:待处理财产损溢-处置净收入　　　　　　　　　　　500

 贷:应缴财政款　　　　　　　　　　　　　　　　　　 500

预算会计不处理

（5）上缴财政专户处理收入

财务会计

借：应缴财政款　　　　　　　　　　　　　　　　　　　500

　　贷：银行存款　　　　　　　　　　　　　　　　　　500

预算会计不处理

3.21　1602 固定资产累计折旧会计核算

（一）固定资产累计折旧会计科目核算说明

本科目核算高等学校计提的固定资产累计折旧。

本科目应当按照所对应固定资产的明细分类进行明细核算，下设"房屋及构筑物""专用设备""通用设备""家具、用具、装具及动植物"四个二级明细科目。

高等学校计提融资租入固定资产折旧时，应当采用与自有固定资产相一致的折旧政策。能够合理确定租赁期届满时将会取得租入固定资产所有权的，应当在租入固定资产尚可使用年限内计提折旧；无法合理确定租赁期届满时能够取得租入固定资产所有权的，应当在租赁期与租入固定资产尚可使用年限两者中较短的期间内计提折旧。

固定资产累计折旧的主要账务处理如下：

（1）按月计提固定资产折旧时，按照应计提折旧金额，借记"业务活动费用""单位管理费用""经营费用""加工物品""在建工程"等科目，贷记本科目。

（2）经批准处置或处理固定资产时，按照所处置或处理固定资产的账面价值，借记"资产处置费用""无偿调拨净资产""待处理财产损溢"等科目，按照已计提折旧，借记本科目，按照固定资产的账面余额，贷记"固定资产"科目。

本科目期末贷方余额，反映高等学校计提的固定资产折旧累计数。

（二）固定资产累计折旧会计核算业务

（1）按月计提固定资产折旧时

财务会计

借：业务活动费用/单位管理费用/经营费用/加工物品/在建工程等

　　贷：固定资产累计折旧

不涉及预算会计业务

（2）经批准处置或处理固定资产时

财务会计

借：资产处置费用/无偿调拨净资产/待处理财产损溢等
　　固定资产累计折旧（已计提折旧额）
　贷：固定资产（所处置或处理固定资产的账面价值）

预算会计

涉及资金支付的，参照固定资产相关账务处理。

高等学校固定资产计提折旧的年限参照下表：

表3－2　高等学校固定资产折旧年限表

固定资产类别	折旧年限(年)	备注
一、房屋及构筑物		
1. 房屋		
钢结构	50	
钢筋混凝土结构	50	
砖混结构	30	
砖木结构	30	
2. 简易房	8	
3. 房屋附属设施	8	围墙、停车设施等
4. 构筑物	8	池、罐、槽、塔等
二、通用设备		
1. 计算机设备	6	计算机、网络设备、安全设备、终端设备、存储设备等
2. 办公设备	6	电话机、传真机、摄像机、刻录机等
3. 车辆	8	载货汽车、牵引汽车、乘用车、专用车辆等
4. 图书档案设备	5	
5. 机械设备	10	锅炉、液压机械、金属加工设备、泵、风机、气体压缩机、气体分离及液化设备、分离及干燥设备等

续 表

固定资产类别	折旧年限(年)	备注
6. 电气设备	5	电机、变压器、电源设备、生活用电器等
7. 雷达、无线电和卫星导航设备	10	
8. 通信设备、广播、电视、电影设备	5	
9. 仪器仪表、电子和通信测量仪器、计量标准器具及量具、衡器	5	
10. 除上述以外其他通用设备	5	
三、专用设备		
1. 探矿、采矿、选矿和造块设备	10	
2. 石油天然气开采专用设备	10	
3. 石油和化学工业专用设备	10	
4. 炼焦和金属冶炼轧制设备	10	
5. 电力工业专用设备	20	
6. 核工业专用设备	20	
7. 航空航天工业专用设备	20	
8. 非金属矿物制品工业专用设备	10	
9. 工程机械	10	
10. 农业和林业机械	10	
11. 木材采集和加工设备	10	
12. 食品加工专用设备	10	
13. 饮料加工设备	10	
14. 烟草加工设备	10	
15. 粮油作物和饲料加工设备	10	
16. 纺织设备	10	
17. 缝纫、服饰、制革和毛皮加工设备	10	
18. 造纸和印刷机械	10	
19. 化学药品和中药专用设备	5	
20. 医疗设备	5	

续 表

固定资产类别	折旧年限(年)	备注
21. 电工、电子专用生产设备	5	
22. 安全生产设备	10	
23. 邮政专用设备	10	
24. 环境污染防治设备	10	
25. 公安专用设备	3	
26. 水工机械	10	
27. 殡葬设备及用品	5	
28. 铁路运输设备	10	
29. 水上交通运输设备	10	
30. 航空器及其配套设备	10	
31. 专用仪器仪表	5	
32. 文艺设备	5	
33. 体育设备	5	
34. 娱乐设备	5	
四、家具、用具、装具		
1. 家具	15	
其中:学生用家具	5	
2. 用具、装具	5	

3.22 1611 工程物资会计核算

(一) 工程物资会计科目核算说明

本科目核算高等学校为在建工程准备的各种物资的成本,包括工程用材料、设备等。

本科目可下设"库存材料""库存设备"两个二级明细科目进行明细核算。

工程物资的主要账务处理如下:

(1) 购入为工程准备的物资,按照确定的物资成本,借记本科目,贷记"财政拨款收入""零余额账户用款额度""银行存款""应付账款"等科目。

(2) 领用工程物资,按照物资成本,借记"在建工程"科目,贷记本科目。

工程完工后将领出的剩余物资退库时做相反的会计分录。

（3）工程完工后将剩余的工程物资转作本高等学校存货等的,按照物资成本,借记"库存物品"等科目,贷记本科目。

涉及增值税业务的,相关账务处理参见"应交增值税"科目。

本科目期末借方余额,反映高等学校为在建工程准备的各种物资的成本。

（二）工程物资会计核算业务

（1）购入为工程准备的物资

财务会计

借:工程物资

　　贷:财政拨款收入/零余额账户用款额度/银行存款/应付账款等

预算会计

借:事业支出/经营支出

　　贷:财政拨款预算收入/资金结存

（2）领用工程物资时

财务会计

借:在建工程

　　贷:工程物资

不涉及预算会计业务

工程完工后将领出的剩余物资退库时做相反的会计分录。

（3）工程完工后将剩余的工程物资转作本单位存货

财务会计

借:库存物品

　　贷:工程物资

不涉及预算会计业务

3.23　1613在建工程会计核算

（一）在建工程会计科目核算说明

本科目核算高等学校在建的建设项目工程的实际成本。

本科目应当下设"基建在建工程""非基建在建工程""改扩建在建工程"三个二级明细科目;"基建在建工程"科目下设"建筑安装工程投资""设备投资""待摊投资""其他投资""待核销基建支出""基建转出投资"六个三级明细

科目,并按照具体项目进行明细核算。

(1)"建筑安装工程投资"明细科目,核算高等学校发生的构成建设项目实际支出的建筑工程和安装工程的实际成本,不包括被安装设备本身的价值以及按照合同规定支付给施工单位的预付备料款和预付工程款。

(2)"设备投资"明细科目,核算高等学校发生的构成建设项目实际支出的各种设备的实际成本。

(3)"待摊投资"明细科目,核算高等学校发生的构成建设项目实际支出的、按照规定应当分摊计入有关工程成本和设备成本的各项间接费用和税费支出。本明细科目的具体核算内容包括以下方面:

① 勘察费、设计费、研究试验费、可行性研究费及项目其他前期费用。

② 土地征用及迁移补偿费、土地复垦及补偿费、森林植被恢复费及其他为取得土地使用权、租用权而发生的费用。

③ 土地使用税、耕地占用税、契税、车船税、印花税及按照规定缴纳的其他税费。

④ 项目建设管理费、代建管理费、临时设施费、监理费、招投标费、社会中介审计(审查)费及其他管理性质的费用。

项目建设管理费是指项目建设单位从项目筹建之日起至办理竣工财务决算之日止发生的管理性质的支出,包括不在原单位发工资的工作人员工资及相关费用、办公费、办公场地租用费、差旅交通费、劳动保护费、工具用具使用费、固定资产使用费、招募生产工人费、技术图书资料费(含软件)、业务招待费、施工现场津贴、竣工验收费等。

⑤ 项目建设期间发生的各类专门借款利息支出或融资费用。

⑥ 工程检测费、设备检验费、负荷联合试车费及其他检验检测类费用。

⑦ 固定资产损失、器材处理亏损、设备盘亏及毁损、单项工程或高等学校工程报废、毁损净损失及其他损失。

⑧ 系统集成等信息工程的费用支出。

⑨ 其他待摊性质支出。

本明细科目应当按照上述费用项目进行明细核算,其中有些费用(如项目建设管理费等),还应当按照更为具体的费用项目进行明细核算。

(4)"其他投资"明细科目,核算高等学校发生的构成建设项目实际支出的房屋购置支出,基本畜禽、林木等购置、饲养、培育支出,办公生活用家具、器具购置支出,软件研发和不能计入设备投资的软件购置等支出。高等学校为进行可行性研究而购置的固定资产,以及取得土地使用权支付的土地出让金,也通过本明细科目核算。本明细科目应当设置"房屋购置""办公生活用家具、器具购置""可行性研究固定资产购置""无形资产"等明细科目。

(5)"待核销基建支出"明细科目,核算建设项目发生的江河清障、航道清淤、飞播造林、补助群众造林、水土保持、城市绿化、取消项目的可行性研究费,以及项目整体报废等不能形成资产部分的基建投资支出。本明细科目应按照待核销基建支出的类别进行明细核算。

(6)"基建转出投资"科目,核算为建设项目配套而建成的、产权不归属本学校的专用设施的实际成本。本明细科目应按照转出投资的类别进行明细核算。

在建工程的主要账务处理如下：

(1)建筑安装工程投资

① 将固定资产等资产转入改建、扩建等时,按照固定资产等资产的账面价值,借记本科目(建筑安装工程投资),按照已计提的折旧或摊销,借记"固定资产累计折旧"等科目,按照固定资产等资产的原值,贷记"固定资产"等科目。

固定资产等资产改建、扩建过程中涉及到替换(或拆除)原资产的某些组成部分的,按照被替换(或拆除)部分的账面价值,借记"待处理财产损溢"科目,贷记本科目(建筑安装工程投资)。

② 高等学校对于发包建筑安装工程,根据建筑安装工程价款结算账单与施工企业结算工程价款时,按照应承付的工程价款,借记本科目(建筑安装工程投资),按照预付工程款余额,贷记"预付账款"科目,按照其差额,贷记"财政拨款收入""零余额账户用款额度""银行存款""应付账款"等科目。

③ 高等学校自行施工的小型建筑安装工程,按照发生的各项支出金额,借记本科目(建筑安装工程投资),贷记"工程物资""零余额账户用款额度""银行存款""应付职工薪酬"等科目。

④ 工程竣工,办妥竣工验收交接手续交付使用时,按照建筑安装工程成本(含应分摊的待摊投资),借记"固定资产"等科目,贷记本科目(建筑安装工程投资)。

(2)设备投资

① 购入设备时,按照购入成本,借记本科目(设备投资),贷记"财政拨款

收入""零余额账户用款额度""银行存款"等科目;采用预付款方式购入设备的,有关预付款的账务处理参照本科目有关"建筑安装工程投资"明细科目的规定。

② 设备安装完毕,办妥竣工验收交接手续交付使用时,按照设备投资成本(含设备安装工程成本和分摊的待摊投资),借记"固定资产"等科目,贷记本科目(设备投资、建筑安装工程投资—安装工程)。

将不需要安装的设备和达不到固定资产标准的工具、器具交付使用时,按照相关设备、工具、器具的实际成本,借记"固定资产""库存物品"科目,贷记本科目(设备投资)。

(3) 待摊投资

建设工程发生的构成建设项目实际支出的、按照规定应当分摊计入有关工程成本和设备成本的各项间接费用和税费支出,先在本明细科目中归集;建设工程办妥竣工验收手续交付使用时,按照合理的分配方法,摊入相关工程成本、在安装设备成本等。

① 高等学校发生的构成待摊投资的各类费用,按照实际发生金额,借记本科目(待摊投资),贷记"财政拨款收入""零余额账户用款额度""银行存款""应付利息""长期借款""其他应交税费""固定资产累计折旧""无形资产累计摊销"等科目。

② 对于建设过程中试生产、设备调试等产生的收入,按照取得的收入金额,借记"银行存款"等科目,按照依据有关规定应当冲减建设工程成本的部分,贷记本科目(待摊投资),按照其差额贷记"应缴财政款"或"其他收入"科目。

③ 由于自然灾害、管理不善等原因造成的单项工程或单位工程报废或毁损,扣除残料价值和过失人或保险公司等赔款后的净损失,报经批准后计入继续施工的工程成本的,按照工程成本扣除残料价值和过失人或保险公司等赔款后的净损失,借记本科目(待摊投资),按照残料变价收入、过失人或保险公司赔款等,借记"银行存款""其他应收款"等科目,按照报废或毁损的工程成本,贷记本科目(建筑安装工程投资)。

④ 工程交付使用时,按照合理的分配方法分配待摊投资,借记本科目(建筑安装工程投资、设备投资),贷记本科目(待摊投资)。

(4) 其他投资

① 高等学校为建设工程发生的房屋购置支出，基本畜禽、林木等的购置、饲养、培育支出，办公生活用家具、器具购置支出，软件研发和不能计入设备投资的软件购置等支出，按照实际发生金额，借记本科目（其他投资），贷记"财政拨款收入""零余额账户用款额度""银行存款"等科目。

② 工程完成将形成的房屋等各种财产以及无形资产交付使用时，按照其实际成本，借记"固定资产""无形资产"等科目，贷记本科目（其他投资）。

（5）待核销基建支出

① 建设项目发生的江河清障、航道清淤、飞播造林、补助群众造林、水土保持、城市绿化等不能形成资产的各类待核销基建支出，按照实际发生金额，借记本科目（待核销基建支出），贷记"财政拨款收入""零余额账户用款额度""银行存款"等科目。

② 取消的建设项目发生的可行性研究费，按照实际发生金额，借记本科目（待核销基建支出），贷记本科目（待摊投资）。

③ 由于自然灾害等原因发生的建设项目整体报废所形成的净损失，报经批准后转入待核销基建支出，按照项目整体报废所形成的净损失，借记本科目（待核销基建支出），按照报废工程回收的残料变价收入、保险公司赔款等，借记"银行存款""其他应收款"等科目，按照报废的工程成本，贷记本科目（建筑安装工程投资等）。

④ 建设项目竣工验收交付使用时，对发生的待核销基建支出进行冲销，借记"资产处置费用"科目，贷记本科目（待核销基建支出）。

（6）基建转出投资为建设项目配套而建成的、产权不归属本高等学校的专用设施，在项目竣工验收交付使用时，按照转出的专用设施的成本，借记本科目（基建转出投资），贷记本科目（建筑安装工程投资）；同时，借记"无偿调拨净资产"科目，贷记本科目（基建转出投资）。

本科目期末借方余额，反映高等学校尚未完工的建设项目工程发生的实际成本。

（二）在建工程会计核算业务

（1）建筑安装工程投资

① 将固定资产等资产转入改建、扩建等时

财务会计

借：在建工程——建筑安装工程投资

　　　　固定资产累计折旧
　　　贷:固定资产(账面原值)
　　不涉及预算会计业务
　　如在资产改建、扩建过程中涉及到替换(或拆除)原资产的某些组成部分的
　　财务会计
　　借:待处理财产损溢(按照被替换或拆除部分的账面价值)
　　　贷:在建工程—建筑安装工程投资
　　不涉及预算会计业务
　　② 高等学校对于发包建筑安装工程
　　a. 预付工程款时
　　财务会计
　　借:预付账款—预付工程款
　　　贷:财政拨款收入/零余额账户用款额度/银行存款
　　预算会计
　　借:事业支出
　　　贷:财政拨款预算收入/资金结存
　　b. 按照进度付款,根据建筑安装工程价款结算账单与施工企业结算工程价款时
　　财务会计
　　借:在建工程—建筑安装工程投资(应承付的工程价款)
　　　贷:预付账款
　　　　财政拨款收入/零余额账户用款额度/银行存款/应付账款等
　　预算会计
　　借:事业支出(补付工程款时)
　　　贷:财政拨款预算收入/资金结存
　　c. 高等学校自行施工的小型建筑安装工程发生支出时
　　财务会计
　　借:在建工程—建筑安装工程投资(发生的各项支出余额)
　　　贷:工程物资/零余额账户用款额度/银行存款/应付职工薪酬等
　　预算会计

借：事业支出（实际支付的价款）
　　贷：财政拨款预算收入/资金结存

d. 工程竣工，办妥竣工验收交接手续交付使用时，按照建筑安装工程成本（含应分摊的待摊投资）

财务会计

借：固定资产
　　贷：在建工程—建筑安装工程投资

不涉及预算会计业务

（2）设备投资

① 购入设备时

财务会计

借：在建工程—设备投资
　　贷：财政拨款收入/零余额账户用款额度/银行存款

预算会计

借：事业支出（实际支付的价款）
　　贷：财政拨款预算收入/资金结存

采用预付款方式购入设备的，有关预付款的账务处理参照本科目有关"建筑安装工程投资"明细科目的规定。

② 设备安装完毕，办妥竣工验收交接手续交付使用时

财务会计

借：固定资产（按照设备投资成本，含设备安装工程成本和分摊的待摊投资）
　　贷：在建工程—设备投资
　　　　　　　—建筑安装工程投资—安装工程

不涉及预算会计业务

③ 将不需要安装的设备和达不到固定资产标准的工具、器具交付使用时，按照相关设备、工具、器具的实际成本

财务会计

借：固定资产/库存物品
　　贷：在建工程—设备投资

不涉及预算会计业务

(3) 待摊投资

① 高等学校发生的构成待摊投资的各类费用,按照实际发生金额

财务会计

借:在建工程—待摊投资

 贷:财政拨款收入/零余额账户用款额度/银行存款/应付利息/长期借
   款/其他应交税费/固定资产累计折旧/无形资产累计摊销等

预算会计

借:事业支出(实际支付的价款)

 贷:财政拨款预算收入/资金结存

② 对于建设过程中试生产、设备调试等产生的收入,按照取得的收入金额

财务会计

借:银行存款

 贷:在建工程—待摊投资(按规定冲减工程成本部分)

   应缴财政款/其他收入(差额部分)

预算会计

借:资金结存(不需上缴财政纳入预算管理部分)

 贷:其他预算收入

③ 由于自然灾害、管理不善等原因造成的单项工程或单位工程报废或毁损,扣除残料价值和过失人或保险公司等赔款后的净损失,报经批准后计入继续施工的工程成本

财务会计

借:在建工程—待摊投资

  银行存款(残料变价收入)

  其他应收款(应收过失人或保险公司赔款)

 贷:在建工程—建筑安装工程投资(毁损报废工程成本)

不涉及预算会计业务

④ 工程交付使用时,按照合理的分配方法分配待摊投资

财务会计

借:在建工程—建筑安装工程投资

    —设备投资

 贷:在建工程—待摊投资

不涉及预算会计业务

待摊投资的分配方法,可按照下列公式计算:

① 按照实际分配率分配。适用于建设工期较短、整个项目的所有单项工程一次竣工的建设项目。

实际分配率=待摊投资明细科目余额÷(建筑工程明细科目余额+安装工程明细科目余额+设备投资明细科目余额)×100%

② 按照概算分配率分配。适用于建设工期长、单项工程分期分批建成投入使用的建设项目。

概算分配率=(概算中各待摊投资项目的合计数−其中可直接分配部分)÷(概算中建筑工程、安装工程和设备投资合计)×100%

③ 某项固定资产应分配的待摊投资=该项固定资产的建筑工程成本或该项固定资产(设备)的采购成本和安装成本合计×分配率

(4) 其他投资

① 高等学校为建设工程发生的房屋购置支出,基本畜禽、林木等的购置、饲养、培育支出,办公生活用家具、器具购置支出,软件研发和不能计入设备投资的软件购置等支出,按照实际发生金额

财务会计

借:在建工程—其他投资

　　贷:财政拨款收入/零余额账户用款额度/银行存款等

预算会计

借:事业支出(实际支付的价款)

　　贷:财政拨款预算收入/资金结存

② 工程完成将形成的房屋、基本畜禽、林木等各种财产以及无形资产交付使用时

财务会计

借:固定资产/无形资产等

　　贷:在建工程—其他投资

不涉及预算会计业务

(5) 待核销基建支出

① 建设项目发生的江河清障、航道清淤、飞播造林、补助群众造林、水土保持、城市绿化等不能形成资产的各类待核销基建支出

财务会计

借:在建工程—待核销基建支出(按照实际发生金额)

 贷:财政拨款收入/零余额账户用款额度/银行存款

预算会计

借:事业支出(实际支付的价款)

 贷:财政拨款预算收入/资金结存

② 取消的建设项目发生的可行性研究费时

财务会计

借:在建工程—待核销基建支出

 贷:在建工程—待摊投资

不涉及预算会计业务

③ 由于自然灾害等原因发生的建设项目整体报废所形成的净损失,报经批准后转入待核销基建支出

财务会计

借:在建工程—待核销基建支出

  银行存款(按照报废工程回收的残料变价收入)

  其他应收款(保险公司赔款等)

 贷:在建工程—建筑安装工程投资(按照报废的工程成本)

不涉及预算会计业务

④ 建设项目竣工验收交付使用时,对发生的待核销基建支出进行冲销

财务会计

借:资产处置费用

 贷:在建工程—待核销基建支出

不涉及预算会计业务

(6) 基建转出投资

① 为建设项目配套而建成的、产权不归属本高等学校的专用设施转出时

财务会计

借:在建工程—基建转出投资

 贷:在建工程—建筑安装工程投资(按转出的专用设施的成本)

不涉及预算会计业务

② 冲销转出的在建工程

财务会计

借:无偿调拨净资产

　　贷:在建工程—基建转出投资

不涉及预算会计业务

(三) 在建工程会计核算示范

[例3-23]2018年12月6日,某高校立项建设A基本建设项目。2019年1月1日与施工企业签订土建工程承包合同,合同总价款3 000万元,工程期限1年。根据合同约定,预付工程款为合同总价款的10%,预付工程款从第二次支付进度款中冲回,每次冲回比例为10%;每次支付工程进度款按照确认金额的70%。2月15日支付工程进度款210万元。

(1) 1月1日支付预付工程款

财务会计

借:预付账款—预付工程款—A项目	300万
贷:财政拨款收入	300万

预算会计

借:事业支出—后勤保障支出—其他资本性支出	300万
贷:财政拨款预算收入	300万

(2) 确认工程进度款

借:在建工程—建筑安装工程投资—A项目	300万
贷:应付账款—应付工程款	300万

(3) 支付工程进度款

财务会计

借:应付账款—应付工程款	210万
贷:预付账款—预付工程款—A项目	30万
财政拨款收入	180万

预算会计

借:事业支出—后勤保障支出—其他资本性支出	180万
贷:财政拨款预算收入	180万

[例3-24]2020年1月1日,某高校建设项目A完工交付使用,办理固定资产入库手续,A项目总价值3 500万元,其中建筑安装工程投资3 000万元,设备投资500万元。

财务会计

借:固定资产　　　　　　　　　　　　　　3 500 万
　贷:在建工程—建筑安装工程投资　　　　3 000 万
　　　　　　—设备投资　　　　　　　　　500 万

预算会计不做处理

3.24　1701 无形资产会计核算

(一) 无形资产会计科目核算说明

本科目核算高等学校无形资产的原值。

高等学校的无形资产,是指高等学校拥有或者控制的,不具有特定实物形态,能持续发挥作用且能带来经济利益的非货币性资源。

本科目应当按照无形资产的类别、项目等进行明细核算,下设"专利""非专利技术""著作权""资源资质""商标权""信息数据""经营"七个二级明细科目。

无形资产的主要账务处理如下:

(1) 无形资产在取得时,应当按照成本进行初始计量。

① 外购的无形资产,按照确定的成本,借记本科目,贷记"财政拨款收入""零余额账户用款额度""应付账款""银行存款"等科目。

② 委托软件公司开发软件,视同外购无形资产进行处理。合同中约定预付开发费用的,按照预付金额,借记"预付账款"科目,贷记"财政拨款收入""零余额账户用款额度""银行存款"等科目。

软件开发完成交付使用并支付剩余或全部软件开发费用时,按照软件开发费用总额,借记本科目,按照相关预付账款金额,贷记"预付账款"科目,按照支付的剩余金额,贷记"财政拨款收入""零余额账户用款额度""银行存款"等科目。

③ 自行研究开发形成的无形资产,按照研究开发项目进入开发阶段后至达到预定用途前所发生的支出总额,借记本科目,贷记"研发支出—开发支出"科目。

自行研究开发项目尚未进入开发阶段,或者确实无法区分研究阶段支出和开发阶段支出,但按照法律程序已申请取得无形资产的,按照依法取得时发生的注册费、聘请律师费等费用,借记本科目,贷记"财政拨款收入""零余额账户用款额度""银行存款"等科目;按照依法取得前所发生的研究开发支出,借记

"业务活动费用"等科目,贷记"研发支出"科目。

④ 接受捐赠的无形资产,按照确定的无形资产成本,借记本科目,按照发生的相关税费等,贷记"零余额账户用款额度""银行存款"等科目,按照其差额,贷记"捐赠收入"科目。

接受捐赠的无形资产按照名义金额入账的,按照名义金额,借记本科目,贷记"捐赠收入"科目;同时,按照发生的相关税费等,借记"其他费用"科目,贷记"零余额账户用款额度""银行存款"等科目。

⑤ 无偿调入的无形资产,按照确定的无形资产成本,借记本科目,按照发生的相关税费等,贷记"零余额账户用款额度""银行存款"等科目,按照其差额,贷记"无偿调拨净资产"科目。

⑥ 置换取得的无形资产,参照"库存物品"科目中置换取得库存物品的相关规定进行账务处理。

无形资产取得时涉及增值税业务的,相关账务处理参见"应交增值税"科目。

(2) 与无形资产有关的后续支出

① 符合无形资产确认条件的后续支出为增加无形资产的使用效能对其进行升级改造或扩展其功能时,如需暂停对无形资产进行摊销的,按照无形资产的账面价值,借记"在建工程"科目,按照无形资产已摊销金额,借记"无形资产累计摊销"科目,按照无形资产的账面余额,贷记本科目。

无形资产后续支出符合无形资产确认条件的,按照支出的金额,借记本科目[无需暂停摊销的]或"在建工程"科目[需暂停摊销的],贷记"财政拨款收入""零余额账户用款额度""银行存款"等科目。

暂停摊销的无形资产升级改造或扩展功能等完成交付使用时,按照在建工程成本,借记本科目,贷记"在建工程"科目。

② 不符合无形资产确认条件的后续支出为保证无形资产正常使用发生的日常维护等支出,借记"业务活动费用""单位管理费用"等科目,贷记"财政拨款收入""零余额账户用款额度""银行存款"等科目。

(3) 按照规定报经批准处置无形资产,应当分别以下情况处理:

① 报经批准出售、转让无形资产,按照被出售、转让无形资产的账面价值,借记"资产处置费用"科目,按照无形资产已计提的摊销,借记"无形资产累计摊销"科目,按照无形资产账面余额,贷记本科目;同时,按照收到的价款,借记"银行存款"等科目,按照处置过程中发生的相关费用,贷记"银行存款"等科目,

按照其差额,贷记"应缴财政款"[按照规定应上缴无形资产转让净收入的]或"其他收入"[按照规定将无形资产转让收入纳入本高等学校预算管理的]科目。

② 报经批准对外捐赠无形资产,按照无形资产已计提的摊销,借记"无形资产累计摊销"科目,按照被处置无形资产账面余额,贷记本科目,按照捐赠过程中发生的归属于捐出方的相关费用,贷记"银行存款"等科目,按照其差额,借记"资产处置费用"科目。

③ 报经批准无偿调出无形资产,按照无形资产已计提的摊销,借记"无形资产累计摊销"科目,按照被处置无形资产账面余额,贷记本科目,按照其差额,借记"无偿调拨净资产"科目;同时,按照无偿调出过程中发生的归属于调出方的相关费用,借记"资产处置费用"科目,贷记"银行存款"等科目。

④ 报经批准置换换出无形资产,参照"库存物品"科目中置换换入库存物品的规定进行账务处理。

⑤ 无形资产预期不能为高等学校带来服务潜力或经济利益,按照规定报经批准核销时,按照待核销无形资产的账面价值,借记"资产处置费用"科目,按照已计提摊销,借记"无形资产累计摊销"科目,按照无形资产的账面余额,贷记本科目。

无形资产处置时涉及增值税业务的,相关账务处理参见"应交增值税"科目。

(4) 高等学校应当定期对无形资产进行清查盘点,每年至少盘点一次。高等学校资产清查盘点过程中发现的无形资产盘盈、盘亏等,参照"固定资产"科目相关规定进行账务处理。

本科目期末借方余额,反映高等学校无形资产的成本。

(二) 无形资产会计核算业务

(1) 取得时

① 外购的无形资产,按照确定的成本

财务会计

借:无形资产

 贷:财政拨款收入/零余额账户用款额度/应付账款/银行存款等

预算会计

借:事业支出/经营支出

 贷:财政拨款预算收入/资金结存等

② 委托软件公司开发软件,视同外购无形资产进行处理

a. 如合同中约定预付开发费用的

财务会计

借:预付账款(按预付金额)

 贷:财政拨款收入/零余额账户用款额度/银行存款等

预算会计

借:事业支出/经营支出等

 贷:资金结存

b. 软件开发完成交付使用并支付剩余或全部软件开发费用时

财务会计

借:无形资产(按全部开发费用)

 贷:预付账款(已预付金额)

  财政拨款收入/零余额账户用款额度/银行存款等(按支付剩余金额)

预算会计

借:事业支出/经营支出

 贷:资金结存

③ 自行研究开发形成的无形资产

a. 按照研究开发项目进入开发阶段后至达到预定用途前所发生的支出总额

财务会计

借:无形资产

 贷:研发支出——开发支出

不涉及预算会计业务

b. 自行研究开发项目尚未进入开发阶段,或者确实无法区分研究阶段支出和开发阶段支出,但按照法律程序已申请取得无形资产的,按照依法取得时发生的注册费、聘请律师费等费用确认为无形资产

财务会计

借:无形资产

 贷:财政拨款收入/零余额账户用款额度/银行存款等

预算会计

借:事业支出/经营支出

 贷:财政拨款预算收入/资金结存

按照依法取得前所发生的研究开发支出

财务会计

借:业务活动费用

 贷:研发支出

④ 接受捐赠的无形资产

a. 如有提供捐赠无形资产价值的

财务会计

借:无形资产(按照确定的无形资产成本)

 贷:零余额账户用款额度/银行存款等(发生的相关税费等)

  捐赠收入(差额)

预算会计

借:其他支出(支付的相关税费等)

 贷:资金结存

b. 接受捐赠的无形资产按照名义金额入账时

财务会计

借:无形资产(名义金额)

 贷:捐赠收入

同时

借:其他费用(发生的相关税费)

 贷:零余额账户用款额度/银行存款

预算会计

借:其他支出(支付的相关税费等)

 贷:资金结存

⑤ 无偿调入的无形资产

财务会计

借:无形资产

 贷:零余额账户用款额度/银行存款等(发生的相关税费等)

  无偿调拨净资产(差额)

预算会计

借:其他支出(支付的相关税费)

 贷:资金结存

⑥ 置换取得的无形资产

参照"库存物品"科目中置换取得库存物品的相关规定进行账务处理。

后续支出

(2) 与无形资产有关的后续支出

① 符合无形资产确认条件的后续支出

a. 为增加无形资产的使用效能对其进行升级改造或扩展其功能时,暂停对无形资产进行摊销的

财务会计

借:在建工程(按照无形资产的账面价值)

　　无形资产累计摊销(已摊销金额)

　　贷:无形资产

b. 无形资产后续支出符合无形资产确认条件的

财务会计

借:无形资产(无需暂停摊销的)

　　在建工程(需暂停摊销的)

　　贷:财政拨款收入/零余额账户用款额度/银行存款等

预算会计

借:事业支出/经营支出

　　贷:财政拨款预算收入/资金结存

c. 暂停摊销的无形资产升级改造或扩展功能等完成交付使用时

财务会计

借:无形资产

　　贷:在建工程

不涉及预算会计业务

② 不符合无形资产确认条件的后续支出,为保证无形资产正常使用发生的日常维护等支出

财务会计

借:业务活动费用/单位管理费用等

　　贷:财政拨款收入/零余额账户用款额度/银行存款等

预算会计

借:事业支出/经营支出

贷：财政拨款预算收入/资金结存

处置阶段

（3）按照规定报经批准处置无形资产

① 报经批准出售、转让无形资产时

财务会计

借：资产处置费用（按照被出售、转让无形资产的账面价值）

  无形资产累计摊销（已计提的摊销）

  贷：无形资产（账面余额）

同时

借：银行存款等（收到的价款）

  贷：银行存款（处置过得相关费用）

    应缴财政款（如按照规定应上缴无形资产转让净收入的）

    其他收入（如按照规定将无形资产转让收入纳入本高等学校预算管理的）

如转让收入按规定纳入本高等学校预算管理时

预算会计

借：资金结存

  贷：其他预算收入

② 报经批准对外捐赠无形资产

财务会计

借：无形资产累计摊销（已摊销额）

  资产处置费用（差额）

  贷：无形资产（账面余额）

    银行存款（按照捐赠过程中发生的归属于捐出方的相关费用）

预算会计

借：其他支出（支付的相关税费）

  贷：资金结存

③ 报经批准无偿调出无形资产

财务会计

借：无形资产累计摊销（已摊销额）

  无偿调拨净资产（差额）

贷:无形资产(账面余额)
　同时,借:资产处置费用(归属于调出方的相关费用)
　　贷:银行存款
　预算会计
　借:其他支出(归属于调出方的相关费用)
　　贷:资金结存
　④ 报经批准置换换出无形资产
　参照"库存物品"科目中置换换入库存物品的规定进行账务处理。
　⑤ 无形资产预期不能为高等学校带来服务潜力或经济利益,按照规定报经批准核销时
　财务会计
　借:资产处置费用(按照待核销无形资产的账面价值)
　　无形资产累计摊销(已摊销额)
　　贷:无形资产(账面余额)
　不涉及预算会计业务
　盘盈、盘亏

3.25　1702 无形资产累计摊销会计核算

(一) 无形资产累计摊销会计科目核算说明

　本科目核算高等学校对使用年限有限的无形资产计提的累计摊销。
　本科目应当按照所对应无形资产的明细分类进行明细核算,下设"专利""非专利技术""著作权""资源资质""商标权""信息数据""经营"七个二级明细科目。
　高等学校应当对使用年限有限的无形资产进行摊销,但已摊销完毕仍继续使用的无形资产和以名义金额计量的无形资产除外,可以采用年限平均法或者工作量法按月摊销并计入成本费用,不考虑残值。因发生后续支出而增加无形资产成本的,对于使用年限有限的无形资产,应当按照重新确定的无形资产成本以及重新确定的摊销年限计算摊销额。
　年限平均法又称直线法,是指将无形资产的应计摊销额均衡地分摊到预计使用寿命内的一种方法,每期摊销额均相等,如因四舍五入原因,在最后一期将差额予以调整摊销完毕。

无形资产年摊销额=无形资产取得总额/使用年限

工作量法是指以无形资产能提供的工作量为高等学校来计算摊销额的方法。如无形资产在整个使用期间所提供的工作量可以采用产品的生产产量或工作时数等进行确定,则适合使用这种摊销方法。

每单位产量摊销额=每高等学校产量摊销额×该期实际完成产量

对使用年限有限的无形资产摊销年限确定原则:

(1)法律规定了有效年限的,按照法律规定的有效年限作为摊销年限;

(2)法律没有规定有效年限的,按照相关合同或高等学校申请书中的受益年限作为摊销年限;

(3)法律没有规定有效年限、相关合同或高等学校申请书也没有规定受益年限的,应当根据无形资产为政府会计主体带来服务潜力或经济利益的实际情况,预计其使用年限;

(4)非大批量购入、单价小于1 000元的无形资产,可以于购买的当期将其成本一次性全部转销。

无形资产累计摊销的主要账务处理如下:

(1)按月对无形资产进行摊销时,按照应摊销金额,借记"业务活动费用""单位管理费用""加工物品""在建工程"等科目,贷记本科目。

(2)经批准处置无形资产时,按照所处置无形资产的账面价值,借记"资产处置费用""无偿调拨净资产""待处理财产损溢"等科目,按照已计提摊销,借记本科目,按照无形资产的账面余额,贷记"无形资产"科目。

本科目期末贷方余额,反映高等学校计提的无形资产摊销累计数。

(二)无形资产累计摊销会计核算业务

(1)按月对无形资产进行摊销时,根据受益对象按应摊销金额

财务会计

借:业务活动费用/单位管理费用/加工物品/在建工程

　贷:无形资产累计摊销

不涉及预算会计业务

(2)经批准处置无形资产

财务会计

借:资产处置费用/无偿调拨净资产/待处理财产损溢等

　　无形资产累计摊销(已计提摊销)

贷:无形资产

不涉及预算会计业务

(三)无形资产、无形资产累计摊销会计核算示范

[例3-25]某高校使用科研经费购入一项专利权,价值12万元,合同约定使用年限10年,按月进行摊销。

(1)取得时

财务会计

借:无形资产—专利权　　　　　　　　　　　　　12万

　贷:银行存款　　　　　　　　　　　　　　　　12万

预算会计

借:事业支出—非财政拨款支出—项目支出—某项目—无形资产购置

　　　　　　　　　　　　　　　　　　　　　　12万

　贷:资金结存—货币资金　　　　　　　　　　　12万

(2)按月计提摊销

月摊销额=120 000/120=1 000元

财务会计

借:业务活动费用—无形资产摊销费　　　　　　　1 000

　贷:无形资产累计摊销　　　　　　　　　　　　1 000

不涉及预算会计业务

3.26　1703研发支出会计核算

(一)研发支出会计科目核算说明

本科目核算高等学校自行研究开发项目研究阶段和开发阶段发生的各项支出。建设项目中的软件研发支出,应当通过"在建工程"科目核算,不通过本科目核算。

本科目应当按照自行研究开发项目,分别设置"研究支出""开发支出"两个二级明细科目,设"直接支出""间接支出"等四个三级明细科目。

研发支出的主要账务处理如下:

(1)自行研究开发项目研究阶段的支出,应当先在本科目归集。按照从事研究及其辅助活动人员计提的薪酬,研究活动领用的库存物品,发生的与研究活动相关的管理费、间接费和其他各项费用,借记本科目(研究支出),贷记"应付职工薪酬""库存物品""财政拨款收入""零余额账户用款额度""固定资产累计折旧""银行存款"等科目。

期(月)末,应当将本科目归集的研究阶段的支出金额转入当期费用,借记"业务活动费用"等科目,贷记本科目(研究支出)。

(2)自行研究开发项目开发阶段的支出,先通过本科目进行归集。按照从事开发及其辅助活动人员计提的薪酬,开发活动领用的库存物品,发生的与开发活动相关的管理费、间接费和其他各项费用,借记本科目(开发支出),贷记"应付职工薪酬""库存物品""财政拨款收入""零余额账户用款额度""固定资产累计折旧""银行存款"等科目。自行研究开发项目完成,达到预定用途形成无形资产的,按照本科目归集的开发阶段的支出金额,借记"无形资产"科目,贷记本科目(开发支出)。

高等学校应于每年年度终了评估研究开发项目是否能达到预定用途,如预计不能达到预定用途(如无法最终完成开发项目并形成无形资产的),应当将已发生的开发支出金额全部转入当期费用,借记"业务活动费用"等科目,贷记本科目(开发支出)。自行研究开发项目时涉及增值税业务的,相关账务处理参见"应交增值税"科目。

本科目期末借方余额,反映高等学校预计能达到预定用途的研究开发项目在开发阶段发生的累计支出数。

(二)研发支出会计核算业务

(1)自行研究开发项目研究阶段的支出,应进行成本归集。

① 按照从事研究及其辅助活动人员计提的薪酬,研究活动领用的库存物品,发生的与研究活动相关的管理费、间接费和其他各项费用

财务会计

借:研发支出—研究支出

  贷:应付职工薪酬/库存物品/财政拨款收入/零余额账户用款额度/固定资产累计折旧/银行存款等

预算会计

借:事业支出/经营支出

  贷:财政拨款预算收入/资金结存

② 期(月)末,应当将本科目归集的研究阶段的支出金额转入当期费用

财务会计

借:业务活动费用等
　　贷:研发支出—研究支出
不涉及预算会计业务

(2) 自行研究开发项目开发阶段的支出,先通过本科目进行归集。

① 按照从事开发及其辅助活动人员计提的薪酬,开发活动领用的库存物品,发生的与开发活动相关的管理费、间接费和其他各项费用

财务会计

借:研发支出—开发支出
　　贷:应付职工薪酬/库存物品/财政拨款收入/零余额账户用款额度/固定
　　　　资产累计折旧/银行存款等

预算会计

借:事业支出/经营支出
　　贷:财政拨款预算收入/资金结存

② 自行研究开发项目完成,达到预定用途形成无形资产时

财务会计

借:无形资产(开发阶段的支出金额)
　　贷:研发支出—开发支出

不涉及预算会计业务

③ 高等学校应于每年年度终了评估研究开发项目是否能达到预定用途,如预计不能达到预定用途(如无法最终完成开发项目并形成无形资产的),应当将已发生的开发支出金额全部转入当期费用

财务会计

借:业务活动费用
　　贷:研发支出—开发支出

不涉及预算会计业务

(三) 研发支出会计核算示范

[例3-26]某高校自行研发一项专利技术,研究阶段耗用材料5万元,支付聘请专家劳务费30万元;开发阶段耗用材料20万元,支付聘请专家劳务费100万元,项目完成通过验收,达到预定使用用途。

(1) 归集研究阶段的各项支出

财务会计

借：研发支出—研究支出	35万
贷：库存物品	5万
银行存款	30万

预算会计

| 借：事业支出 | 30万 |
| 贷：资金结存—货币资金 | 30万 |

月末结转

财务会计

| 借：业务活动费用 | 35万 |
| 贷：研发支出—研究支出 | 35万 |

预算会计不处理

（2）归集开发阶段的支出

财务会计

借：研发支出—开发支出	120万
贷：库存物品	20万
银行存款	100万

预算会计

| 借：事业支出 | 100万 |
| 贷：资金结存—货币资金 | 100万 |

（3）项目完成，验收后达到预定用途

财务会计

| 借：无形资产 | 120万 |
| 贷：研发支出—开发支出 | 120万 |

预算会计不处理

3.27 1891受托代理资产会计核算

（一）受托代理资产会计科目核算说明

本科目核算高等学校接受委托方委托管理的各项资产,包括受托指定转赠的物资、受托存储保管的物资等的成本。

本科目应当按照资产的种类和委托人进行明细核算,本科目下设"应收及暂付款""库存物品""固定资产""无形资产"四个二级明细科目。

受托代理相关科目的勾稽关系:库存现金-受托代理资产+银行存款-受托代理资产+受托代理资产-明细科目=受托代理负债

受托代理资产的主要账务处理如下:

(1)发生涉及受托代理资金的各种应收及暂付款项时,按照实际发生金额,借记"受托代理资产—应收及暂付款"科目,贷记"银行存款—受托代理资产""库存现金—受托代理资产"等科目;收回其他应收款项或报销时,借记"库存现金—受托代理资产""银行存款—受托代理资产""受托代理负债"等科目,贷记"受托代理资产—应收及暂付款"科目。

(2)使用受托代理资金购置固定资产或无形资产时,借记"受托代理资产—固定资产"或"受托代理资产—无形资产"科目,贷记"银行存款—受托代理资产""库存现金—受托代理资产"等科目。受托代理资产科目下"固定资产""无形资产"不计提折旧和摊销。受托代理的固定资产、无形资产报废、转交时,按照受托代理的固定资产、无形资产账面余额,借记"受托代理负债"科目,贷记"受托代理资产"科目及其明细科目。

(3)高等学校核算的因公房出售形成的公共维修基金(个人缴纳部分),通过"受托代理负债"科目进行核算。

本科目期末借方余额,反映高等学校受托代理实物资产的成本。

(二)受托代理资产会计核算业务

(1)发生涉及受托代理资金的各种应收及暂付款项

借:受托代理资产—应收及暂付款

 贷:银行存款—受托代理资产/库存现金—受托代理资产

(2)收回其他应收款项或报销时

借:银行存款—受托代理资产/库存现金—受托代理资产/受托代理负债

 贷:受托代理资产—应收及暂付款

(3)使用受托代理资金购置固定资产或无形资产

借:受托代理资产—固定资产/受托代理资产—无形资产

 贷:银行存款—受托代理资产/库存现金—受托代理资产

(4)受托代理的固定资产、无形资产报废、转交

借:受托代理负债

 贷:受托代理资产

(三) 受托代理资产会计核算示范

[例3-27] 2019年6月15日,某高校张＊＊借党费27 000元,上缴至上级党组织。6月25日,收到党费收据;6月29日,为党建活动室购置一台电脑,金额5 000元。

借:受托代理资产——应收及暂付款　　　　　　　　27 000
　　贷:银行存款——受托代理资产　　　　　　　　　27 000
借:受托代理负债　　　　　　　　　　　　　　　　27 000
　　贷:受托代理资产——应收及暂付款　　　　　　　27 000
借:受托代理资产——固定资产　　　　　　　　　　5 000
　　贷:银行存款——受托代理资产　　　　　　　　　5 000

3.28　1901 长期待摊费用会计核算

(一) 长期待摊费用会计科目核算说明

本科目核算高等学校已经支出,但应由本期和以后各期负担的分摊期限在1年以上(不含1年)的各项费用,如以经营租赁方式租入的固定资产发生的改良支出等。

本科目应当按照费用项目进行明细核算。

长期待摊费用的主要账务处理如下:

(1) 发生长期待摊费用时,按照支出金额,借记本科目,贷记"财政拨款收入""零余额账户用款额度""银行存款"等科目。

(2) 按照受益期间摊销长期待摊费用时,按照摊销金额,借记"业务活动费用""单位管理费用""经营费用"等科目,贷记本科目。

(3) 如果某项长期待摊费用已经不能使学校受益,应当将其摊余金额一次全部转入当期费用。按照摊销金额,借记"业务活动费用""单位管理费用""经营费用"等科目,贷记本科目。

本科目期末借方余额,反映高等学校尚未摊销完毕的长期待摊费用。

(二) 长期待摊费用会计核算业务

(1) 发生长期待摊费用时

财务会计

借:长期待摊费用
　　贷:财政拨款收入/零余额账户用款额度/银行存款等

预算会计

借：事业支出

　　贷：财政拨款预算收入/资金结存

（2）按照受益期间摊销长期待摊费用时,按年限平均法摊销

财务会计

借：业务活动费用/单位管理费用/经营费用等

　　贷：长期待摊费用

不涉及预算会计业务

（3）如果某项长期待摊费用已经不能使学校受益,应当将其摊余金额一次全部转入当期费用时

财务会计

借：业务活动费用/单位管理费用/经营费用等科目

　　贷：长期待摊费用

不涉及预算会计业务

3.29　1902 待处理财产损溢会计核算

（一）待处理财产损溢会计科目核算说明

本科目核算高等学校在资产清查过程中,查明的各种资产盘盈、盘亏和报废、毁损的价值。

本科目应当按照待处理的资产项目进行明细核算,下设"现金资产""非现金资产"两个二级明细科目。对于在资产处理过程中取得收入或发生相关费用的项目,还应当在"非现金资产"科目下设置"待处理财产价值""处理净收入"两个三级明细科目,进行明细核算。

高等学校资产清查中查明的资产盘盈、盘亏、报废和毁损,一般应当先记入本科目,按照规定报经批准后及时进行账务处理。年末结账前一般应处理完毕。

待处理财产损溢的主要账务处理如下：

（1）账款核对时发现的库存现金短缺或溢余。

① 每日账款核对中发现现金短缺或溢余,属于现金短缺,按照实际短缺的金额,借记本科目,贷记"库存现金"科目；属于现金溢余,按照实际溢余的金额,借记"库存现金"科目,贷记本科目。

② 如为现金短缺,属于应由责任人赔偿或向有关人员追回的,借记"其他

应收款"科目,贷记本科目;属于无法查明原因的,报经批准核销时,借记"资产处置费用"科目,贷记本科目。

③ 如为现金溢余,属于应支付给有关人员或高等学校的,借记本科目,贷记"其他应付款"科目;属于无法查明原因的,报经批准后,借记本科目,贷记"其他收入"科目。

(2) 资产清查过程中发现的存货、固定资产、无形资产、公共基础设施、政府储备物资、文物文化资产、保障性住房等各种资产盘盈、盘亏或报废、毁损。

① 盘盈的各类资产

a. 转入待处理资产时,按照确定的成本,借记"库存物品""固定资产""无形资产"等科目,贷记本科目。

b. 按照规定报经批准后处理时,对于盘盈的流动资产,借记本科目,贷记"单位管理费用"科目。对于盘盈的非流动资产,如属于本年度取得的,按照当年新取得相关资产进行账务处理;如属于以前年度取得的,按照前期差错处理,借记本科目,贷记"以前年度盈余调整"科目。

② 盘亏或者毁损、报废的各类资产

a. 转入待处理资产时,借记本科目(待处理财产价值),盘亏、毁损、报废固定资产、无形资产的,还应借记"固定资产累计折旧""无形资产累计摊销"科目,贷记"库存物品""固定资产""无形资产""在建工程"等科目。涉及增值税业务的,相关账务处理参见"应交增值税"科目。报经批准处理时,借记"资产处置费用"科目,贷记本科目(待处理财产价值)。

b. 处理毁损、报废实物资产过程中取得的残值或残值变价收入、保险理赔和过失人赔偿等,借记"库存现金""银行存款""库存物品""其他应收款"等科目,贷记本科目(处理净收入);处理毁损、报废实物资产过程中发生的相关费用,借记本科目(处理净收入),贷记"库存现金""银行存款"等科目。处理收支结清,如果处理收入大于相关费用的,按照处理收入减去相关费用后的净收入,借记本科目(处理净收入),贷记"应缴财政款"等科目;如果处理收入小于相关费用的,按照相关费用减去处理收入后的净支出,借记"资产处置费用"科目,贷记本科目(处理净收入)。

本科目期末如为借方余额,反映尚未处理完毕的各种资产的净损失;期末如为贷方余额,反映尚未处理完毕的各种资产净溢余。年末,经批准处理后,本科目一般应无余额。

(二) 待处理财产损溢会计核算业务

（1）账款核对时发现的库存现金短缺或溢余时

① 每日账款核对中发现现金短缺时

财务会计

借：待处理财产损溢

　　贷：库存现金

预算会计

借：其他支出

　　贷：资金结存—货币资金

如盘点现金溢余

财务会计

借：库存现金

　　贷：待处理财产损溢

预算会计

借：资金结存—货币资金

　　贷：其他预算收入

② 如为现金短缺，属于应由责任人赔偿或向有关人员追回的

财务会计

借：其他应收款

　　贷：待处理财产损溢

不涉及预算会计业务

收到责任人赔偿或向有关人员追回时

财务会计

借：库存现金

　　贷：其他应收款

预算会计

借：资金结存—货币资金

　　贷：其他支出

属于无法查明原因的，报经批准核销时

财务会计

借：资产处置费用

贷:待处理财产损溢

不涉及预算会计业务

③ 如为现金溢余,属于应支付给有关人员或单位的

财务会计

借:待处理财产损溢

  贷:其他应付款

不涉及预算会计业务

支付给有关人员或单位时

财务会计

借:其他应付款

  贷:库存现金

预算会计

借:其他预算收入

  贷:资金结存——货币资金

属于无法查明原因的,报经批准后

财务会计

借:待处理财产损溢

  贷:其他收入

不涉及预算会计业务

(2) 资产清查过程中发现的存货、固定资产、无形资产等各种资产盘盈、盘亏或报废、毁损

① 盘盈的各类非现金资产

a. 先转入待处理财产

财务会计

借:库存物品/固定资产/无形资产等科目

  贷:待处理财产损溢

不涉及预算会计业务

b. 批准后处理时,应区分流动性资产和非流动性资产,两者会计处理不同。

批准盘盈流动性资产时

财务会计

借:待处理财产损溢

贷:业务活动费用/单位管理费用

不涉及预算会计业务

批准处理盘盈非流动性资产时

财务会计

借:待处理财产损溢

  贷:以前年度盈余调整

不涉及预算会计业务

② 盘亏或毁损、报废的各类非现金资产

a. 转入待处理财产时

财务会计

借:待处理财产损溢——待处理财产价值

   固定资产累计折旧/无形资产累计摊销

  贷:库存物品/固定资产/无形资产等科目

不涉及预算会计业务

b. 报经批准处理时

财务会计

借:资产处置费用

  贷:待处理财产损溢——待处理财产价值

不涉及预算会计业务

c. 处理毁损、报废实物资产取得的残值收入或变价收入、保险理赔或过失人赔偿时

财务会计

借:库存现金/银行存款/ 库存物品/其他应收款等

  贷:待处理财产损溢——处置净收入

不涉及预算会计业务

d. 处理毁损、报废实物资产过程中发生的处理费用时

财务会计

借:待处理财产损溢——处理净收入

  贷:库存现金/银行存款等

不涉及预算会计业务

e. 处置收支相抵如为净收入,执行收支两条线,应缴入国库

财务会计

借:待处理财产损溢—处理净收入

　　贷:应缴财政款

不涉及预算会计业务

f. 处置收支相抵如为净支出时

财务会计

借:资产处置费用

　　贷:待处理财产损溢—处理净收入

预算会计

借:其他支出

　　贷:资金结存—货币资金

（三）待处理财产损溢会计核算示范

[例3-28]2018年,某高校在资产清查中发现一台固定资产已经毁损无法使用,原值40万元,当时未提折旧,当年上报财政但未批复。2019年执行《政府会计制度》新旧衔接时,这部分资产补提折旧30万元,2019年3月财政批复同意处置该批资产。

（1）2018年末,无需进行账务处理

（2）2019年1月1日,新旧制度衔接时补提该部分资产折旧

借:累计盈余　　　　　　　　　　　　　　　　　　30万

　　贷:固定资产累计折旧　　　　　　　　　　　　30万

补记转出待处置资产价值

财务会计

借:待处理财产损溢—资产毁损报废（待处理财产价值）　10万

　　固定资产累计折旧　　　　　　　　　　　　　　30万

　　贷:固定资产　　　　　　　　　　　　　　　　40万

预算会计不处理

（3）2019年3月财政批复

财务会计

借:资产处置费用　　　　　　　　　　　　　　　　10万

　　贷:待处理财产损溢—资产毁损报废（待处理财产价值）　10万

预算会计不处理

第四章 负债类会计科目设置与使用说明

表 4-1 负债类会计科目设置明细表

序 号	科目编号	科目名称
1	2001	短期借款
2	2101	应交增值税
3	2102	其他应交税费
4	2103	应缴财政款
5	2201	应付职工薪酬
6	2301	应付票据
7	2302	应付账款
8	2304	应付利息
9	2305	预收账款
10	2307	其他应付款
11	2401	预提费用
12	2501	长期借款
13	2502	长期应付款
14	2601	预计负债
15	2901	受托代理负债

4.1 2001 短期借款会计核算

（一）短期借款会计科目核算说明

本科目核算高等学校经批准向银行或其他金融机构等借入的期限在 1 年内（含 1 年）的各种借款。

高等学校应根据实际情况,按照债权人或借款用途进行明细辅助核算。

短期借款的主要账务处理如下:

(1)借入各种短期借款时,按照实际借入的金额,借记"银行存款"科目,贷记本科目。

(2)银行承兑汇票到期,本学校无力支付票款的,按照应付票据的账面余额,借记"应付票据"科目,贷记本科目。

(3)归还短期借款时,借记本科目,贷记"银行存款"科目。

本科目期末贷方余额,反映高等学校尚未偿还的短期借款本金。

(二)短期借款会计核算业务

(1)借入各种短期借款时,按照实际借入的金额

财务会计

借:银行存款

 贷:短期借款

预算会计

借:资金结存——货币资金

 贷:债务预算收入

(2)银行承兑汇票到期,高校无力支付票款时

财务会计

借:应付票据

 贷:短期借款

预算会计

借:经营支出

 贷:债务预算收入

(3)归还短期借款时

财务会计

借:短期借款

 贷:银行存款

预算会计

借:债务还本支出

 贷:资金结存——货币资金

4.2 2101 应交增值税会计核算

(一) 应交增值税会计科目核算说明

本科目核算高等学校按照税法规定计算应交纳的增值税。

属于增值税一般纳税人的高等学校,应当在本科目下设置"应交税金""未交税金""预交税金""待抵扣进项税额""待认证进项税额""待转销项税额""简易计税""转让金融商品应交增值税""代扣代交增值税"等明细科目。高等学校可以采用简易计税的方式进行核算,下设"简易计税"二级明细科目。

(1)"应交税金"明细账内应当设置"进项税额""已交税金""转出未交增值税""减免税款""销项税额""进项税额转出""转出多交增值税"等专栏。其中:

"进项税额"专栏,记录高等学校购进货物、加工修理修配劳务、服务、无形资产或不动产而支付或负担的、准予从当期销项税额中抵扣的增值税额;

"已交税金"专栏,记录高等学校当月已交纳的应交增值税额;

"转出未交增值税"和"转出多交增值税"专栏,分别记录一般纳税人月度终了转出当月应交未交或多交的增值税额;

"减免税款"专栏,记录高等学校按照现行增值税制度规定准予减免的增值税额;

"销项税额"专栏,记录高等学校销售货物、加工修理修配劳务、服务、无形资产或不动产应收取的增值税额;

"进项税额转出"专栏,记录高等学校购进货物、加工修理修配劳务、服务、无形资产或不动产等发生非正常损失以及其他原因而不应从销项税额中抵扣、按照规定转出的进项税额。

(2)"未交税金"明细科目,核算高等学校月度终了从"应交税金"或"预交税金"明细科目转入当月应交未交、多交或预缴的增值税额,以及当月交纳以前期间未交的增值税额。

(3)"预交税金"明细科目,核算高等学校转让不动产、提供不动产经营租赁服务等,以及其他按照现行增值税制度规定应预缴的增值税额。

(4)"待抵扣进项税额"明细科目,核算高等学校已取得增值税扣税凭证并经税务机关认证,按照现行增值税制度规定准予以后期间从销项税额中抵扣的进项税额。

（5）"待认证进项税额"明细科目，核算高等学校由于未经税务机关认证而不得从当期销项税额中抵扣的进项税额。包括：一般纳税人已取得增值税扣税凭证并按规定准予从销项税额中抵扣，但尚未经税务机关认证的进项税额；一般纳税人已申请稽核但尚未取得稽核相符结果的海关缴款书进项税额。

（6）"待转销项税额"明细科目，核算高等学校销售货物、加工修理修配劳务、服务、无形资产或不动产，已确认相关收入（或利得）但尚未发生增值税纳税义务而需于以后期间确认为销项税额的增值税额。

（7）"简易计税"明细科目，核算高等学校采用简易计税方法发生的增值税计提、扣减、预缴、缴纳等业务。

（8）"转让金融商品应交增值税"明细科目，核算高等学校转让金融商品发生的增值税额。

（9）"代扣代交增值税"明细科目，核算高等学校购进在境内未设经营机构的境外高等学校或个人在境内的应税行为代扣代缴的增值税。属于增值税小规模纳税人的高等学校只需在本科目下设置"转让金融商品应交增值税""代扣代交增值税"明细科目。

应交增值税的主要账务处理如下：

（1）高等学校取得资产或接受劳务等业务

① 采购等业务进项税额允许抵扣

高等学校购买用于增值税应税项目的资产或服务等时，按照应计入相关成本费用或资产的金额，借记"业务活动费用""在途物品""库存物品""工程物资""在建工程""固定资产""无形资产"等科目，按照当月已认证的可抵扣增值税额，借记本科目（应交税金—进项税额），按照当月未认证的可抵扣增值税额，借记本科目（待认证进项税额），按照应付或实际支付的金额，贷记"应付账款""应付票据""银行存款""零余额账户用款额度"等科目。发生退货的，如原增值税专用发票已做认证，应根据税务机关开具的红字增值税专用发票做相反的会计分录；如原增值税专用发票未做认证，应将发票退回并做相反的会计分录。小规模纳税人购买资产或服务等时不能抵扣增值税，发生的增值税计入资产成本或相关成本费用。

② 采购等业务进项税额不得抵扣

高等学校购进资产或服务等，用于简易计税方法计税项目、免征增值税项目、集体福利或个人消费等，其进项税额按照现行增值税制度规定不得从销项税额中抵扣的,取得增值税专用发票时,应按照增值税发票注明的金额,借记相关成本费用或资产科目,按照待认证的增值税进项税额,借记本科目(待认证进项税额),按照实际支付或应付的金额,贷记"银行存款""应付账款""零余额账户用款额度"等科目。经税务机关认证为不可抵扣进项税时,借记本科目(应交税金—进项税额)科目,贷记本科目(待认证进项税额),同时,将进项税额转出,借记相关成本费用科目,贷记本科目(应交税金—进项税额转出)。

③ 购进不动产或不动产在建工程按照规定进项税额分年抵扣

高等学校取得应税项目为不动产或者不动产在建工程,其进项税额按照现行增值税制度规定自取得之日起分2年从销项税额中抵扣的,应当按照取得成本,借记"固定资产""在建工程"等科目,按照当期可抵扣的增值税额,借记本科目(应交税金—进项税额),按照以后期间可抵扣的增值税额,借记本科目(待抵扣进项税额),按照应付或实际支付的金额,贷记"应付账款""应付票据""银行存款""零余额账户用款额度"等科目。尚未抵扣的进项税额待以后期间允许抵扣时,按照允许抵扣的金额,借记本科目(应交税金—进项税额),贷记本科目(待抵扣进项税额)。

④ 进项税额抵扣情况发生改变

高等学校因发生非正常损失或改变用途等,原已计入进项税额、待抵扣进项税额或待认证进项税额,但按照现行增值税制度规定不得从销项税额中抵扣的,借记"待处理财产损溢""固定资产""无形资产"等科目,贷记本科目(应交税金—进项税额转出)、本科目(待抵扣进项税额)或本科目(待认证进项税额);原不得抵扣且未抵扣进项税额的固定资产、无形资产等,因改变用途等用于允许抵扣进项税额的应税项目的,应按照允许抵扣的进项税额,借记本科目(应交税金—进项税额),贷记"固定资产""无形资产"等科目。固定资产、无形资产等经上述调整后,应按照调整后的账面价值在剩余尚可使用年限内计提折旧或摊销。

高等学校购进时已全额计入进项税额的货物或服务等转用于不动产在建工程的,对于结转以后期间的进项税额,应借记本科目(待抵扣进项税额),贷记本科目(应交税金—进项税额转出)。

⑤ 购买方作为扣缴义务人

按照现行增值税制度规定,境外高等学校或个人在境内发生应税行为,在境内未设有经营机构的,以购买方为增值税扣缴义务人。境内一般纳税人购进服务或资产时,按照应计入相关成本费用或资产的金额,借记"业务活动费用""在途物品""库存物品""工程物资""在建工程""固定资产""无形资产"等科目,按照可抵扣的增值税额,借记本科目(应交税金—进项税额)[小规模纳税人应借记相关成本费用或资产科目],按照应付或实际支付的金额,贷记"银行存款""应付账款"等科目,按照应代扣代缴的增值税额,贷记本科目(代扣代交增值税)。实际缴纳代扣代缴增值税时,按照代扣代缴的增值税额,借记本科目(代扣代交增值税),贷记"银行存款""零余额账户用款额度"等科目。

(2) 高等学校销售资产或提供服务等业务

① 销售资产或提供服务业务

高等学校销售货物或提供服务,应当按照应收或已收的金额,借记"应收账款""应收票据""银行存款"等科目,按照确认的收入金额,贷记"经营收入""事业收入"等科目,按照现行增值税制度规定计算的销项税额(或采用简易计税方法计算的应纳增值税额),贷记本科目(应交税金—销项税额)或本科目(简易计税)[小规模纳税人应贷记本科目]。发生销售退回的,应根据按照规定开具的红字增值税专用发票做相反的会计分录。

按照本制度及相关政府会计准则确认收入的时点早于按照增值税制度确认增值税纳税义务发生时点的,应将相关销项税额计入本科目(待转销项税额),待实际发生纳税义务时再转入本科目(应交税金—销项税额)或本科目(简易计税)。

按照增值税制度确认增值税纳税义务发生时点早于按照本制度及相关政府会计准则确认收入的时点的,应按照应纳增值税额,借记"应收账款"科目,贷记本科目(应交税金—销项税额)或本科目(简易计税)。

② 金融商品转让按照规定以盈亏相抵后的余额作为销售额

金融商品实际转让月末,如产生转让收益,则按照应纳税额,借记"投资收益"科目,贷记本科目(转让金融商品应交增值税);如产生转让损失,则按照可结转下月抵扣税额,借记本科目(转让金融商品应交增值税),贷记"投资收益"科目。交纳增值税时,应借记本科目(转让金融商品应交增值税),贷记"银行存款"等科目。年末,本科目(转让金融商品应交增值税)如有借方余额,则借记"投资收益"科目,贷记本科目(转让金融商品应交增值税)。

(3) 月末转出多交增值税和未交增值税

月度终了,高等学校应当将当月应交未交或多交的增值税自"应交税金"

明细科目转入"未交税金"明细科目。对于当月应交未交的增值税,借记本科目(应交税金—转出未交增值税),贷记本科目(未交税金);对于当月多交的增值税,借记本科目(未交税金),贷记本科目(应交税金—转出多交增值税)。

(4) 交纳增值税

① 交纳当月应交增值税

高等学校交纳当月应交的增值税,借记本科目(应交税金—已交税金)[小规模纳税人借记本科目],贷记"银行存款"零余额帐户用款额度等科目。

② 交纳以前期间未交增值税

高等学校交纳以前期间未交的增值税,借记本科目(未交税金)[小规模纳税人借记本科目],贷记"银行存款""零余额帐户用款额度"等科目。

③ 预交增值税

高等学校预交增值税时,借记本科目(预交税金),贷记"银行存款"零余额帐户用款额度等科目。月末,高等学校应将"预交税金"明细科目余额转入"未交税金"明细科目,借记本科目(未交税金),贷记本科目(预交税金)。

④ 减免增值税

对于当期直接减免的增值税,借记本科目(应交税金—减免税款),贷记"业务活动费用""经营费用"等科目。

按照现行增值税制度规定,高等学校初次购买增值税税控系统专用设备支付的费用以及缴纳的技术维护费允许在增值税应纳税额中全额抵减的,按照规定抵减的增值税应纳税额,借记本科目(应交税金—减免税款)[小规模纳税人借记本科目],贷记"业务活动费用""经营费用"等科目。

本科目期末贷方余额,反映高等学校应交未交的增值税;期末如为借方余额,反映高等学校尚未抵扣或多交的增值税。

(二) 应交增值税会计核算业务

(1) 高等学校取得资产或接受劳务等业务

① 采购等业务进项税额允许抵扣

高等学校购买用于增值税应税项目的资产或服务等时

财务会计

借:业务活动费用/在途物品/库存物品/工程物资/在建工程/固定资产/无形资产等

　　应交增值税—应交税金—进项税额(按当月已认证的可抵扣增值税额)

应交增值税—待认证进项税额(按当月未认证的可抵扣增值税额)

贷:应付账款/应付票据/银行存款/零余额账户用款额度等

预算会计

借:事业支出/经营支出

贷:资金结存(实际支付的金额时)

发生退货的,如原增值税专用发票已做认证,应根据税务机关开具的红字增值税专用发票做相反的会计分录;如原增值税专用发票未做认证,应将发票退回并做相反的会计分录。

小规模纳税人购买资产或服务等时不能抵扣增值税,发生的增值税直接计入资产成本或相关成本费用。

② 采购等业务进项税额不得抵扣

高等学校购进资产或服务等,用于简易计税方法计税项目、免征增值税项目、集体福利或个人消费等,其进项税额按照现行增值税制度规定不得从销项税额中抵扣的,取得增值税专用发票时,应按照增值税发票注明的金额。

财务会计

借:业务活动费用/在途物品/库存物品/工程物资/在建工程/固定资产/无形资产等

应交增值税—待认证进项税额(待认证的增值税进项税额)

贷:银行存款/应付账款/零余额账户用款额度

预算会计

借:事业支出/经营支出

贷:资金结存(实际支付的金额时)

经税务机关认证为不可抵扣进项税时

财务会计

借:应交增值税—应交税金—进项税额

贷:应交增值税—待认证进项税额

同时,将进项税额转出

借:业务活动费用/在途物品/库存物品/工程物资/在建工程/固定资产/无形资产等

贷:应交增值税—应交税金—进项税额转出

不涉及预算会计业务

③ 购进不动产或不动产在建工程按照规定进项税额分年抵扣

高等学校取得应税项目为不动产或者不动产在建工程,其进项税额按照现行增值税制度规定自取得之日起分2年从销项税额中抵扣的,应当按照取得成本

财务会计

借:固定资产/在建工程等

　　应交增值税—应交税金—进项税额(按照当期可抵扣的增值税额)

　　应交增值税—待抵扣进项税额(按照以后期间可抵扣的增值税额)

贷:应付账款/应付票据/银行存款/零余额账户用款额度等

预算会计

借:事业支出经营支出

　　贷:资金结存(实际支付的金额)

尚未抵扣的进项税额待以后期间允许抵扣时

财务会计

借:应交增值税—应交税金—进项税额(按照允许抵扣的金额)

　　贷:应交增值税—待抵扣进项税额

不涉及预算会计业务

④ 进项税额抵扣情况发生改变

高等学校因发生非正常损失或改变用途等,原已计入进项税额、待抵扣进项税额或待认证进项税额,但按照现行增值税制度规定不得从销项税额中抵扣的

财务会计

借:待处理财产损益/固定资产/无形资产等

　　贷:应交增值税—应交税金—进项税额转出

　　　　应交增值税—待抵扣进项税额/待认证进项税额

不涉及预算会计业务

原不得抵扣且未抵扣进项税额的固定资产、无形资产等,因改变用途等用于允许抵扣进项税额的应税项目的,应按照允许抵扣的进项税额

财务会计

借:应交增值税—应交税金—进项税额

　　贷:固定资产/无形资产等

不涉及预算会计业务

高等学校购进时已全额计入进项税额的货物或服务等转用于不动产在建工程的,对于结转以后期间的进项税额

财务会计

借:应交增值税—待抵扣进项税额
　　贷:应交增值税—应交税金—进项税额转出

不涉及预算会计业务

⑤ 购买方作为扣缴义务人

境内一般纳税人购进服务或资产时,按照应计入相关成本费用或资产的金额

财务会计

借:业务活动费用/在途物品/库存物品/工程物资/在建工程/固定资产/无形资产等
　　应交增值税—应交税金—进项税额(按照可抵扣的增值税额)
　　贷:银行存款/应付账款等
　　　　应交增值税—代扣代交增值税

预算会计

借:事业支出/经营支出
　　贷:资金结存(实际支付的金额)

实际缴纳代扣代缴增值税时

财务会计

借:应交增值税—代扣代交增值税
　　贷:银行存款/零余额账户用款额度(按实际代扣代缴的增值税额)

预算会计

借:事业支出/经营支出
　　贷:资金结存(实际支付的金额)

(2) 高等学校销售资产或提供服务等业务

① 销售资产或提供服务业务

高等学校销售货物或提供服务,应当按照应收或已收的金额

财务会计

借:应收账款/应收票据/银行存款等

贷:经营收入/事业收入等
　　　　应交增值税—应交税金/简易计税—销项税额(一般纳税人)
　　　　应交增值税(小规模纳税人)
　预算会计
　借:资金结存
　　贷:事业预算收入/经营预算收入
发生销售退回的,应根据按照规定开具的红字增值税专用发票做相反的会计分录。
按照本制度及相关政府会计准则确认收入的时点早于按照增值税制度确认增值税纳税义务发生时点的
　财务会计
　借:应交增值税—应交税金—销项税额
　　贷:应交增值税—待转销项税额
待实际发生纳税义务时
　财务会计
　借:应交增值税—待转销项税额
　　贷:应交增值税—应交税金—销项税额
　　　　应交增值税—简易计税
　不涉及预算会计业务
按照增值税制度确认增值税纳税义务发生时点早于按照本制度及相关政府会计准则确认收入的时点的
　财务会计
　借:应收账款
　　贷:应交增值税—应交税金—销项税额
　　　　应交增值税—简易计税
　不涉及预算会计业务
② 金融商品转让按照规定以盈亏相抵后的余额作为销售额
金融商品实际转让月末,如产生转让收益,则按照应纳税额
　财务会计
　借:投资收益(按净收益计算的应交增值税)
　　贷:应交增值税—转让金融商品应交增值税

不涉及预算会计业务

如产生转让损失,则按照可结转下月抵扣税额

财务会计

借:应交增值税—转让金融商品应交增值税
　　贷:投资收益(按净损失计算的应交增值税)

不涉及预算会计业务

交纳增值税时

财务会计

借:应交增值税—转让金融商品应交增值税
　　贷:银行存款

预算会计

借:投资预算收益
　　贷:资金结存(实际支付的金额)

年末,本科目(转让金融商品应交增值税)如有借方余额

财务会计

借:投资收益
　　贷:应交增值税—转让金融商品应交增值税

不涉及预算会计业务

(3) 月末转出多交增值税和未交增值税

① 转出当月应交未交的增值税

财务会计

借:应交增值税—应交税金—转出未交增值税
　　贷:应交增值税—未交税金

不涉及预算会计业务

② 转出当月多交的增值税

财务会计

借:应交增值税—未交税金
　　贷:应交增值税—应交税金—转出多交增值税

不涉及预算会计业务

(4) 交纳增值税

① 交纳当月应交增值税

财务会计

借:应交增值税—应交税金—已交税金(一般纳税人)

　　应交增值税(小规模纳税人)

　贷:银行存款/零余额账户用款额度等

预算会计

借:事业支出/经营支出

　贷:资金结存

② 交纳以前期间未交增值税

财务会计

借:应交增值税—应交税金—未交税金(一般纳税人)

　　应交增值税(小规模纳税人)

　贷:银行存款/零余额账户用款额度等

预算会计

借:事业支出/经营支出

　贷:资金结存

③ 预交增值税

财务会计

借:应交增值税—预交税金(一般纳税人)

　　应交增值税(小规模纳税人)

　贷:银行存款/零余额账户用款额度等

预算会计

借:事业支出/经营支出

　贷:资金结存

月末,高等学校应将"预交税金"明细科目余额转入"未交税金"明细科目

财务会计

借:应交增值税—未交税金

　贷:应交增值税—预交税金

④ 减免增值税

当期直接减免的增值税时

财务会计

借:应交增值税—应交税金—减免税款

贷:业务活动费用/经营费用等

　　不涉及预算会计业务

　　按照规定抵减的增值税应纳税额

　　财务会计

　　借:应交增值税—应交税金—减免税款(一般纳税人)

　　　　应交增值税(小规模纳税人)

　　　贷:业务活动费用/经营费用等

　　不涉及预算会计业务

(三) 应交增值税会计核算示范

[例4-1]某高校为增值税一般纳税人,采用简易计税方式。2020年5月份发生如下纳税业务事项:

(1) 为6家企业提供技术服务,共取得科研服务收入200 000元,学校开具增值税专用发票,税率为3%。

　　财务会计

　　借:银行存款　　　　　　　　　　　　　　　　200 000

　　　贷:事业收入—科研事业收入　　　　　　　　194 174.76

　　　　　应交增值税—应交税金(销项税额)　　　　5 825.24

　　预算会计

　　借:资金结存—货币资金　　　　　　　　　　　200 000

　　　贷:事业预算收入—科研事业预算收入　　　　200 000

(2) 共收取版面费100 000元,开具增值税普通发票,税率为6%。

　　财务会计

　　借:银行存款　　　　　　　　　　　　　　　　100 000

　　　贷:其他收入—版面费　　　　　　　　　　　　94 339.62

　　　　　应交增值税—应交税金(销项税额)　　　　5 660.38

　　预算会计

　　借:资金结存—货币资金　　　　　　　　　　　100 000

　　　贷:其他预算收入—版面费　　　　　　　　　　100 000

(3) 取得房屋租金10 000元,开具增值税普通发票,税率为5%。

　　财务会计

　　借:银行存款　　　　　　　　　　　　　　　　10 000

    贷:应缴财政款—应缴国库款   9523.81
        应交增值税—应交税金(销项税额)   476.19
预算会计不处理
(4) 5月末,向税务局缴纳本月代扣的增值税款,共11 961.81元。
财务会计
    借:应交增值税—简易计税   11 961.81
        贷:银行存款   11 961.81
预算会计
    借:事业支出—行政管理支出—基本支出—商品和服务支出
                                        11 961.81
        贷:资金结存—货币资金   11 961.81

4.3　2102 其他应交税费会计核算

(一) 其他应交税费会计科目核算说明

本科目核算高等学校按照税法等规定计算应交纳的除增值税以外的各种税费,包括城市维护建设税、教育费附加、地方教育费附加、车船税、房产税、城镇土地使用税和企业所得税等。高等学校代扣代缴的个人所得税,也通过本科目核算。高等学校应交纳的印花税不需要预提应交税费,直接通过"业务活动费用""单位管理费用""经营费用"等科目核算,不通过本科目核算。

本科目应当按照应交纳的税费种类进行明细核算,下设"应交个人所得税""应交城市维护建设税""应交教育费附加""应交地方教育费附加""应交车船税""应交房产税""应交城镇土地使用税""应交企业所得税"二级明细科目。"应交个人所得税"科目下设"工资薪金所得税""劳务报酬所得税"两个三级明细科目。

其他应交税费的主要账务处理如下:

(1) 发生城市维护建设税、教育费附加、地方教育费附加、车船税、房产税、城镇土地使用税等纳税义务的,按照税法规定计算的应缴税费金额,借记"业务活动费用""单位管理费用""经营费用"等科目,贷记本科目(应交城市维护建设税、应交教育费附加、应交地方教育费附加、应交车船税、应交房产税、应交城镇土地使用税等)

(2) 按照税法规定计算应代扣代缴职工(含长期聘用人员)的个人所得

税,借记"应付职工薪酬"科目,贷记本科目(应交个人所得税)。

按照税法规定计算应代扣代缴支付给职工(含长期聘用人员)以外人员劳务费的个人所得税,借记"业务活动费用""单位管理费用"等科目,贷记本科目(应交个人所得税)。

(3)发生企业所得税纳税义务的,按照税法规定计算的应交所得税额,借记"所得税费用"科目,贷记本科目(高等学校应交所得税)。

(4)高等学校实际交纳上述各种税费时,借记本科目(应交城市维护建设税、应交教育费附加、应交地方教育费附加、应交车船税、应交房产税、应交城镇土地使用税、应交个人所得税、高等学校应交所得税等),贷记"财政拨款收入""零余额账户用款额度""银行存款"等科目。

本科目期末贷方余额,反映高等学校应交未交的除增值税以外的税费金额;期末如为借方余额,反映高等学校多交纳的除增值税以外的税费金额。

(二)其他应交税费会计核算业务

(1)发生城市维护建设税、教育费附加、地方教育费附加、车船税、房产税、城镇土地使用税等纳税义务的,按照税法规定计算的应缴税费金额

财务会计

借:业务活动费用/单位管理费用/经营费用

  贷:其他应交税费——应交城市维护建设税/应交教育费附加/应交地方教育费附加/应交车船税/应交房产税/应交城镇土地使用税等

不涉及预算会计业务

(2)按照税法规定计算应代扣代缴职工(含长期聘用人员)的个人所得税

财务会计

借:应付职工薪酬

  贷:其他应交税费——应交个人所得税

按照税法规定计算应代扣代缴支付给职工(含长期聘用人员)以外人员劳务费的个人所得税

财务会计

借:业务活动费用/单位管理费用

  贷:其他应交税费——应交个人所得税

不涉及预算会计业务

(3)发生企业所得税纳税义务的,按照税法规定计算的应交所得税额

财务会计

借:所得税费用

 贷:其他应交税费—单位应交所得税

不涉及预算会计业务

(4)高校实际交纳上述各种税费时

财务会计

借:其他应交税费—应交城市维护建设税/应交教育费附加/应交地方教育费附加/应交车船税/应交房产税/应交城镇土地使用税/应交个人所得税/单位应交所得税

 贷:财政拨款收入/零余额账户用款额度/银行存款

预算会计

注意不同的税种预算会计业务不同

(1)交纳城市维护建设税、教育费附加、地方教育费附加、车船税、房产税、城镇土地使用税时

借:事业支出/经营支出

 贷:资金结存

(2)交纳代扣代缴个税时

借:事业支出/经营支出

 贷:财政拨款预算收入/资金结存

(3)交纳单位所得税时

借:非财政拨款结余

 贷:资金结存

(三)其他应交税费会计核算示范

[例4-2]某省属高校为一般纳税人,房租税率按照5%。2019年3月银行基本帐户收到承租人交纳的一季度房屋租金30 000元(合同中约定的租金为不含税租金),租金的税后收入应上缴同级财政非税账户。

(1)收到一季度房屋租金31 500元,开具增值税发票

财务会计

借:银行存款   31 500

 贷:应缴财政款—应缴国库款   30 000

  应交增值税—简易计税   1 500

预算会计不处理

（2）计提城建税等增值税附加税（城市维护建设税 7%、教育费附加 3%、地方教育费附加 2%）

财务会计

借：应缴财政款——应缴国库款　　　　　　　　　　　180
　　贷：其他应交税费——城市维护建设税　　　　　　　105
　　　　　　　——教育费附加　　　　　　　　　　　　45
　　　　　　　——地方教育费附加　　　　　　　　　　30

预算会计不处理

税后收入上缴同级财政，开具非税收入一般缴款书。

财务会计

借：应缴财政款——应缴国库款　　　　　　　　　　29 820
　　贷：银行存款　　　　　　　　　　　　　　　　29 820

预算会计不处理

（3）2019 年 4 月，财政返还该高校一季度房租收入 23 856 元（80%返还，纳入年初部门预算），将授权支付指标下拨至国库支付系统。

财务会计

借：零余额账户用款额度　　　　　　　　　　　　23 856
　　贷：财政拨款收入　　　　　　　　　　　　　　23 856

预算会计

借：资金结存——零余额账户用款额度　　　　　　23 856
　　贷：财政拨款预算收入——一般公共预算财政拨款—基本支出—日常公用
　　　　经费　　　　　　　　　　　　　　　　　23 856

4.4　2103 应缴财政款会计核算

（一）应缴财政款会计科目核算说明

本科目核算高等学校取得或应收的按照规定应当上缴财政的款项，包括应缴国库的款项和应缴财政专户的款项。

高等学校按照国家税法等有关规定应当缴纳的各种税费，通过"应交增值税""其他应交税费"科目核算，不通过本科目核算。

本科目应当按照应缴财政款项的类别进行明细核算。本科目下设"应缴国库款""应缴财政专户款"两个二级明细科目,"应缴国库款"科目下设"国有资产有偿使用收入""利息收入""租金收入","应缴财政专户款"科目下设"学费""住宿费""考试费"等三级明细科目。

应缴财政款的主要账务处理如下:

(1)高等学校取得或应收按照规定应缴财政的款项时,借记"银行存款""应收账款"等科目,贷记本科目。

(2)高等学校处置资产取得的应上缴财政的处置净收入的账务处理,参见"待处理财产损溢"等科目。

(3)高等学校上缴应缴财政的款项时,按照实际上缴的金额,借记本科目,贷记"银行存款"科目。

本科目期末贷方余额,反映高等学校应当上缴财政但尚未缴纳的款项。年终清缴后,本科目一般应无余额。

(二)应缴财政款会计核算业务

(1)高等学校取得或应收按照规定应缴财政的款项时

财务会计

借:银行存款/应收账款

　　贷:应缴财政款

不涉及预算会计业务

(2)高等学校处置资产取得的应上缴财政的处置净收入的账务处理,参见"待处理财产损溢"等科目会计核算。

(3)高等学校上缴应缴财政的款项时,按照实际上缴的金额

财务会计

借:应缴财政款

　　贷:银行存款

不涉及预算会计业务

(三)应缴财政款会计核算示范

[例4-3]某高校2019年9月份收学费3 000万元,住宿费500万元,考试费40万元,全部上缴财政专户。10月份,财政全额返还。

(1)9月份收到学费、住宿费、考试费

财务会计

借:银行存款　　　　　　　　　　　　　　　　3 540万

贷:应缴财政款——学费 3 000 万
　　　　　　——住宿费 500 万
　　　　　　——考试费 40 万

不涉及预算会计业务

(2) 上缴财政专户

借:应缴财政款——学费 3 000 万
　　　　　　——住宿费 500 万
　　　　　　——考试费 40 万
　贷:银行存款 3 540 万

(3) 10月份财政返还

财务会计

借:零余额账户用款额度 3 540 万
　贷:事业收入 3 540 万

预算会计

借:资金结存——零余额账户用款额度 3 540 万
　贷:事业预算收入 3 540 万

4.5　2201 应付职工薪酬会计核算

(一) 应付职工薪酬会计科目核算说明

本科目核算高等学校按照有关规定应付给职工(含长期聘用人员)及为职工支付的各种薪酬,包括基本工资、国家统一规定的津贴补贴、规范津贴补贴(绩效工资)、改革性补贴、社会保险费(如职工基本养老保险费、职业年金、基本医疗保险费等)、住房公积金等。

本科目应当根据国家有关规定,下设"基本工资"(含离退休费)、"国家统一规定的津贴补贴"、"规范津贴补贴(绩效工资)"、"改革性补贴"、"社会保险费"、"住房公积金"、"附属单位返还工资"、"其他个人收入"八个二级明细科目进行明细核算。设"失业保险""养老保险""医疗保险""工伤保险""生育保险""职业年金""单位(交公积金)""个人(交公积金)"八个三级明细科目及"单位""个人"等六个四级明细科目。

应付职工薪酬的主要账务处理如下:

(1) 计算确认当期应付职工薪酬(含高等学校为职工计算缴纳的社会保

险费、住房公积金）。

① 计提从事专业及其辅助活动人员的职工薪酬，借记"业务活动费用""单位管理费用"科目，贷记本科目。

② 计提应由在建工程、加工物品、自行研发无形资产负担的职工薪酬，借记"在建工程""加工物品""研发支出"等科目，贷记本科目。

③ 计提从事专业及其辅助活动之外的经营活动人员的职工薪酬，借记"经营费用"科目，贷记本科目。

④ 因解除与职工的劳动关系而给予的补偿，借记"单位管理费用"等科目，贷记本科目。

（2）向职工支付工资、津贴补贴等薪酬时，按照实际支付的金额，借记本科目，贷记"财政拨款收入""零余额账户用款额度""银行存款"等科目。

（3）按照税法规定代扣职工个人所得税时，借记本科目（基本工资），贷记"其他应交税费——应交个人所得税"科目。

从应付职工薪酬中代扣为职工垫付的水电费、房租等费用时，按照实际扣除的金额，借记本科目（基本工资），贷记"其他应收款"等科目。从应付职工薪酬中代扣社会保险费和住房公积金，按照代扣的金额，借记本科目（基本工资），贷记本科目（社会保险费、住房公积金）。

（4）按照国家有关规定缴纳职工社会保险费和住房公积金时，按照实际支付的金额，借记本科目（社会保险费、住房公积金），贷记"财政拨款收入""零余额账户用款额度""银行存款"等科目。

（5）从应付职工薪酬中支付的其他款项，借记本科目，贷记"零余额账户用款额度""银行存款"等科目。

（6）高等学校附属单位职工薪酬按规定自行负担，但需由高等学校代为发放时，高等学校按照实际垫付的金额，借记"其他应收款"科目，贷记"应付职工薪酬"科目。高等学校收到附属单位交来的返还款时，借记"银行存款"科目，贷记"其他应收款"科目。

本科目期末贷方余额，反映高等学校应付未付的职工薪酬。

（二）应付职工薪酬会计核算业务

（1）计算确认当期应付职工薪酬（含高等学校为职工计算缴纳的社会保险费、住房公积金）

① 计提从事专业及其辅助活动人员的职工薪酬

财务会计

借:业务活动费用/单位管理费用

　　贷:应付职工薪酬

不涉及预算会计业务

② 计提应由在建工程、加工物品、自行研发无形资产负担的职工薪酬时

财务会计

借:在建工程/加工物品/研发支出

　　贷:应付职工薪酬

不涉及预算会计业务

③ 计提从事专业及其辅助活动之外的经营活动人员的职工薪酬时

财务会计

借:经营费用

　　贷:应付职工薪酬

不涉及预算会计业务

④ 因解除与职工的劳动关系而给予的补偿时

财务会计

借:单位管理费用

　　贷:应付职工薪酬

不涉及预算会计业务

(2) 向职工支付工资、津贴补贴等薪酬时,按照实际支付的金额

财务会计

借:应付职工薪酬(发放的薪酬明细科目)

　　贷:财政拨款收入/零余额账户用款额度/银行存款

预算会计

借:经费支出/经营支出

　　贷:资金结存

(3) 代扣各项税费时

① 按照税法规定代扣职工个人所得税时

财务会计

借:应付职工薪酬(发放的薪酬明细科目)

　　贷:其他应交税费—应交个人所得税

不涉及预算会计业务

② 从应付职工薪酬中代扣为职工垫付的水电费、房租等费用时

财务会计

借:应付职工薪酬(发放的薪酬明细科目)

  贷:其他应收款—水电费、房租等

不涉及预算会计业务

③ 从应付职工薪酬中代扣社会保险费和住房公积金

财务会计

借:应付职工薪酬(发放的薪酬明细科目)

  贷:应付职工薪酬(社会保险费、住房公积金)

不涉及预算会计业务

(4) 按照国家有关规定缴纳职工社会保险费和住房公积金时

财务会计

借:应付职工薪酬(社会保险费、住房公积金)

  贷:财政拨款收入/零余额账户用款额度/银行存款等

预算会计

借:经费支出/经营支出

  贷:财政拨款预算收入/资金结存

(5) 从应付职工薪酬中支付的其他款项

财务会计

借:应付职工薪酬

  贷:零余额账户用款额度/银行存款等

预算会计

借:经费支出/经营支出

  贷:资金结存

(6) 代发附属单位职工薪酬,按照实际垫付的金额

借:其他应收款

  贷:应付职工薪酬

收到附属单位交来的返还工资时

借:银行存款

  贷:其他应收款

(三) 应付职工薪酬会计核算示范

[例4-4] 某高等学校2019年9月工资薪金发放情况,见表4-2。

表4-2　2019年9月工资手册(简易版)

单位:元

项　目	金额(元)
一、应发工资	2 780 000
基本工资(含离退休费)	1 680 000
各项津贴补贴	980 000
其他个人收入	120 000
二、社会保险费	704 000
社会保险费(单位)	588 000
社会保险费(个人)	116 000
三、住房公积金	532 000
住房公积金(单位)	266 000
住房公积金(个人)	266 000
四、代扣款项	215 000
代扣个人所得税	215 000
五、实发工资	2 183 000
基本工资(含离退休费)	1 083 000
各项津补贴	980 000
其他个人收入	120 000

(1) 计提

财务会计

借:业务活动费用—工资福利费用	2780 000
贷:应付职工薪酬—基本工资	1680 000
—各项津贴补贴	980 000
—其他个人收入	120 000
借:业务活动费用—工资福利费用	854 000
贷:应付职工薪酬—社会保险费(单位)	588 000

　　　　　—住房公积金(单位)　　　　　　　　266 000
预算会计不做账
(2)代扣各项缴费
借:应付职工薪酬—基本工资　　　　　　　　597 000
　　贷:应付职工薪酬—社会保险费(个人)　　116 000
　　　　　—住房公积金(个人)　　　　　　　266 000
　　　　其他应交税费—个人所得税　　　　　215 000
(3)发放工资
财务会计
借:应付职工薪酬—基本工资　　　　　　　1 083 000
　　　　—各项津贴补贴　　　　　　　　　　980 000
　　　　—其他个人收入　　　　　　　　　　120 000
　　贷:零余额账户用款额度　　　　　　　　2 183 000
预算会计
借:事业支出—工资福利支出—基本工资　　1 083 000
　　　　　　—津、补贴　　　　　　　　　　980 000
　　　　　　—其他工资福利支出　　　　　　120 000
　　贷:资金结存—零余额账户用款额度　　　2 183 000
(4)支付代扣各项社会保险费、住房公积金和个人所得税
财务会计
借:应付职工薪酬—社会保险费(单位)　　　588 000
　　　　—社会保险费(个人)　　　　　　　116 000
　　　　—住房公积金(单位)　　　　　　　266 000
　　　　—住房公积金(个人)　　　　　　　266 000
　　其他应交税费—个人所得税　　　　　　215 000
　　贷:零余额账户用款额度　　　　　　　1 451 000
预算会计
借:事业支出—工资福利支出—社会保险费　588 000
　　　　　　—住房公积金　　　　　　　　266 000
　　　　　　—基本工资　　　　　　　　　597 000
　　贷:资金结存—零余额账户用款额度　　1 451 000

4.6 2301 应付票据会计核算

(一) 应付票据会计科目核算说明

本科目核算高等学校因购买材料、物资等而开出、承兑的商业汇票,包括银行承兑汇票和商业承兑汇票。

本科目应当按照债权人进行明细核算。

应付票据的主要账务处理如下:

(1) 开出、承兑商业汇票时,借记"库存物品""固定资产"等科目,贷记本科目。涉及增值税业务的,相关账务处理参见"应交增值税"科目。以商业汇票抵付应付账款时,借记"应付账款"科目,贷记本科目。

(2) 支付银行承兑汇票的手续费时,借记"业务活动费用""经营费用"等科目,贷记"银行存款""零余额账户用款额度"等科目。

(3) 商业汇票到期时,应当分别以下情况处理:

① 收到银行支付到期票据的付款通知时,借记本科目,贷记"银行存款"科目。

② 银行承兑汇票到期,高等学校无力支付票款的,按照应付票据账面余额,借记本科目,贷记"短期借款"科目。

③ 商业承兑汇票到期,高等学校无力支付票款的,按照应付票据账面余额,借记本科目,贷记"应付账款"科目。

高等学校应当设置"应付票据备查簿",详细登记每一应付票据的种类、号数、出票日期、到期日、票面金额、交易合同号、收款人姓名或高等学校名称,以及付款日期和金额等。应付票据到期结清票款后,应当在备查簿内逐笔注销。

本科目期末贷方余额,反映高等学校开出、承兑的尚未到期的应付票据金额。

(二) 应付票据会计核算业务

(1) 开出、承兑商业汇票时

财务会计

借:库存物品/固定资产

  贷:应付票据

不涉及预算会计业务

(2) 以商业汇票抵付应付账款时

财务会计

借:应付账款
　　贷:应付票据
不涉及预算会计业务
(3) 支付银行承兑汇票的手续费时
财务会计
借:业务活动费用/经营费用
　　贷:银行存款/零余额账户用款额度
预算会计
借:事业支出/经营支出
　　贷:资金结存—货币资金
(4) 商业汇票到期时,应当分别以下情况处理:
① 收到银行支付到期票据的付款通知时
财务会计
借:应付票据
　　贷:银行存款
预算会计
借:事业支出/经营支出
　　贷:资金结存—货币资金
② 银行承兑汇票到期,单位无力支付票款的
财务会计
借:应付票据
　　贷:短期借款
预算会计
借:事业支出/经营支出
　　贷:债务预算收入

银行承兑汇票是商业汇票的一种,指由在承兑银行开立存款账户的存款人签发,向开户银行申请并经银行审查同意承兑的,保证在指定日期无条件支付确定的金额给收款人或持票人的票据。对出票人签发的商业汇票进行承兑是银行基于对出票人资信的认可而给予的信用支持。银行承兑票据到期后,银行会无条件兑付给持票人,并将其作为出票人的逾期贷款。

③ 商业承兑汇票到期,单位无力支付票款的

财务会计

借:应付票据

  贷:应付账款

不涉及预算会计业务

4.7 2302 应付账款会计核算

(一)应付账款会计科目核算说明

本科目核算高等学校因购买物资、接受服务、开展工程建设等而应付的偿还期限在1年以内(含1年)的款项。

本科目应当按照债权人进行明细核算,下设"应付基建款""其他应付帐款"等明细科目。

应付账款的主要账务处理如下:

(1)收到所购材料、物资、设备或服务以及确认完成工程进度但尚未付款时,根据发票及账单等有关凭证,按照应付未付款项的金额,借记"库存物品""固定资产""在建工程"等科目,贷记本科目。涉及增值税业务的,相关账务处理参见"应交增值税"科目。

(2)偿付应付账款时,按照实际支付的金额,借记本科目,贷记"财政拨款收入""零余额账户用款额度""银行存款"等科目。

(3)开出、承兑商业汇票抵付应付账款时,借记本科目,贷记"应付票据"科目。

(4)无法偿付或债权人豁免偿还的应付账款,应当按照规定报经批准后进行账务处理。经批准核销时,借记本科目,贷记"其他收入"科目。核销的应付账款应在备查簿中保留登记。

本科目期末贷方余额,反映高等学校尚未支付的应付账款金额。

(二)应付账款会计核算业务

(1)收到所购材料、物资、设备或服务以及确认完成工程进度但尚未付款时,根据发票及账单等有关凭证及应付未付款项的金额

财务会计

借:库存物品/固定资产/在建工程

  贷:应付账款

不涉及预算会计业务

(2) 偿付应付账款时，按照实际支付的金额

财务会计

借：应付账款

　　贷：财政拨款收入/零余额账户用款额度/银行存款

预算会计

借：事业支出/经营支出

　　贷：财政拨款预算收入/资金结存

(3) 开出、承兑商业汇票抵付应付账款时

财务会计

借：应付账款

　　贷：应付票据

不涉及预算会计业务

(4) 无法偿付或债权人豁免偿还的应付账款，按照规定报经批准后进行账务处理，经批准核销后

财务会计

借：应付账款

　　贷：其他收入

不涉及预算会计业务

核销的应付账款应在备查簿中保留登记。

4.8　2304 应付利息会计核算

(一) 应付利息会计科目核算说明

本科目核算高等学校按照合同约定应支付的借款利息，包括短期借款、分期付息到期还本的长期借款等应支付的利息。

高等学校应当根据项目或借款单位对本科目进行辅助明细核算。

应付利息的主要账务处理如下：

(1) 为建造固定资产、公共基础设施等借入的专门借款的利息，属于建设期间发生的，按期计提利息费用时，按照计算确定的金额，借记"在建工程"科目，贷记本科目；不属于建设期间发生的，按期计提利息费用时，按照计算确定的金额，借记"其他费用"科目，贷记本科目。

(2) 对于其他借款，按期计提利息费用时，按照计算确定的金额，借记"其

他费用"科目,贷记本科目。

(3)实际支付应付利息时,按照支付的金额,借记本科目,贷记"银行存款"等科目。

本科目期末贷方余额,反映高等学校应付未付的利息金额。

(二)应付利息会计核算业务

(1)为建造固定资产、公共基础设施等借入的专门借款的利息

① 属于建设期间发生的,按期计提利息费用时

财务会计

借:在建工程

 贷:应付利息

② 不属于建设期间发生的,按期计提利息费用时

财务会计

借:其他费用

 贷:应付利息

(2)对于其他借款,按期计提利息费用时,按照计算确定的金额

财务会计

借:其他费用

 贷:应付利息

(3)实际支付应付利息时,按照支付的金额

财务会计

借:应付利息

 贷:银行存款

预算会计

借:其他支出

 贷:资金结存

4.9 2305 预收账款会计核算

(一)预收账款会计科目核算说明

本科目核算高等学校预先收取但尚未结算的款项。

高等学校应当按照债权人对本科目进行辅助明细核算。

预收账款的主要账务处理如下:

（1）从付款方预收款项时，按照实际预收的金额，借记"银行存款"等科目，贷记本科目。

（2）确认有关收入时，按照预收账款账面余额，借记本科目，按照应确认的收入金额，贷记"事业收入""经营收入"等科目，按照付款方补付或退回付款方的金额，借记或贷记"银行存款"等科目。涉及增值税业务的，相关账务处理参见"应交增值税"科目。

（3）无法偿付或债权人豁免偿还的预收账款，应当按照规定报经批准后进行账务处理。经批准核销时，借记本科目，贷记"其他收入"科目。核销的预收账款应在备查簿中保留登记。

本科目期末贷方余额，反映高等学校预收但尚未结算的款项金额。

（二）预收账款会计核算业务

（1）从付款方预收款项时，按照实际预收的金额

财务会计

借：银行存款

　　贷：预收账款

预算会计

借：资金结存—货币资金

　　贷：事业预算收入/经营预算收入等

（2）确认有关收入时，按照预收账款账面余额

财务会计

借：预收账款

　　银行存款（收到补付的金额）

　　贷：事业收入/经营收入

　　　　银行存款（退回预收的金额）

预算会计

① 如收到对方补付的款项时

借：资金结存—货币资金

　　贷：事业预算收入/经营预算收入等

② 如果是退回多收的预收款项时

借：事业预算收入/经营预算收入等

　　贷：资金结存—货币资金

③ 无法偿付或债权人豁免偿还的预收账款,应当按照规定报经批准后进行账务处理,经批准核销时

财务会计

借:预收账款

　　贷:其他收入

不涉及预算会计业务

核销的预收账款应在备查簿中保留登记。

4.10　2307 其他应付款会计核算

(一) 其他应付款会计科目核算说明

本科目核算高等学校除应交增值税、其他应交税费、应缴财政款、应付职工薪酬、应付票据、应付账款、应付政府补贴款、应付利息、预收账款以外,其他各项偿还期限在 1 年内(含 1 年)的应付及暂收款项,如收取的押金、存入保证金、已经报销但尚未偿还银行的本学校公务卡欠款等。同级政府财政部门预拨的下期预算款和没有纳入预算的暂付款项,以及采用实拨资金方式通过本高等学校转拨给下属高等学校的财政拨款,也通过本科目核算。

本科目下设"周转类应收款""应付类应付款""暂收类应付款"三个二级明细科目进行明细核算。

其他应付款的主要账务处理如下:

(1) 发生其他应付及暂收款项时,借记"银行存款"等科目,贷记本科目。支付(或退回)其他应付及暂收款项时,借记本科目,贷记"银行存款"等科目。将暂收款项转为收入时,借记本科目,贷记"事业收入"等科目。

(2) 收到同级政府财政部门预拨的下期预算款和没有纳入预算的暂付款项,按照实际收到的金额,借记"银行存款"等科目,贷记本科目;待到下一预算期或批准纳入预算时,借记本科目,贷记"财政拨款收入"科目。

采用实拨资金方式通过本高等学校转拨给下属高等学校的财政拨款,按照实际收到的金额,借记"银行存款"科目,贷记本科目;向下属单位转拨财政拨款时,按照转拨的金额,借记本科目,贷记"银行存款"科目。

(3) 本学校公务卡持卡人报销时,按照审核报销的金额,借记"业务活动费用""单位管理费用"等科目,贷记本科目;偿还公务卡欠款时,借记本科目,贷记"零余额账户用款额度"等科目。

（4）涉及质保金形成其他应付款的,相关账务处理参见"固定资产"科目。

（5）无法偿付或债权人豁免偿还的其他应付款项,应当按照规定报经批准后进行账务处理。经批准核销时,借记本科目,贷记"其他收入"科目。核销的其他应付款应在备查簿中保留登记。

本科目期末贷方余额,反映高等学校尚未支付的其他应付款金额。

（二）其他应付款会计核算业务

（1）发生其他应付及暂收款项时

财务会计

借:银行存款

 贷:其他应付款

不涉及预算会计业务

（2）支付(或退回)其他应付及暂收款项时

财务会计

借:其他应付款

 贷:银行存款

不涉及预算会计业务

（3）将暂收款项转为收入时

财务会计

借:其他应付款

 贷:事业收入等

预算会计

借:资金结存

 贷:其他预算收入/事业预算收入等

（4）收到同级政府财政部门预拨的下期预算款和没有纳入预算的暂付款项,按照实际收到的金额

 财务会计

 借:银行存款

  贷:其他应付款

 不涉及预算会计业务

 待到下一预算期或批准纳入预算时

 财务会计

借：其他应付款
  贷：财政拨款收入

预算会计

借：资金结存
  贷：财政拨款预算收入

（5）采用实拨资金方式通过本单位转拨给下属单位的财政拨款，按照实际收到的金额

财务会计

借：银行存款
  贷：其他应付款

不涉及预算会计业务

向下属单位转拨财政拨款时，按照转拨的金额

财务会计

借：其他应付款
  贷：银行存款

不涉及预算会计业务

（6）本单位公务卡持卡人报销时，按照审核报销的金额

财务会计

借：业务活动费用/单位管理费用
  贷：其他应付款

不涉及预算会计业务

偿还公务卡欠款时

财务会计

借：其他应付款
  贷：零余额账户用款额度等

预算会计

借：事业支出
  贷：资金结存

（7）涉及质保金形成其他应付款的，相关账务处理参见"固定资产"科目会计核算。

（8）无法偿付或债权人豁免偿还的其他应付款项，应当按照规定报经批准

后进行账务处理,经批准核销后

财务会计

借:其他应付款

　　贷:其他收入

不涉及预算会计业务

核销的其他应付款应在备查簿中保留登记。

4.11　2401 预提费用会计核算

(一) 预提费用会计科目核算说明

本科目核算高等学校预先提取的已经发生但尚未支付的费用,如预提租金费用等。

本科目应当按照预提费用的种类进行明细核算,下设"项目间接费用或管理费""其他预提费用"两个二级明细科目进行明细核算。

预提费用的主要账务处理如下:

(1) 项目间接费用或管理费

按规定从科研项目收入中计提项目间接费用或管理费时,除按新制度规定借记"单位管理费用"科目外,也可根据实际情况借记"业务活动费用"等科目。

高等学校使用计提的项目间接费用或管理费,借记"预提费用—项目间接费用或管理费"科目,贷记"银行存款"等科目;使用计提的项目间接费用或管理费购买固定资产、无形资产的,在财务会计下,按照固定资产、无形资产的成本金额,借记"固定资产""无形资产"科目,贷记"银行存款"等科目;同时,按照相同的金额,借记"预提费用—项目间接费用或管理费"科目,贷记"累计盈余"科目。在预算会计下,按照相同的金额,借记"事业支出"等科目,贷记"资金结存"科目。

(2) 其他预提费用

按期预提租金等费用时,按照预提的金额,借记"业务活动费用""单位管理费用""经营费用"等科目,贷记本科目。实际支付款项时,按照支付金额,借记本科目,贷记"零余额账户用款额度""银行存款"等科目。

本科目期末贷方余额,反映高等学校已预提但尚未支付的各项费用。

(二) 预提费用会计核算业务

(1) 项目间接费用或管理费

① 按规定从科研项目收入中提取项目间接费用或管理费时,按照提取的金额

财务会计

借:业务活动费用

  贷:预提费用—项目间接费用或管理费

预算会计

借:非财政补助结转—项目间接费用或管理费

  贷:非财政补助结余—项目间接费用或管理费

② 实际使用计提的项目间接费用或管理费时,按照实际支付的金额

财务会计

借:预提费用—项目间接费用或管理费

  贷:银行存款/库存现金等

预算会计

借:事业支出

  贷:资金结存—货币资金

③ 使用计提的项目间接费用或管理费购买固定资产、无形资产

财务会计

借:固定资产/无形资产

  贷:银行存款/库存现金等

借:预提费用—项目间接费用或管理费

  贷:累计盈余

预算会计

借:事业支出

  贷:资金结存—货币资金

(2) 其他预提费用

① 按期预提租金等费用时,按照预提的金额

财务会计

借:业务活动费用/单位管理费用/经营费用

  贷:预提费用

不涉及预算会计业务

② 实际支付款项时,按照支付金额

财务会计

借:预提费用

　贷:零余额账户用款额度/银行存款

预算会计

借:事业支出/经营支出

　贷:资金结存

(三)预提费用会计核算示范

[例4-5]某高校2019年4月10日收到财政授权支付额度到账通知书,同级财政部门拨付A科研项目经费11.5万元。学校科研管理部门通知财务部门按5%提取管理费。A科研项目研究周期为八个月。2019年12月15日,A科研项目完成研究,项目负责人提交结题申请,结题申请中包含课题经费决算报告。

(1)财务会计

借:零余额账户用款额度	115 000
贷:财政拨款收入—专项收入—A项目	115 000

预算会计

借:资金结存—零余额账户用款额度	115 000
贷:财政拨款预算收入—专项收入	115 000

(2)财务会计

借:单位管理费用	5 750
贷:预提费用—项目间接费用或管理费	5 750

预算会计不处理

(3)划转资金

财务会计

借:银行存款	5750
贷:零余额账户用款额度	5750

预算会计

借:资金结存—货币资金	5750
贷:资金结存—零余额账户用款额度	5750

(4)使用项目管理费时

财务会计

借:预提费用—项目间接费用或管理费　　　　　　　　　5750
　　贷:银行存款　　　　　　　　　　　　　　　　　　5750
预算会计
借:事业支出　　　　　　　　　　　　　　　　　　　5750
　　贷:资金结存—货币资金　　　　　　　　　　　　　5750

[例4-6]某高校按照学校科研经费管理办法,对横向课题提取项目管理费50 000元。学校从间接费中支付水电费5 000元,购买不需要安装的科研设备,价值10 000元。

(1)财务会计
借:业务活动费用　　　　　　　　　　　　　　　　50 000
　　贷:预提费用—项目间接费或管理费　　　　　　　50 000
预算会计
借:非财政拨款结转—项目间接费或管理费　　　　　　50 000
　　贷:非财政拨款结余—项目间接费或管理费　　　　50 000

(2)财务会计
借:预提费用—项目间接费或管理费　　　　　　　　　5 000
　　贷:银行存款　　　　　　　　　　　　　　　　　5 000
预算会计
借:事业支出—科研支出　　　　　　　　　　　　　　5 000
　　贷:资金结存—货币资金　　　　　　　　　　　　5 000

(3)财务会计
借:固定资产　　　　　　　　　　　　　　　　　　10 000
　　贷:银行存款　　　　　　　　　　　　　　　　10 000
借:预提费用—项目间接费或管理费　　　　　　　　10 000
　　贷:累计盈余　　　　　　　　　　　　　　　　10 000
预算会计
借:事业支出—科研支出　　　　　　　　　　　　　10 000
　　贷:资金结存—货币资金　　　　　　　　　　　10 000

4.12 2501 长期借款会计核算

(一) 长期借款会计科目核算说明

本科目核算高等学校经批准向银行或其他金融机构等借入的期限超过1年(不含1年)的各种借款本息。

本科目应当设置"本金"和"应计利息"明细科目,并按照贷款高等学校和贷款种类进行明细核算。对于建设项目借款,还应按照具体项目进行明细核算。

长期借款的主要账务处理如下:

(1) 借入各项长期借款时,按照实际借入的金额,借记"银行存款"科目,贷记本科目(本金)。

(2) 为建造固定资产应支付的专门借款利息,按期计提利息时,分别以下情况处理:

① 属于工程项目建设期间发生的利息,计入工程成本,按照计算确定的应支付的利息金额,借记"在建工程"科目,贷记"应付利息"科目。

② 属于工程项目完工交付使用后发生的利息,计入当期费用,按照计算确定的应支付的利息金额,借记"其他费用"科目,贷记"应付利息"科目。

(3) 按期计提其他长期借款的利息时,按照计算确定的应支付的利息金额,借记"其他费用"科目,贷记"应付利息"科目[分期付息、到期还本借款的利息]或本科目(应计利息)[到期一次还本付息借款的利息]。

(4) 到期归还长期借款本金、利息时,借记本科目(本金、应计利息),贷记"银行存款"科目。

本科目期末贷方余额,反映高等学校尚未偿还的长期借款本息金额。

(二) 长期借款会计核算业务

(1) 借入各项长期借款时,按照实际借入的金额

财务会计

借:银行存款

  贷:长期借款——本金

预算会计

借:资金结存——货币资金

  贷:债务预算收入——本金

(2) 为建造固定资产等应支付的专门借款利息,按期计提利息

① 属于工程项目建设期间发生的利息,计入工程成本,按照计算确定的应支付的利息金额

财务会计

借:在建工程

  贷:应付利息(分期付息,到期还本)

    长期借款—应计利息(到期一次还本付息)

不涉及预算会计业务

② 属于工程项目完工交付使用后发生的利息,计入当期费用,按照计算确定的应支付的利息金额

财务会计

借:其他费用

  贷:应付利息(分期付息,到期还本)

    长期借款—应计利息(到期一次还本付息)

不涉及预算会计业务

(3) 按期计提其他长期借款的利息时,按照计算确定的应支付的利息金额

财务会计

借:其他费用

  贷:应付利息(分期付息、到期还本借款的利息)

    长期借款—应计利息(到期一次还本付息)

不涉及预算会计业务

(4) 分期实际支付利息时

财务会计

借:应付利息

  贷:银行存款

预算会计

借:其他支出

  贷:资金结存

(5) 到期归还长期借款本金、利息时

财务会计

借:长期借款—本金

    —应计利息

贷:银行存款

预算会计

借:债务还本支出(归还的本金)

　　贷:资金结存

同时归还利息时

借:其他支出

　　贷:资金结存

(三) 长期借款会计核算示范

[例4-7]某省属高校于2019年6月6日,向建设银行贷款5 000万元,期限3年,年利率4%,所借资金用于教学实验大楼的建设。

(1) 财务会计

借:银行存款	5 000万
贷:长期借款—本金	5 000万

预算会计

借:资金结存—货币资金	5 000万
贷:债务预算收入	5 000万

(2) 按月计提利息

借:在建工程—待摊投资	16.66万
贷:应付利息	16.66万

(3) 按月支付利息

财务会计

借:应付利息	16.66万
贷:银行存款	16.66万

预算会计

借:其他支出—利息支出	16.66万
贷:资金结存—货币资金	16.66万

(4) 到期归还借款

财务会计

借:长期借款—本金	5 000万
贷:银行存款	5 000万

预算会计

借:债务还本支出 5 000万
　　贷:资金结存—货币资金 5 000万

4.13　2502 长期应付款会计核算

(一) 长期应付款会计科目核算说明

本科目核算高等学校发生的偿还期限超过1年(不含1年)的应付款项,如以融资租赁方式取得固定资产应付的租赁费等。

本科目应当按照长期应付款的类别以及债权人进行明细核算。

长期应付款的主要账务处理如下:

(1) 发生长期应付款时,借记"固定资产""在建工程"等科目,贷记本科目。

(2) 支付长期应付款时,按照实际支付的金额,借记本科目,贷记"财政拨款收入""零余额账户用款额度""银行存款"等科目。涉及增值税业务的,相关账务处理参见"应交增值税"科目。

(3) 无法偿付或债权人豁免偿还的长期应付款,应当按照规定报经批准后进行账务处理。经批准核销时,借记本科目,贷记"其他收入"科目。核销的长期应付款应在备查簿中保留登记。

(4) 涉及质保金形成长期应付款的,相关账务处理参见"固定资产"科目会计核算。

本科目期末贷方余额,反映高等学校尚未支付的长期应付款金额。

(二) 长期应付款会计核算业务

(1) 发生长期应付款时

财务会计

借:固定资产/在建工程
　　贷:长期应付款

(2) 支付长期应付款时,按照实际支付的金额

财务会计

借:长期应付款
　　贷:财政拨款收入/零余额账户用款额度/银行存款

预算会计

借:事业支出/经营支出
　　贷:财政拨款预算收入/资金结存

(3)无法偿付或债权人豁免偿还的长期应付款,应当按照规定报经批准后进行账务处理,经批准核销后

财务会计

借:长期应付款

  贷:其他收入

不涉及预算会计业务

核销的长期应付款应在备查簿中保留登记。

(4)涉及质保金形成长期应付款的,相关账务处理参见"固定资产"科目。

(三)长期应付款会计核算示范

[例4-8]2019年9月,某高校实验室通过政府采购方式购入一台不需要安装的仪器设备。合同结算价款160 000元,合同中约定按价款5%预留质保金,两年质保期满(2021年),设备无质量问题,退还质保金。2019年,收到供应商开具的包含质保金的全额发票,发票金额160 000元。财务部门通过财政授权支付方式将设备款支付给供应商。

(1)2019年9月支付设备款

财务会计

借:固定资产　　　　　　　　　　　　　　　160 000

  贷:零余额账户用款额度　　　　　　　　　152 000

    长期应付款　　　　　　　　　　　　　8 000

预算会计

借:事业支出　　　　　　　　　　　　　　　152 000

  贷:资金结存—零余额账户用款额度　　　　152 000

(2)2021年支付质保金

财务会计

借:长期应付款　　　　　　　　　　　　　　8 000

  贷:零余额账户用款额度　　　　　　　　　8 000

预算会计

借:事业支出　　　　　　　　　　　　　　　8 000

  贷:资金结存—零余额账户用款额度　　　　8 000

4.14 2601 预计负债会计核算

(一) 预计负债会计科目核算说明

本科目核算高等学校对因或有事项所产生的现时义务而确认的负债,如对未决诉讼等确认的负债。

本科目应当按照预计负债的项目进行明细核算。

预计负债的主要账务处理如下:

(1) 确认预计负债时,按照预计的金额,借记"业务活动费用""经营费用""其他费用"等科目,贷记本科目。

(2) 实际偿付预计负债时,按照偿付的金额,借记本科目,贷记"银行存款""零余额账户用款额度"等科目。

(3) 根据确凿证据需要对已确认的预计负债账面余额进行调整的,按照调整增加的金额,借记有关科目,贷记本科目;按照调整减少的金额,借记本科目,贷记有关科目。

本科目期末贷方余额,反映高等学校已确认但尚未支付的预计负债金额。

(二) 预计负债会计核算业务

(1) 确认预计负债时,按照预计的金额

财务会计

借:业务活动费用/经营费用/其他费用

　　贷:预计负债

不涉及预算会计业务

(2) 实际偿付预计负债时,按照偿付的金额

财务会计

借:预计负债

　　贷:银行存款/零余额账户用款额度

预算会计

借:事业支出/经营支出/其他支出

　　贷:资金结存

(3) 根据确凿证据需要对已确认的预计负债账面余额进行调整的

① 如调整增加,则

财务会计

借:业务活动费用/经营费用/其他费用

  贷:预计负债

不涉及预算会计业务

② 如调整减少,则

财务会计

借:预计负债

  贷:业务活动费用/经营费用/其他费用

不涉及预算会计业务

(三) 预计负债会计核算示范

[例4-9]某高校2019年3月28日收到省劳动人事争议仲裁院应诉通知,原学生公寓管理中心王*因非全日制用工关系与该高校发生争议,该高校由法律事务办公室和公寓管理中心协调应诉,2019年4月10日应诉后,该高校认为此劳动仲裁可能需要向王某赔偿80 000元—100 000元。此外,发生仲裁费用1 000元。

(1) 2019年4月10日应诉后,预计负债的金额=(80 000+100 000)÷2+1 000=91 000元。

财务会计

借:单位管理费用	90 000
其他费用	1 000
贷:预计负债—未决诉讼	91 000

预算会计不需要进行账务处理

(2) 2019年5月28日,收到省劳动人事争议仲裁院仲裁通知书,该高校需要赔偿85 000元。

财务会计

借:预计负债	91 000
贷:银行存款	85 000
单位管理费用	6 000

预算会计

借:事业支出—教育事业支出	85 000
贷:资金结存—货币资金	85 000

4.15 2901受托代理负债会计核算

(一)受托代理负债会计科目核算说明

本科目核算高等学校接受委托取得受托代理资产时形成的负债。

本科目下设"党费""团费""学(协)会会费""个人公共维修基金""其他"五个二级明细科目。

本科目的账务处理参见"受托代理资产""库存现金""银行存款"等科目。

本科目期末贷方余额,反映高等学校尚未交付或发出受托代理资产形成的受托代理负债金额。

(二)受托代理负债会计核算业务

(1)受托代理现金

① 收到受托代理、代管的现金,按照实际收到的金额

财务会计

借:库存现金—受托代理资产
　　贷:受托代理负债—受托代理现金

不涉及预算会计业务

② 支付受托代理现金时

财务会计

借:受托代理负债—受托代理现金
　　贷:库存现金—受托代理资产

不涉及预算会计业务

(2)受托代理银行存款

① 收到受托代理、代管的银行存款,按照实际收到的金额

财务会计

借:银行存款—受托代理资产
　　贷:受托代理负债—受托代理银行存款

不涉及预算会计业务

② 支付受托代理现金时

财务会计

借:受托代理负债—受托代理银行存款
　　贷:库存现金—受托代理资产

不涉及预算会计业务

（3）受托代理物资

受托代理物资包括单位接受委托方委托管理的各项资产（不含收到的受托代理现金和银行存款），包括受托指定转赠的物资、受托储存的物资等，具体参见"受托代理资产"科目会计核算。

[例4-10]某高校2019年6月19日收到**学院党员交纳的党费5 600元，9月10日，组织党员参观党建基地，发生相关费用7 600元。

财务会计

借：银行存款—受托代理资产	5 600
贷：受托代理负债	5 600
借：受托代理负债	7 600
贷：银行存款—受托代理资产	7 600

不涉及预算会计

[例4-11]2020年6月10日，某高校为开展党建活动，使用党费购置投影仪1台，金额5 200元。

财务会计

借：受托代理资产—固定资产	5 200
贷：银行存款—受托代理资产	5 200

不涉及预算会计

第五章 净资产类会计科目设置和使用说明

表 5-1 净资产类会计科目设置明细表

序 号	科目编号	科目名称
1	3001	累计盈余
2	3101	专用基金
3	3201	权益法调整
4	3301	本期盈余
5	3302	本年盈余分配
6	3401	无偿调拨净资产
7	3501	以前年度盈余调整

5.1 3001 累计盈余会计核算

（一）累计盈余会计科目核算说明

本科目核算高等学校历年实现的盈余扣除盈余分配后滚存的金额，以及因无偿调入调出资产产生的净资产变动额。

按照规定上缴、缴回、单位间调剂结转结余资金产生的净资产变动额，以及对以前年度盈余的调整金额，也通过本科目核算。

累计盈余的主要账务处理如下：

（1）年末，将"本年盈余分配"科目的余额转入累计盈余，借记或贷记"本年盈余分配"科目，贷记或借记本科目。

（2）年末，将"无偿调拨净资产"科目的余额转入累计盈余，借记或贷记"无偿调拨净资产"科目，贷记或借记本科目。

（3）按照规定上缴财政拨款结转结余、缴回非财政拨款结转资金、向其他单位调出财政拨款结转资金时,按照实际上缴、缴回、调出金额,借记本科目,贷记"财政应返还额度""零余额账户用款额度""银行存款"等科目。

按照规定从其他单位调入财政拨款结转资金时,按照实际调入金额,借记"零余额账户用款额度""银行存款"等科目,贷记本科目。

(4)将"以前年度盈余调整"科目的余额转入本科目,借记或贷记"以前年度盈余调整"科目,贷记或借记本科目。

(5)按照规定使用专用基金购置固定资产、无形资产的,按照固定资产、无形资产成本金额,借记"固定资产""无形资产"科目,贷记"银行存款"等科目;同时,按照专用基金使用金额,借记"专用基金"科目,贷记本科目。

本科目期末余额,反映高等学校未分配盈余(或未弥补亏损)的累计数以及截至上年末无偿调拨净资产变动的累计数。

本科目年末余额,反映高等学校未分配盈余(或未弥补亏损)以及无偿调拨净资产变动的累计数。

(二)累计盈余会计核算业务

(1)年末,将"本年盈余分配"科目的余额转入累计盈余

财务会计

借:本年盈余分配(或累计盈余)

 贷:累计盈余(或本年盈余分配)

不涉及预算会计业务

(2)年末,将"无偿调拨净资产"科目的余额转入累计盈余

财务会计

借:无偿调拨净资产(或累计盈余)

 贷:累计盈余(或无偿调拨净资产)

不涉及预算会计业务

(3)按照规定上缴财政拨款结转结余、缴回非财政拨款结转资金、向其他单位调出财政拨款结转资金时

财务会计

借:累计盈余(按照实际上缴、缴回、调出金额)

 贷:财政应返还额度/零余额账户用款额度/银行存款等

预算会计

借:财政拨款结转——归集调入

贷:资金结存—零余额账户用款额度/货币资金
按照规定从其他单位调入财政拨款结转资金时
财务会计
　　借:零余额账户用款额度/银行存款等
　　　贷:累计盈余(按照实际调入金额)
预算会计
　　借:资金结存—零余额账户用款额度/货币资金
　　　贷:财政拨款结转—归集调入
(4)将"以前年度盈余调整"科目的余额转入本科目
财务会计
　　借:以前年度盈余调整(或累计盈余)
　　　贷:累计盈余(或以前年度盈余调整)
不涉及预算会计业务
(5)按照规定使用专用基金购置固定资产、无形资产的
财务会计
　　借:固定资产/无形资产
　　　贷:银行存款
同时,按照专用基金使用金额
　　借:专用基金
　　　贷:累计盈余
预算会计
① 使用从收入中提取并列入费用的专用基金时
　　借:事业支出
　　　贷:资金结存
② 使用从非财政拨款结余或经营结余提取的专用基金时
　　借:专用结余
　　　贷:资金结存—资金结存
③ 累计盈余会计核算示范

(三)累计盈余会计核算示范

[例5-1]某高校2019年12月31日"财政拨款结转"科目贷方余额36 000元,为超过两年未安排使用的财政拨款结转存量资金,按财政部门的规

定应当予以收回。

财务会计

借:累计盈余　　　　　　　　　　　　　　　　　　　　36 000

　　贷:零余额账户用款额度　　　　　　　　　　　　　　36 000

预算会计

借:财政拨款结转—归集上缴　　　　　　　　　　　　　　36 000

　　贷:资金结存—零余额账户用款额度　　　　　　　　　36 000

[例5-2]某高校上年注销的财政授权用款额度,因压缩一般性经费的政策要求未能全额恢复,未恢复的额度100 000元,予以注销。

财务会计

借:累计盈余　　　　　　　　　　　　　　　　　　　　10 000

　　贷:财政应返还额度　　　　　　　　　　　　　　　　10 000

预算会计

借:财政拨款结转—归集上缴　　　　　　　　　　　　　　10 000

　　贷:资金结存—财政应返还额度　　　　　　　　　　　10 000

[例5-3]2019年,某高校非财政拨款专项资金项目没有通过中期验收,项目被终止。按照规定缴回非财政拨款结转资金50 000元,通过银行存款转账支付。

财务会计

借:累计盈余　　　　　　　　　　　　　　　　　　　　50 000

　　贷:银行存款　　　　　　　　　　　　　　　　　　　50 000

预算会计

借:非财政拨款结转—缴回资金　　　　　　　　　　　　　50 000

　　贷:资金结存—货币资金　　　　　　　　　　　　　　50 000

[例5-4]某高校2019年12月31日"以前年度盈余调整"科目贷方余额7 000元。年末,"本年盈余分配"贷方余额86 000元,"无偿调拨净资产"科目借方余额21 000元,将其转至"累计盈余"科目。累计盈余本年增加72 000元。

财务会计

借:以前年度损益调整　　　　　　　　　　　　　　　　　7 000

　　贷:累计盈余　　　　　　　　　　　　　　　　　　　7 000

借:本年盈余分配　　　　　　　　　　　　　　　　　　　86 000

贷:累计盈余	86 000
借:累计盈余	21 000
贷:无偿调拨净资产	21 000

预算会计不记账

5.2　3101 专用基金会计核算

(一) 专用基金会计科目核算说明

本科目核算高等学校按照规定提取或设置的具有专门用途的净资产,主要包括职工福利基金、科技成果转换基金等。

本科目应当按照专用基金的类别进行明细核算,可下设"职工福利基金""学生奖助基金""住房基金""留本基金""其他专用基金"五个二级明细科目,"留本基金"科目下设"本金""收益"两个三级明细科目。

"职工福利基金"核算高等学校按规定提前和使用的职工福利基金;"学生奖助基金"核算高等学校按照规定提前和使用的学生奖助基金;"住房基金"核算按照国家政策法规和财务制度规定,由财政和高等学校共同筹集,用于高等学校住房制度改革和住房建设的专项基金;"留本基金"核算高等学校使用捐赠资金等建立的,具有永久性保留本金或在一定时期内保留本金的限定性基金;"其他专用基金"核算高等学校除上述专用基金以外的其他专用基金。

专用基金的主要账务处理如下:

(1) 年末,根据有关规定从本年度非财政拨款结余或经营结余中提取专用基金的,按照预算会计下计算的提取金额,借记"本年盈余分配"科目,贷记本科目。

(2) 根据有关规定从收入中提取专用基金并计入费用的,一般按照预算会计下基于预算收入计算提取的金额,借记"业务活动费用"等科目,贷记本科目。国家另有规定的,从其规定。

(3) 根据有关规定设置的其他专用基金,按照实际收到的基金金额,借记"银行存款"等科目,贷记本科目。

(4) 按照规定使用提取的专用基金时,借记本科目,贷记"银行存款"等科目。

(5) 使用提取的专用基金购置固定资产、无形资产的,按照固定资产、无形资产成本金额,借记"固定资产""无形资产"科目,贷记"银行存款"等科目;同时，按照专用基金使用金额，借记本科目，贷记"累计盈余"科目。

（6）高等学校对于留本基金可按不同情况进行账务处理。

① 高等学校形成留本基金时，根据取得的留本基金数额，借记"银行存款"科目，贷记"专用基金—留本基金—本金—未投资"科目。

② 高等学校委托基金会进行投资

a. 投资时，按照转给基金会的留本基金数额，借记"其他应收款—留本基金委托投资"科目，贷记"银行存款"科目；同时，按照相同的金额，借记"专用基金—留本基金—本金—未投资"科目，贷记"专用基金—留本基金—本金—已投资"科目。

b. 收到基金会交回的投资收益，按照实际收到的金额，借记"银行存款"科目，贷记"专用基金—留本基金—收益"科目。

c. 从基金会收回使用留本基金委托的投资，按照收回的金额，借记"银行存款"科目，按照收回的留本基金本金金额，贷记"其他应收款—留本基金委托投资"科目，按照两者的差额，贷记或借记"专用基金—留本基金—收益"科目。同时，按照收回的留本基金本金金额，借记"专用基金—留本基金—本金—已投资"科目，贷记"专用基金—留本基金—本金—未投资"科目。

③ 高等学校直接使用留本基金进行投资

a. 投资时，按照动用留本基金投资的数额，借记"短期投资""长期债券投资"等科目，贷记"银行存款"科目；同时，按照相同的金额，借记"专用基金—留本基金—本金—未投资"科目，贷记"专用基金—留本基金—本金—已投资"科目。

b. 期末，对持有的留本基金投资确认应计利息收入时，按照确认的应计利息，借记"应收利息""长期债券投资"科目，贷记"专用基金—留本基金—收益"科目。

c. 收到留本基金投资获得的利息时，按照实际收到的金额，借记"银行存款"科目，贷记"应收利息"科目。

d. 收回留本基金投资时，按照收回的金额，借记"银行存款"科目，按照收回的投资本金及相关利息金额，贷记"短期投资""长期债券投资"等科目，按照两者的差额，贷记或借记"专用基金—留本基金—收益"科目。同时，按照收回的留本基金本金金额，借记"专用基金—留本基金—本金—已投资"科目，贷记"专用基金—留本基金—本金—未投资"科目。

④ 高等学校按照协议将留本基金收益转增本金时,按照转增的金额,借记"专用基金—留本基金—收益"科目,贷记"专用基金—留本基金—本金—未投资"科目。

⑤ 高等学校按照协议可以使用留本基金取得的收益时,按照可以使用的金额,借记"专用基金—留本基金—收益"科目,贷记"捐赠收入"科目;同时,按照相同的金额,借记"资金结存—货币资金"科目,贷记"捐赠预算收入"科目。使用留本基金收益时,按照使用的金额,借记"业务活动费用"等科目,贷记"银行存款"等科目;同时,借记"事业支出—教育支出"等科目,贷记"资金结存—货币资金"科目。

⑥ 按照协议规定的留本基金限定期限到期,高等学校将留本基金转为可以使用的资金,按照转为可以使用的资金数额,借记"专用基金—留本基金—本金—未投资"科目,贷记"捐赠收入"科目;同时按照相同的金额,借记"资金结存—货币资金"科目,贷记"捐赠预算收入"科目。

本科目期末贷方余额,反映高等学校累计提取或设置的尚未使用的专用基金。

(二)专用基金会计核算业务

(1)年末,根据有关规定从本年度非财政拨款结余或经营结余中提取专用基金的

财务会计

借:本年盈余分配

 贷:专用基金(按照预算会计下计算的提取金额)

预算会计

借:非财政拨款结余分配

 贷:专用结余

(2)根据有关规定从收入中提取专用基金并计入费用的,一般按照预算会计下基于预算收入计算提取的金额,国家另有规定的,从其规定。

财务会计

借:业务活动费用

 贷:专用基金

不涉及预算会计业务

(3)根据有关规定设置的其他专用基金,按照实际收到的基金金额

财务会计

借：银行存款

　　贷：专用基金

（4）按照规定使用提取的专用基金时

财务会计

借：专用基金

　　贷：银行存款

预算会计

a. 使用从收入中提取并列入费用的专用基金时

借：事业支出

　　贷：资金结存

b. 使用从非财政拨款结余或经营结余中提取的专用基金时

借：专用结余

　　贷：资金结存—货币资金

（5）使用提取的专用基金购置固定资产、无形资产时

财务会计

借：固定资产/无形资产

　　贷：银行存款

同时

借：专用基金

　　贷：累计盈余

预算会计

a. 使用从收入中提取并列入费用的专用基金时

借：事业支出

　　贷：资金结存

b. 使用从非财政拨款结余或经营结余中提取的专用基金时

借：专用结余

　　贷：资金结存—货币资金

（三）专用基金会计核算示范

[例5-5]某高校财务处根据相关文件及2019年事业收入预算提取5%学生奖助学金600万元。

财务会计

借:业务活动费用—教育费用—对个人和家庭补助费用　　600万

　　贷:专用基金—学生奖助基金　　600万

预算会计不处理

[例5-6]2019年9月,发放贫困学生勤工助学补贴20万元、优秀学生奖学金200万元,根据上级文件要求缴纳国家助学贷款风险补偿金10万元,均通过财政授权支付方式支付。

财务会计

借:专用基金—学生奖助基金　　230万

　　贷:零余额账户用款额度　　230万

预算会计

借:事业支出—教育支出—对个人和家庭补助　　230万

　　贷:资金结存—零余额账户用款额度　　230万

5.3　3201权益法调整会计核算

(一)权益法调整会计科目核算说明

本科目核算高等学校持有的长期股权投资采用权益法核算时,按照被投资单位除净损益和利润分配以外的所有者权益变动份额调整长期股权投资账面余额而计入净资产的金额。

本科目应当按照被投资单位进行明细核算。

权益法调整的主要账务处理如下:

(1)年末,按照被投资单位除净损益和利润分配以外的所有者权益变动应享有(或应分担)的份额,借记或贷记"长期股权投资—其他权益变动"科目,贷记或借记本科目。

(2)采用权益法核算的长期股权投资,因被投资单位除净损益和利润分配以外的所有者权益变动而将应享有(或应分担)的份额计入单位净资产的,处置该项投资时,按照原计入净资产的相应部分金额,借记或贷记本科目,贷记或借记"投资收益"科目。

本科目期末余额,反映高等学校在被投资单位除净损益和利润分配以外的所有者权益变动中累积享有(或分担)的份额。

（二）权益法调整会计核算业务

（1）年末，按照被投资单位除净损益和利润分配以外的所有者权益变动应享有（或应分担）的份额

财务会计

借：长期股权投资——其他权益变动（或权益法调整）
　　贷：权益法调整（或长期股权投资——其他权益变动）

不涉及预算会计业务

（2）采用权益法核算的长期股权投资，因被投资单位除净损益和利润分配以外的所有者权益变动而将应享有（或应分担）的份额计入单位净资产的，处置该项投资时，按照原计入净资产的相应部分金额

财务会计

借：权益法调整（或投资收益）
　　贷：投资收益（或权益法调整）

不涉及预算会计业务

5.4　3301 本期盈余会计核算

（一）本期盈余会计科目核算说明

本科目核算高等学校本期各项收入、费用相抵后的余额。

本科目下设"事业结余""经营结余"两个二级明细科目。

本期盈余的主要账务处理如下：

（1）期末，将各类收入科目的本期发生额转入本期盈余，借记"财政拨款收入""事业收入""上级补助收入""附属单位上缴收入""经营收入""非同级财政拨款收入""投资收益""捐赠收入""利息收入""租金收入""其他收入"科目，贷记本科目；将各类费用科目本期发生额转入本期盈余，借记本科目，贷记"业务活动费用""单位管理费用""经营费用""所得税费用""资产处置费用""上缴上级费用""对附属单位补助费用""其他费用"科目。

（2）年末，完成上述结转后，将本科目余额转入"本年盈余分配"科目，借记或贷记本科目，贷记或借记"本年盈余分配"科目。

本科目期末如为贷方余额，反映高等学校自年初至当期期末累计实现的盈余；如为借方余额，反映单位自年初至当期期末累计发生的亏损。

年末结账后，本科目应无余额。

(二)本期盈余会计核算业务

(1)期末,将各类收入科目的本期发生额转入本期盈余

财务会计

借:财政拨款收入/事业收入/上级补助收入/附属单位上缴收入/经营收入/非同级财政拨款收入/投资收益/捐赠收入/利息收入/租金收入/其他收入

  贷:本期盈余

其中投资收益发生额为借方余额时则记相反分录。

不涉及预算会计业务

(2)将各类费用科目本期发生额转入本期盈余

财务会计

借:本期盈余

  贷:业务活动费用/单位管理费用/经营费用/所得税费用/资产处置费用/上缴上级费用/对附属单位补助费用/其他费用

不涉及预算会计业务

(3)年末,完成上述结转后,将本科目余额转入"本年盈余分配"科目

财务会计

借:本期盈余(或本年盈余分配)

  贷:本年盈余分配(或本期盈余)

不涉及预算会计业务

5.5 3302 本年盈余分配会计核算

(一)本年盈余分配会计科目核算说明

本科目核算高等学校本年度盈余分配的情况和结果。

本年盈余分配的主要账务处理如下:

(1)年末,将"本期盈余"科目余额转入本科目,借记或贷记"本期盈余"科目,贷记或借记本科目。

(2)年末,根据有关规定从本年度非财政拨款结余或经营结余中提取专用基金的,按照预算会计下计算的提取金额,借记本科目,贷记"专用基金"科目。

(3)年末,按照规定完成上述(1)、(2)处理后,将本科目余额转入累计盈余,借记或贷记本科目,贷记或借记"累计盈余"科目。

年末结账后,本科目应无余额。

(二)本年盈余分配会计核算业务

(1)年末,将"本期盈余"科目余额转入本科目,根据方向不同

财务会计

借:本期盈余(或本年盈余分配)

　　贷:本年盈余分配(或本期盈余)

不涉及预算会计业务

(2)年末,根据有关规定从本年度非财政拨款结余或经营结余中提取专用基金的,按照预算会计下计算的提取金额

财务会计

借:本年盈余分配

　　贷:专用基金

预算会计

借:非财政拨款结余分配

　　贷:专用结余

(3)年末,按照规定完成上述处理后,将本科目余额转入累计盈余

财务会计

借:本年盈余分配(或累计盈余)

　　贷:累计盈余(或本年盈余分配)

不涉及预算会计业务

(三)本年盈余分配会计核算示范

[例5-7]某高校2019年12月末转账前,各项收入、费用类科目本月发生额如下表。

单位:元

序号	费用类科目	本月发生数	本年累计数	序号	收入类科目	本月发生数	本年累计数
1	业务活动费用	899 000	9 556 000	1	财政拨款收入	840 000	9 560 000
2	单位管理费用	463 000	5 438 000	2	事业收入	515 000	5 480 000
3	经营费用	13 000	159 000	3	上级补助收入	158 000	1 615 000

续 表

序号	费用类科目	本月发生数	本年累计数	序号	收入类科目	本月发生数	本年累计数
4	资产处置费用	56 000	483 000	4	附属单位上缴收入	25 000	295 000
5	上缴上级费用	79 000	972 000	5	经营收入	21 000	243 000
6	对附属单位补助费用	83 000	795 000	6	非同级财政拨款收入	58 000	715 000
7	所得税费用	2 000	25 000	7	投资收益	72 000	840 000
8	其他费用	5 000	72 000	8	其他收入	61 000	452 000
	合计	1 600 000	17 500 000		合计	1 750 000	19 200 000

12月份实现盈余15万元,本年累计实现盈余170万元。

(1) 结转12月份各项收入

借:财政拨款收入　　　　　　　　　　　　　　840 000
　　事业收入　　　　　　　　　　　　　　　　515 000
　　上级补助收入　　　　　　　　　　　　　　158 000
　　附属单位上缴收入　　　　　　　　　　　　 25 000
　　经营收入　　　　　　　　　　　　　　　　 21 000
　　非同级财政拨款收入　　　　　　　　　　　 58 000
　　投资收益　　　　　　　　　　　　　　　　 72 000
　　其他收入　　　　　　　　　　　　　　　　 61 000
　　贷:本期盈余　　　　　　　　　　　　　　1 750 000

结转12月份各项费用

借:本期盈余　　　　　　　　　　　　　　　1 600 000
　　贷:业务活动费用　　　　　　　　　　　　 899 000
　　　　单位管理费用　　　　　　　　　　　　463 000
　　　　经营费用　　　　　　　　　　　　　　 13 000
　　　　资产处置费用　　　　　　　　　　　　 56 000
　　　　上缴上级费用　　　　　　　　　　　　 79 000
　　　　对附属单位补助费用　　　　　　　　　 83 000
　　　　所得税费用　　　　　　　　　　　　　 2 000

| 其他费用 | 5 000 |

（2）结转"本期盈余"至"本年盈余分配"

财务会计

| 借:本期盈余 | 1 700 000 |
| 贷:本年盈余分配 | 1 700 000 |

预算会计不记账

（3）假设提取职工福利基金 28 万元

财务会计

| 借:本年盈余分配 | 280 000 |
| 贷:专用基金—职工福利基金 | 280 000 |

预算会计

| 借:非财政拨款结余分配 | 280 000 |
| 贷:专用结余—职工福利基金 | 280 000 |

（4）分配后余额结转"累计盈余"

财务会计

| 借:本年盈余分配 | 1 420 000 |
| 贷:累计盈余 | 1 420 000 |

5.6　3401 无偿调拨净资产会计核算

（一）无偿调拨净资产会计科目核算说明

本科目核算高等学校无偿调入或调出非现金资产所引起的净资产变动金额。

本科目下设"无偿调拨房屋及建筑物""无偿调拨专用设备""无偿调拨通用设备""无偿调拨文物和陈列品""无偿调拨图书、档案""无偿调拨家具用具装具及动植物"六个二级明细科目。

无偿调拨净资产的主要账务处理如下：

（1）按照规定取得无偿调入的存货、长期股权投资、固定资产、无形资产、等，按照确定的成本，借记"库存物品""长期股权投资""固定资产""无形资产"等科目，按照调入过程中发生的归属于调入方的相关费用，贷记"零余额账户用款额度""银行存款"等科目，按照其差额，贷记本科目。

（2）按照规定经批准无偿调出存货、长期股权投资、固定资产、无形资产等,按照调出资产的账面余额或账面价值,借记本科目,按照固定资产累计折旧、无形资产累计摊销的金额,借记"固定资产累计折旧""无形资产累计摊销"科目,按照调出资产的账面余额,贷记"库存物品""长期股权投资""固定资产""无形资产"等科目;同时,按照调出过程中发生的归属于调出方的相关费用,借记"资产处置费用"科目,贷记"零余额账户用款额度""银行存款"等科目。

(3)年末,将本科目余额转入累计盈余,借记或贷记本科目,贷记或借记"累计盈余"科目。

年末结账后,本科目应无余额。

(二)无偿调拨净资产会计核算业务

(1)按照规定取得无偿调入的存货、长期股权投资、固定资产、无形资产等

财务会计

借:库存物品/长期股权投资/固定资产/无形资产等

 贷:零余额账户用款额度/银行存款(按照调入过程中发生的归属于调入方的相关费用)

  无偿调拨净资产(按照其差额)

预算会计

借:其他支出(支付的归属于调入方的费用)

 贷:财政拨款预算收入/资金结存

(2)按照规定经批准无偿调出存货、长期股权投资、固定资产、无形资产等

财务会计

借:固定资产累计折旧/无形资产累计摊销

 贷:库存物品/长期股权投资/固定资产/无形资产等(调出资产的账面余额)

同时

借:资产处置费用(调出过程中发生的归属于调出方的相关费用)

 贷:零余额账户用款额度/银行存款

预算会计

借:其他支出(支付的归属于调出方的费用)

 贷:资金结存

(3)年末,将本科目余额转入累计盈余,根据方向不同

财务会计

借:无偿调拨净资产(累计盈余)

  贷:累计盈余(无偿调拨净资产)

不涉及预算会计业务

5.7　3501 以前年度盈余调整会计核算

(一) 以前年度盈余调整会计科目核算说明

本科目核算高等学校本年度发生的调整以前年度盈余的事项,包括本年度发生的重要前期差错更正涉及调整以前年度盈余的事项。

本科目下设"调整以前年度收入""调整以前年度费用""盘盈非流动资产"三个二级明细科目。

以前年度盈余调整的主要账务处理如下:

(1) 调整以前年度收入时,按照调整增加的金额,借记有关科目,贷记本科目。调整减少的金额,做相反会计分录。

(2) 调整以前年度费用时,按照调整增加的金额,借记本科目,贷记有关科目。调整减少的金额,做相反会计分录。

(3) 盘盈的各种非流动资产,报经批准后处理时,借记"待处理财产损溢"科目,贷记本科目。

(4) 经上述调整后,应将本科目的余额转入累计盈余,借记或贷记"累计盈余"科目,贷记或借记本科目。

本科目结转后应无余额。

(二) 以前年度盈余调整会计核算业务

(1) 调整以前年度收入时

① 按照调增金额

财务会计

借:有关资产或负债科目

  贷:以前年度盈余调整

预算会计

借:资金结存(按照实际收到的金额)

  贷:财政拨款结转/财政拨款结余/非财政拨款结转/非财政拨款结余
    (年初调整)

② 按照调减金额

财务会计

借:以前年度盈余调整
　　贷:有关资产或负债科目

预算会计

借:财政拨款结转/财政拨款结余/非财政拨款结转/非财政拨款结余(年初调整)
　　贷:资金结存(按照实际支付的金额)

(2) 调整以前年度费用时

① 按照调增金额

财务会计

借:以前年度盈余调整
　　贷:有关资产或负债科目

预算会计

借:财政拨款结转/财政拨款结余/非财政拨款结转/非财政拨款结余(年初调整)
　　贷:资金结存(按照实际支付的金额)

② 按照调减金额

财务会计

借:有关资产或负债科目
　　贷:以前年度盈余调整

预算会计

借:资金结存(按照实际收到的金额)
　　贷:财政拨款结转/财政拨款结余/非财政拨款结转/非财政拨款结余(年初调整)

③ 盘盈的各种非流动资产,报经批准后处理时

财务会计

借:待处理财产损溢
　　贷:以前年度盈余调整

不涉及预算会计业务

④ 经上述调整后,应将本科目的余额转入累计盈余,根据方向不同

财务会计

借:累计盈余(或以前年度盈余调整)

 贷:以前年度盈余调整(或累计盈余)

不涉及预算会计业务

(三)以前年度盈余调整会计核算示范

[例5-8]2019年10月,某高校发现上一年度多支付了设备维修费5 000元,其资金性质为非财政非专项资金。现收回多交的款项,存入单位的银行账户,应当调整以前年度盈余。

(1)收回维修费5 000元

财务会计

借:银行存款	5 000
贷:以前年度盈余调整	5 000

预算会计

借:资金结存—货币资金	5 000
贷:非财政拨款结转—年初余额调整	5 000

(2)结转以前年度盈余调整

财务会计

借:以前年度盈余调整	5 000
贷:累计盈余	5 000

[例5-9]2019年某高校发现一笔上年度发生的车辆修理费10 000元未支付,现通过授权支付方式支付给维修公司。

(1)支付车辆修理费10 000元

财务会计

借:以前年度盈余调整	10 000
贷:零余额账户用款额度	10 000

预算会计

借:财政拨款结转—年初余额调整	10 000
贷:资金结存—零余额账户用款额度	10 000

(2)结转以前年度盈余调整

财务会计

借:累计盈余	10 000

贷：以前年度盈余调整　　　　　　　　　　　　　　　10 000

　　预算会计不记账

[例5-10]2019年1月,某高校在资产清查时,发现盘盈复印机一台,经资产评估机构评估价格为12 000元,预计使用年限3年。

（1）财务会计

　　借：固定资产—办公设备—复印机　　　　　　　　　12 000
　　　　贷：待处理财产损溢　　　　　　　　　　　　　　12 000

　　预算会计不处理

（2）经批复后

　　借：待处理财产损溢　　　　　　　　　　　　　　　　12 000
　　　　贷：以前年度盈余调整　　　　　　　　　　　　　12 000
　　借：以前年度盈余调整　　　　　　　　　　　　　　　12 000
　　　　贷：累计盈余　　　　　　　　　　　　　　　　　12 000

　　预算会计不记账

[例5-11]某高校2019年9月发现,以前年度购置的两台固定资产没有补提折旧。经过计算,补提至2018年12月31日之前的累计折旧为170 000元,应当调整以前年度盈余。

财务会计

　　借：以前年度盈余调整　　　　　　　　　　　　　　　170 000
　　　　贷：固定资产累计折旧　　　　　　　　　　　　　170 000
　　借：累计盈余　　　　　　　　　　　　　　　　　　　170 000
　　　　贷：以前年度盈余调整　　　　　　　　　　　　　170 000

　　预算会计不记账

第六章 收入类会计科目设置和使用说明

表6-1 收入类会计科目设置明细表

序 号	科目编号	科目名称
1	4001	财政拨款收入
2	4101	事业收入
3	4201	上级补助收入
4	4301	附属单位上缴收入
5	4401	经营收入
6	4601	非同级财政拨款收入
7	4602	投资收益
8	4603	捐赠收入
9	4604	利息收入
10	4605	租金收入
11	4609	其他收入

6.1 4001财政拨款收入会计核算

(一) 财政拨款收入会计科目核算说明

本科目核算高等学校从同级政府财政部门取得的各类财政拨款。

同级政府财政部门预拨的下期预算款和没有纳入预算的暂付款项,以及采用实拨资金方式通过本单位转拨给下属单位的财政拨款,通过"其他应付款"科目核算,不通过本科目核算。

本科目下设"基本支出""项目支出"两个二级明细科目:"基本支出"科目下设"人员经费""日常公用经费";"项目支出"科目可以按照财政拨款专项指

标批文设置明细。

本科目可按照一般公共预算财政拨款、政府性基金预算财政拨款等拨款种类进行明细核算。

财政拨款收入的主要账务处理如下：

（1）财政直接支付方式下，根据收到的"财政直接支付入账通知书"及相关原始凭证，按照通知书中的直接支付入账金额，借记"库存物品""固定资产""业务活动费用""单位管理费用""应付职工薪酬"等科目，贷记本科目。涉及增值税业务的，相关账务处理参见"应交增值税"科目。

年末，根据本年度财政直接支付预算指标数与当年财政直接支付实际支付数的差额，借记"财政应返还额度—财政直接支付"科目，贷记本科目。

（2）财政授权支付方式下，根据收到的"财政授权支付额度到账通知书"，按照通知书中的授权支付额度，借记"零余额账户用款额度"科目，贷记本科目。

年末，本年度财政授权支付预算指标数大于零余额账户用款额度下达数的，根据未下达的用款额度，借记"财政应返还额度—财政授权支付"科目，贷记本科目。

（3）其他方式下收到财政拨款收入时，按照实际收到的金额，借记"银行存款"等科目，贷记本科目。

（4）因差错更正或购货退回等发生国库直接支付款项退回的，属于以前年度支付的款项，按照退回金额，借记"财政应返还额度—财政直接支付"科目，贷记"以前年度盈余调整""库存物品"等科目；属于本年度支付的款项，按照退回金额，借记本科目，贷记"业务活动费用""库存物品"等科目。

（5）期末，将本科目本期发生额转入本期盈余，借记本科目，贷记"本期盈余"科目。

期末结转后，本科目应无余额。

（二）财政拨款收入会计核算业务

（1）财政直接支付方式下

① 根据"财政直接支付入账通知书"及相关原始凭证，按支付入账金额

财务会计

借：库存物品/固定资产/业务活动费用/单位管理费用/应付职工薪酬等

  贷：财政拨款收入

预算会计

借:事业支出

　　贷:财政拨款预算收入

② 年末根据本年度财政直接支付预算指标数与当年财政直接支付实际支付数的差额

财务会计

借:财政应返还额度——财政直接支付

　　贷:财政拨款收入

预算会计

借:资金结存—财政应返还额度

　　贷:财政拨款预算收入

(2) 财政授权支付方式下

① 根据收到的"财政授权支付额度到账通知书",按照通知书中的授权支付额度

财务会计

借:零余额账户用款额度

　　贷:财政拨款收入

预算会计

借:资金结存—零余额账户用款额度

　　贷:财政拨款预算收入

② 年末,本年度财政授权支付预算指标数大于零余额账户用款额度下达数的,根据未下达的用款额度

财务会计

借:财政应返还额度—财政授权支付

　　贷:财政拨款收入

预算会计

借:资金结存—财政应返还额度

　　贷:财政拨款预算收入

(3) 其他方式下收到财政拨款收入时,按照实际收到的金额

财务会计

借:银行存款

贷：财政拨款收入

预算会计

借：资金结存—货币资金

　　贷：财政拨款预算收入

(4) 因差错更正或购货退回等发生国库直接支付款项退回的

① 属于以前年度支付的款项,按照退回金额

财务会计

借：财政应返还额度—财政直接支付

　　贷：以前年度盈余调整/库存物品

预算会计

借：资金结存—财政 应返还额度

　　贷：财政拨款结转/财政拨款结余—年初余额调整

② 属于本年度支付的款项,按照退回金额

财务会计

借：财政拨款收入

　　贷：业务活动费用/库存物品

预算会计

借：财政拨款预算收入

　　贷：事业支出

(5) 期末,将本科目本期发生额转入本期盈余

财务会计

借：财政拨款收入

　　贷：本期盈余

预算会计

借：财政拨款预算收入

　　贷：财政拨款结转—本年收支结转

(三) 财政拨款收入会计核算示范

[例 6-1] 某省属高校收到省财政厅拨付的专项经费 800 万元,该高校凭"财政授权支付额度到账通知书"及年初预算批复等相关资料。

财务会计

借：零余额账户用款额度—X 专项　　　　　　　　　　　800 万

贷：财政拨款收入——一般公共预算财政拨款【功能分类】—项目支出（X
　　　　项目） 800万

预算会计

　　借：资金结存—零余额账户用款额度—X专项 800万
　　贷：财政拨款预算收入——一般公共预算财政拨款【功能分类】—项目支
　　　　出（X项目） 800万

［例6-2］某省属高校收到省财政厅按月拨付的人员工资2 000万元，基本运行经费1 000万元，该高校凭"财政授权支付额度到账通知书"及年初预算批复等相关资料。

财务会计

　　借：零余额账户用款额度 3 000万
　　贷：财政拨款收入——一般公共预算财政拨款【功能分类】—基本支出—
　　　　人员经费 2 000万
　　　　财政拨款收入——一般公共预算财政拨款【功能分类】—基本支出—
　　　　日常公用经费 1 000万

预算会计

　　借：资金结存—零余额账户用款额度 3 000万
　　贷：财政拨款预算收入——一般公共预算财政拨款【功能分类】—基本支
　　　　出—人员经费 2 000万
　　　　财政拨款预算收入——一般公共预算财政拨款【功能分类】—基本支
　　　　出—日常公用经费 1 000万

6.2　4101 事业收入会计核算

（一）事业收入会计科目核算说明

本科目核算高等学校开展专业业务活动及其辅助活动实现的收入，包括通过学历和非学历教育向学生个人或者单位收取的学费、住宿费、委托培养费、考试考务费、培训费和其他教育事业收入，不包括从同级政府财政部门取得的各类财政拨款。

本科目应当按照事业收入的类别、来源等进行明细核算。

本科目按照收入类别下设"教育事业收入""科研事业收入"两个二级明细科目；"教育事业收入"科目按照收入来源细分"学费""住宿费""考试费"三个

三级明细科目。

"科研事业收入"科目下设"非同级财政拨款""横向科研收入"三级明细科目,"非同级财政拨款"科目下设"中央""地方"两个四级明细科目。

事业收入的主要账务处理如下:

(1) 采用财政专户返还方式管理的事业收入

① 实现应上缴财政专户的事业收入时,按照实际收到或应收的金额,借记"银行存款""应收账款"等科目,贷记"应缴财政款"科目。

② 向财政专户上缴款项时,按照实际上缴的款项金额,借记"应缴财政款"科目,贷记"银行存款"等科目。

③ 收到从财政专户返还的事业收入时,按照实际收到的返还金额,借记"银行存款"等科目,贷记本科目。

(2) 采用预收款方式确认的事业收入

① 实际收到预收款项时,按照收到的款项金额,借记"银行存款"等科目,贷记"预收账款"科目。

② 以合同完成进度确认事业收入时,按照基于合同完成进度计算的金额,借记"预收账款"科目,贷记本科目。

(3) 采用应收款方式确认的事业收入

高等学校以合同完成进度确认事业收入时,应当根据业务实质,选择累计实际发生的合同成本占合同预计总成本的比例、已经完成的合同工作量占合同预计总工作量的比例、已经完成的时间占合同期限的比例、实际测定的完工进度等方法,合理确定合同完成进度。

① 根据合同完成进度计算本期应收的款项,借记"应收账款"科目,贷记本科目。

② 实际收到款项时,借记"银行存款"等科目,贷记"应收账款"科目。

(4) 其他方式下确认的事业收入,按照实际收到的金额,借记"银行存款""库存现金"等科目,贷记本科目。

上述(2)至(4)中涉及增值税业务的,相关账务处理参见"应交增值税"科目。

(5) 期末,将本科目本期发生额转入本期盈余,借记本科目,贷记"本期盈余"科目。

期末结转后,本科目应无余额。

(二)事业收入会计核算业务

(1) 采用财政专户返还方式管理的事业收入

① 实现应上缴财政专户的事业收入时,按照实际收到或应收的金额

财务会计

借:银行存款/应收账款

   贷:应缴财政款

不涉及预算会计业务

② 向财政专户上缴款项时,按照实际上缴的款项金额

财务会计

借:应缴财政款

   贷:银行存款

不涉及预算会计业务

③ 收到从财政专户返还的事业收入时,按照实际收到的返还金额

财务会计

借:银行存款

   贷:事业收入

预算会计

借:资金结存——货币资金

   贷:事业预算收入

(2) 采用预收款方式确认的事业收入

① 实际收到预收款项时,按照收到的款项金额

财务会计

借:银行存款

   贷:预收账款

预算会计

借:资金结存——货币资金

   贷:事业预算收入

② 以合同完成进度确认事业收入时,按照基于合同完成进度计算的金额

财务会计

借:预收账款

   贷:事业收入

不涉及预算会计业务

(3) 采用应收款方式确认的事业收入

① 根据合同完成进度计算本期应收的款项

财务会计

借:应收账款

 贷:事业收入

不涉及预算会计业务

② 实际收到款项时

财务会计

借:银行存款

 贷:应收账款

预算会计

借:资金结存——货币资金

 贷:事业预算收入

(4) 其他方式下确认的事业收入,按照实际收到的金额

财务会计

借:银行存款/库存现金

 贷:事业收入

预算会计

借:资金结存——货币资金

 贷:事业预算收入

(5) 期末,将本科目本期发生额转入本期盈余

财务会计

借:事业收入

 贷:本期盈余

预算会计

① 专项资金收入时

借:事业预算收入

 贷:非财政补助结转——本年收支结转

② 非专项资金收入

借:事业预算收入

贷：其他结余

（三）事业收入会计核算示范

[例6-3]某高校2019年7月收到学生交纳的学费500万元，全部上缴财政专户。2019年10月收到财政返还学费500万元。

（1）收缴学费时存入学校实有资金帐户

① 收学生学费时会计

借：银行存款	500万
贷：应缴财政款—学费	500万

不需做预算会计

② 上缴财政专户时会计

借：应缴财政款—学费	500万
贷：银行存款	500万

不需做预算会计

（2）10月财政通过国库集中支付系统返还学费务会计

财务会计

借：零余额账户用款额度	500万
贷：事业收入—教育事业收入—学费	500万

预算会计

借：资金结存—零余额账户用款额度	500万
贷：事业预算收入—教育事业预算收入	500万

[例6-4]2019年6月，某高校与＊＊煤矿集团公司签订技术开发合同，合同价款100万元，税率为3%。按照合同约定开具增值税专用发票，款项尚未收到。

2019年6月，签订科研合同，确认科研收入

（1）财务会计

借：应收账款	100万
贷：事业收入—科研事业收入—横向科研收入	2.91万
应交增值税—销项税额	97.09万

预算会计不做账

（2）2020年7月收到＊＊煤矿集团公司转入科研经费100万元

财务会计

借：银行存款　　　　　　　　　　　　　　　　　　　100万
　　贷：应收账款　　　　　　　　　　　　　　　　　100万
预算会计
借：资金结存—货币资金　　　　　　　　　　　　　　100万
　　贷：事业预算收入—科研事业收入—横向科研收入　100万

6.3　4201 上级补助收入会计核算

（一）上级补助收入会计科目核算说明

本科目核算高等学校从主管部门和上级单位取得的非财政拨款收入。

高等学校应当按照发放补助单位、补助项目等对本科目进行明细核算。

上级补助收入的主要账务处理如下：

（1）确认上级补助收入时，按照应收或实际收到的金额，借记"其他应收款""银行存款"等科目，贷记本科目。

实际收到应收的上级补助款时，按照实际收到的金额，借记"银行存款"等科目，贷记"其他应收款"科目。

（2）期末，将本科目本期发生额转入本期盈余，借记本科目，贷记"本期盈余"科目。

期末结转后，本科目应无余额。

（二）上级补助收入会计核算业务

（1）确认上级补助收入时，按照应收或实际收到的金额

财务会计

借：其他应收款/银行存款等

　　贷：上级补助收入

预算会计

借：资金结存—货币资金（按实际收到的金额）

　　贷：上级补助预算收入

（2）实际收到应收上级补助款时，按照实际收到的金额

财务会计

借：银行存款

　　贷：其他应收款

预算会计

借：资金结存—货币资金（按实际收到的金额）
　　贷：上级补助预算收入
（3）期末,将本科目本期发生额转入本期盈余
财务会计
借：上级补助收入
　　贷：本期盈余
预算会计
区分专项和非专项的上级补助收入
① 专项资金收入
借：上级补助预算收入
　　贷：非财政补助结转—本年收支结转
② 非专项资金收入
借：上级补助预算收入
　　贷：其他结余

（三）上级补助收入会计核算示范

[例6-5]2019年3月,某省属高校收到省教育厅拨付的培训经费50万元,用途为党建培训支出。

（1）收到款项时
财务会计

借：银行存款	50万
贷：上级补助收入—培训费	50万

预算会计

借：资金结存—货币资金	50万
贷：上级补助预算收入—培训费	50万

（2）发生培训费支出
财务会计

借：业务活动费用—商品和服务支出	50万
贷：银行存款	50万

预算会计

借：事业支出—非财政专项资金支出—项目支出（培训费）	50万
贷：资金结存—货币资金	50万

6.4　4301附属单位上缴收入会计核算

(一) 附属单位上缴收入会计科目核算说明

本科目核算高等学校取得的附属独立核算单位按照有关规定上缴的收入。

高等学校应当按照附属单位、缴款项目等对本科目进行明细核算。

附属单位上缴收入的主要账务处理如下：

(1) 确认附属单位上缴收入时，按照应收或收到的金额，借记"其他应收款""银行存款"等科目，贷记本科目。

实际收到应收附属单位上缴款时，按照实际收到的金额，借记"银行存款"等科目，贷记"其他应收款"科目。

(2) 期末，将本科目本期发生额转入本期盈余，借记本科目，贷记"本期盈余"科目。

期末结转后，本科目应无余额。

(二) 附属单位上缴收入会计核算业务会计业务

(1) 确认附属单位上缴收入时，按照应收或收到的金额

财务会计

借：其他应收款/银行存款

　　贷：附属单位上缴收入

预算会计

借：资金结存——货币资金（按实际收到的金额）

　　贷：附属单位上缴预算收入

(2) 实际收到应收附属单位上缴款时，按照实际收到的金额

财务会计

借：银行存款

　　贷：其他应收款

预算会计

借：资金结存——货币资金（按实际收到的金额）

　　贷：附属单位上缴预算收入

(3) 期末，将本科目本期发生额转入本期盈余

财务会计

借：附属单位上缴收入

贷:本期盈余

预算会计

① 如属于专项资金收入

借:附属单位上缴预算收入

　　贷:非财政补助结转—本年收支结转

② 如属于非专项资金收入

借:附属单位上缴预算收入

　　贷:其他结余

6.5　4401经营收入会计核算

(一)经营收入会计科目核算说明

本科目核算高等学校在教学业务活动及其辅助活动之外,开展非独立核算经营活动取得的收入。

高等学校应当按照经营活动类别、项目和收入来源等对本科目进行明细核算。

经营收入应当在提供服务或发出存货,同时收讫价款或者取得索取价款的凭据时,按照实际收到或应收的金额予以确认。

经营收入的主要账务处理如下:

(1)实现经营收入时,按照确定的收入金额,借记"银行存款""应收账款""应收票据"等科目,贷记本科目。涉及增值税业务的,相关账务处理参见"应交增值税"科目。

(2)期末,将本科目本期发生额转入本期盈余,借记本科目,贷记"本期盈余"科目。

期末结转后,本科目应无余额。

(二)经营收入会计核算业务

(1)实现经营收入时,按照收到或确定的收入金额

财务会计

借:银行存款/应收账款/应收票据

　　贷:经营收入

预算会计

借:资金结存—货币资金(按实际收到的金额)

贷:经营预算收入

　　涉及增值税业务的,相关账务处理参见"应交增值税"科目。

（2）实际收回应收款项时

财务会计

借:银行存款

　　贷:应收账款/应收票据

预算会计

借:资金结存—货币资金(按实际收到的金额)

　　贷:经营预算收入

（3）期末,将本科目本期发生额转入本期盈余

财务会计

借:经营收入

　　贷:本期盈余

预算会计

借:经营预算收入

　　贷:经营结余

6.6　4601非同级财政拨款收入会计核算

（一）非同级财政拨款收入会计科目核算说明

本科目核算高等学校从非同级政府财政部门取得的经费拨款,包括从同级政府其他部门取得的横向转拨财政款、从上级或下级政府财政部门取得的经费拨款等。

高等学校因开展科研及其辅助活动从非同级政府财政部门取得的经费拨款,应当通过"事业收入—非同级财政拨款"科目核算,不通过本科目核算。

本科目应当设"同级横向转拨财政款"和"非同级财政拨款"两个二级明细科目进行明细核算,并按照收入来源设置"本部门内部单位"和"本部门以外同级政府单位"两个三级明细科目进行明细核算。

非同级财政拨款收入的主要账务处理如下:

（1）确认非同级财政拨款收入时,按照应收或实际收到的金额,借记"其他应收款""银行存款"等科目,贷记本科目。

（2）期末,将本科目本期发生额转入本期盈余,借记本科目,贷记"本期盈

余"科目。

期末结转后,本科目应无余额。

(二) 非同级财政拨款收入会计核算业务

(1) 确认非同级财政拨款收入时,按照应收或实际收到的金额

财务会计

借:其他应收款/银行存款

　　贷:非同级财政拨款收入

预算会计

借:资金结存—货币资金(实际收到的金额)

　　贷:非同级财政拨款预算收入

(2) 收回应收款项时

财务会计

借:银行存款

　　贷:其他应收款

预算会计

借:资金结存—货币资金(实际收到的金额)

　　贷:非同级财政拨款预算收入

(3) 期末,将本科目本期发生额转入本期盈余

财务会计

借:非同级财政拨款收入

　　贷:本期盈余

预算会计

① 如属于专项资金收入

借:非同级拨款预算收入

　　贷:非财政拨款结转—本年收支结转

② 如属于非专项资金收入

借:非同级拨款预算收入

　　贷:其他结余

(三) 非同级财政拨款收入会计核算示范

[例6-6]某省属高校2019年收到省人社厅转拨的离休人员补助20 000元。

（1）收到补助款时

财务会计

借：银行存款 20 000
　　贷：非同级财政拨款收入—非专项资金收入 20 000

预算会计

借：资金结存—货币资金 20 000
　　贷：非同级财政拨款预算收入—非专项资金收入 20 000

（2）用于离休人员支出时

财务会计

借：单位管理费用—对个人和家庭补助 20 000
　　贷：银行存款 20 000

预算会计

借：事业支出—其他资金支出—基本支出—对个人和家庭补助支出—离休费 20 000
　　贷：资金结存—货币资金 20 000

[例6-7]某省属高校收到省委组织部发来的相关文件，拨付专项人才培养资助经费50万元。

（1）凭文件等相关资料

财务会计

借：其他应收款—应收的上级补助—省委组织部 50万
　　贷：非同级财政拨款收入—同级横向转拨财政款—＊＊专项 50万

预算会计不做账

（2）实际收到拨款时

财务会计

借：银行存款 50万
　　贷：其他应收款—应收的上级补助—省委组织部 50万

预算会计

借：资金结存—货币资金 50万
　　贷：非同级财政拨款预算收入—同级横向转拨财政款—＊＊专项计划 50万

[例 6-8]某省属高校收到市财政局拨付的科技共建项目经费 10 万元。

财务会计

借:银行存款　　　　　　　　　　　　　　　　　　　10 万

　　贷:非同级财政拨款收入—非同级财政拨款—市校共建科技项目

　　　　　　　　　　　　　　　　　　　　　　　　　10 万

预算会计

借:资金结存—货币资金　　　　　　　　　　　　　　10 万

　　贷:非同级财政拨款预算收入—非同级财政拨款—市校共建科技项目

　　　　　　　　　　　　　　　　　　　　　　　　　10 万

6.7　4602 投资收益会计核算

(一) 投资收益会计科目核算说明

本科目核算高等学校股权投资和债券投资所实现的收益或发生的损失。

高等学校应当按照投资的种类等对本科目进行明细核算。

部分省份规定,该业务在"应缴财政款"科目核算不在本科目核算。

投资收益的主要账务处理如下:

(1) 收到短期投资持有期间的利息,按照实际收到的金额,借记"银行存款"科目,贷记"投资收益"科目。

(2) 出售或到期收回短期债券本息,按照实际收到的金额,借记"银行存款"科目,按照出售或收回短期投资的成本,贷记"短期投资"科目,按照其差额,贷记或借记本科目。涉及增值税业务的,相关账务处理参见"应交增值税"科目。

(3) 持有的分期付息、一次还本的长期债券投资,按期确认利息收入时,按照计算确定的应收未收利息,借记"应收利息"科目,贷记本科目;持有的到期一次还本付息的债券投资,按期确认利息收入时,按照计算确定的应收未收利息,借记"长期债券投资—应计利息"科目,贷记本科目。

(4) 出售长期债券投资或到期收回长期债券投资本息,按照实际收到的金额,借记"银行存款"等科目,按照债券初始投资成本和已计未收利息金额,贷记"长期债券投资—成本、应计利息"科目[到期一次还本付息债券]或"长期债券投资"、"应收利息"科目[分期付息债券],按照其差额,贷记或借记本科目。涉及增值税业务的,相关账务处理参见"应交增值税"科目。

（5）采用成本法核算的长期股权投资持有期间,被投资单位宣告分派现金股利或利润时,按照宣告分派的现金股利或利润中属于单位应享有的份额,借记"应收股利"科目,贷记本科目。

采用权益法核算的长期股权投资持有期间,按照应享有或应分担的被投资单位实现的净损益的份额,借记或贷记"长期股权投资—损益调整"科目,贷记或借记本科目;被投资单位发生净亏损,但以后年度又实现净利润的,单位在其收益分享额弥补未确认的亏损分担额等后,恢复确认投资收益,借记"长期股权投资—损益调整"科目,贷记本科目。

（6）按照规定处置长期股权投资时有关投资收益的账务处理,参见"长期股权投资"科目。

（7）期末,将本科目本期发生额转入本期盈余,借记或贷记本科目,贷记或借记"本期盈余"科目。

期末结转后,本科目应无余额。

（二）投资收益会计核算业务

（1）收到短期投资持有期间的利息,按照实际收到的金额

财务会计

借：银行存款

  贷：投资收益

预算会计

借：资金结存—货币资金

  贷：投资预算收入

（2）出售或到期收回短期债券本息,按照实际收到的金额

财务会计

借：银行存款

  投资收益（借差）

  贷：短期投资（按照出售或收回短期投资的成本）

    投资收益（贷差）

预算会计

借：资金结存

  投资预算收益（借差）

  贷：投资支出/其他结余—投资成本

投资预算收益(贷差)

（3）持有的分期付息、一次还本的长期债券投资,按期确认利息收入时

① 按照计算确定的应收未收利息

财务会计

借:应收利息

　　贷:投资收益

不涉及预算会计业务

② 实际收到利息时

财务会计

借:银行存款

　　贷:应收利息

预算会计

借:资金结存—货币资金

　　贷:投资预算收益

（4）持有的到期一次还本付息的债券投资,按期确认利息收入时

按照计算确定的应收未收利息

财务会计

借:长期债券投资—应计利息

　　贷:投资收益

不涉及预算会计

（5）出售长期债券投资或到期收回长期债券投资本息,按照实际收到的金额

财务会计

借:银行存款

　　　投资收益(借差)

　　贷:长期债券投资

　　　　应收利息

　　　　投资收益(贷差)

预算会计

借:资金结存—货币资金

　　　投资预算收益(借差)

贷:投资支出/其他结余
　　　　投资预算收益(贷差)
　(6)采用成本法核算的长期股权投资持有期间,被投资单位宣告分派现金股利或利润时,按照宣告分派的现金股利或利润中属于单位应享有的份额
　　财务会计
　　借:应收股利
　　　　贷:投资收益
　　不涉及预算会计业务
　　取得分派的利润或股利,按照实际收到的金额
　　财务会计
　　借:银行存款
　　　　贷:投资收益
　　预算会计
　　借:资金结存—货币资金
　　　　贷:投资预算收益
　(7)采用权益法核算的长期股权投资持有期间,按照应享有或应分担的被投资单位实现的净损益的份额
　　财务会计
　　借:长期股权投资—损益调整(投资收益)
　　　　贷:投资收益(长期股权投资—损益调整)
　　不涉及预算会计业务
　　收到被投资单位发放的现金股利
　　财务会计
　　借:银行存款
　　　　贷:应收股利
　　预算会计
　　借:资金结存—货币资金
　　　　贷:投资预算收益
　　被投资单位发生净亏损,但以后年度又实现净利润的,单位在其收益分享额弥补未确认的亏损分担额等后,恢复确认投资收益
　　财务会计

借:长期股权投资—损益调整
　　贷:投资收益
不涉及预算会计业务

(8)按照规定处置长期股权投资时有关投资收益的账务处理,参见"长期股权投资"科目。

(9)期末,将本科目本期发生额转入本期盈余

财务会计

借:投资收益(本期盈余)
　　贷:本期盈余(投资收益)

预算会计

借:投资预算收益(其他结余)
　　贷:其他结余(投资预算收益)

6.8　4603 捐赠收入会计核算

(一)捐赠收入会计科目核算说明

本科目核算高等学校接受其他单位或者个人捐赠取得的收入。

高等学校应当按照捐赠资产的用途和捐赠单位等对本科目进行明细核算。

捐赠收入的主要账务处理如下:

(1)接受捐赠的货币资金,按照实际收到的金额,借记"银行存款""库存现金"等科目,贷记本科目。

(2)接受捐赠的存货、固定资产等非现金资产,按照确定的成本,借记"库存物品""固定资产"等科目,按照发生的相关税费、运输费等,贷记"银行存款"等科目,按照其差额,贷记本科目。

(3)接受捐赠的资产按照名义金额入账的,按照名义金额,借记"库存物品""固定资产"等科目,贷记本科目;同时,按照发生的相关税费、运输费等,借记"其他费用"科目,贷记"银行存款"等科目。

(4)期末,将本科目本期发生额转入本期盈余,借记本科目,贷记"本期盈余"科目。

期末结转后,本科目应无余额。

(二)捐赠收入会计核算业务

(1)接受捐赠的货币资金,按照实际收到的金额

财务会计

借:银行存款/库存现金

 贷:捐赠收入

预算会计

借:资金结存—货币资金

 贷:其他预算收入—捐赠收入

(2)接受捐赠的存货、固定资产等非现金资产,按照确定的成本

财务会计

借:库存物品/固定资产等

 贷:银行存款(发生的相关税费、运输费用)

  捐赠收入(差额)

预算会计

借:其他支出(支付的相关税费、运输费用)

 贷:资金结存

(3)接受捐赠的资产按照名义金额入账的,按照名义金额1元入账

财务会计

借:库存物品/固定资产等

 贷:捐赠收入

同时,按照发生的相关税费、运输费等

借:其他费用

 贷:银行存款

预算会计

借:其他支出(支付的相关税费、运输费用)

 贷:资金结存

(4)期末,将本科目本期发生额转入本期盈余

财务会计

借:捐赠收入

 贷:本期盈余

预算会计

① 如属于专项资金收入

借:其他预算收入—捐赠收入

贷:非财政拨款结转—本年收支结转

② 如非专项资金收入

借:其他预算收入—捐赠收入

　　贷:其他结余

6.9　4604 利息收入会计核算

(一) 利息收入会计科目核算说明

本科目核算高等学校取得的银行存款利息收入。

部分省份规定,利息收入上缴财政,应通过"应缴财政款"核算。

利息收入的主要账务处理如下:

(1) 取得银行存款利息时,按照实际收到的金额,借记"银行存款"科目,贷记本科目。

(2) 期末,将本科目本期发生额转入本期盈余,借记本科目,贷记"本期盈余"科目。

期末结转后,本科目应无余额。

(二) 利息收入会计核算业务

(1) 取得银行存款利息时,按照实际收到的金额

财务会计

借:银行存款

　　贷:利息收入

预算会计

借:资金结存—货币资金

　　贷:其他预算收入—利息收入

(2) 期末,将本科目本期发生额转入本期盈余

财务会计

借:利息收入

　　贷:本期盈余

预算会计

借:其他预算收入—利息收入

　　贷:其他结余

6.10　4605 租金收入会计核算

（一）租金收入会计科目核算说明

本科目核算高等学校经批准利用国有资产出租取得、并按照规定纳入本单位预算管理的租金收入。

高等学校应当按照出租国有资产类别和收入来源等对本科目进行明细核算。

部分省份规定,租金收入上缴财政,应通过"应缴财政款"核算。

租金收入的主要账务处理如下：

（1）国有资产出租收入,应当在租赁期内各个期间按照直线法予以确认。

① 采用预收租金方式的,预收租金时,按照收到的金额,借记"银行存款"等科目,贷记"预收账款"科目；分期确认租金收入时,按照各期租金金额,借记"预收账款"科目,贷记本科目。

② 采用后付租金方式的,每期确认租金收入时,按照各期租金金额,借记"应收账款"科目,贷记本科目；收到租金时,按照实际收到的金额,借记"银行存款"等科目,贷记"应收账款"科目。

③ 采用分期收取租金方式的,每期收取租金时,按照租金金额,借记"银行存款"等科目,贷记本科目。

涉及增值税业务的,相关账务处理参见"应交增值税"科目。

（2）期末,将本科目本期发生额转入本期盈余,借记本科目,贷记"本期盈余"科目。

期末结转后,本科目应无余额。

（二）租金收入会计核算业务

（1）国有资产出租收入,应当在租赁期内各个期间按照直线法予以确认

① 采用预收租金方式的,预收租金时,按照收到的金额

财务会计

借：银行存款

　　贷：预收账款

预算会计

借：资金结存—货币资金

　　贷：其他预算收入—租金收入

按直线法分期确认租金收入时

财务会计

借:预收账款

 贷:租金收入

不涉及预算会计业务

② 采用后付租金方式的,每期确认租金收入时,按照各期租金金额

财务会计

借:应收账款

 贷:租金收入

不涉及预算会计业务

收到租金时,按照实际收到的金额

财务会计

借:银行存款

 贷:应收账款

预算会计

借:资金结存—货币资金

 贷:其他预算收入—租金收入

③ 采用分期收取租金方式的,每期收取租金时,按照租金金额

财务会计

借:银行存款

 贷:租金收入

预算会计

借:资金结存—货币资金

 贷:其他预算收入—租金收入

涉及增值税业务的,相关账务处理参见"应交增值税"科目。

(2) 期末,将本科目本期发生额转入本期盈余

财务会计

借:租金收入

 贷:本期盈余

预算会计

借:其他预算收入—租金收入

贷:其他结余

6.11　4609其他收入会计核算

(一) 其他收入会计科目核算说明

本科目核算高等学校取得的除财政拨款收入、事业收入、上级补助收入、附属单位上缴收入、经营收入、非同级财政拨款收入、投资收益、捐赠收入、利息收入、租金收入以外的各项收入,包括现金盘盈收入、按照规定纳入单位预算管理的科技成果转化收入、无法偿付的应付及预收款项、置换换出资产评估增值等。

本科目应当按照其他收入的类别、来源等进行明细核算,下设"现金盘盈收入""科技成果转化收入""核销应付及预收款项""其他"四个二级明细科目。

其他收入的主要账务处理如下:

(1) 现金盘盈收入

每日现金账款核对中发现的现金溢余,属于无法查明原因的部分,报经批准后,借记"待处理财产损溢"科目,贷记本科目。

(2) 科技成果转化收入

高等学校科技成果转化所取得的收入,按照规定留归本单位的,按照所取得收入扣除相关费用之后的净收益,借记"银行存款"等科目,贷记本科目。

(3) 收回已核销的其他应收款

高等学校已核销的其他应收款在以后期间收回的,按照实际收回的金额,借记"银行存款"等科目,贷记本科目。

(4) 无法偿付的应付及预收款项

无法偿付或债权人豁免偿还的应付账款、预收账款、其他应付款及长期应付款,借记"应付账款""预收账款""其他应付款""长期应付款"等科目,贷记本科目。

(5) 置换换出资产评估增值

资产置换过程中,换出资产评估增值的,按照评估价值高于资产账面价值或账面余额的金额,借记有关科目,贷记本科目。具体账务处理参见"库存物品"等科目。

以未入账的无形资产取得的长期股权投资,按照评估价值加相关税费作为投资成本,借记"长期股权投资"科目,按照发生的相关税费,贷记"银行存款"

"其他应交税费"等科目,按其差额,贷记本科目。

(6)确认(1)至(5)以外的其他收入时,按照应收或实际收到的金额,借记"其他应收款""银行存款""库存现金"等科目,贷记本科目。涉及增值税业务的,相关账务处理参见"应交增值税"科目。

(7)期末,将本科目本期发生额转入本期盈余,借记本科目,贷记"本期盈余"科目。

期末结转后,本科目应无余额。

(二)其他收入会计核算业务

(1)现金盘盈收入

每日现金账款核对中发现的现金溢余,属于无法查明原因的部分,报经批准后

财务会计

借:待处理财产损溢

　　贷:其他收入

不涉及预算会计业务

(2)科技成果转化收入

高等学校科技成果转化所取得的收入,按照规定留归本单位的,按照所取得收入扣除相关费用之后的净收益

财务会计

借:银行存款

　　贷:其他收入

预算会计

借:资金结存—货币资金

　　贷:其他预算收入

(3)高等学校已核销的其他应收款在以后期间收回

财务会计

借:银行存款

　　贷:其他收入

预算会计

借:资金结存—货币资金

　　贷:其他预算收入

（4）无法偿付的应付及预收款项

高等学校无法偿付或债权人豁免偿还的应付账款、预收账款、其他应付款及长期应付款

财务会计

借：应付账款/预收账款/其他应付款/长期应付款等
　　贷：其他收入

不涉及预算会计业务

（5）置换换出资产评估增值

① 资产置换过程中，换出资产评估增值的，按照评估价值高于资产账面价值或账面余额的金额

财务会计

借：有关科目
　　贷：其他收入

不涉及预算会计业务

② 以未入账的无形资产取得的长期股权投资，按照评估价值加相关税费作为投资成本

财务会计

借：长期股权投资
　　贷：银行存款（支付的相关税费）
　　　　其他应交税费
　　　　其他收入（扣除上述费用后的净值）

预算会计

借：其他支出（支付的相关税费）
　　贷：资金结存—货币资金

（6）确认除了以上提及的其他收入时，按照应收或实际收到的金额

财务会计

借：其他应收款/银行存款/库存现金等
　　贷：其他收入

预算会计

借：资金结存—货币资金（按实际收到的金额）
　　贷：其他预算收入

(7) 期末将本科目本期发生额转入本期盈余

财务会计

借:其他收入

 贷:本期盈余

预算会计

① 如属于专项资金收入

借:其他预算收入

 贷:非财政拨款结转——本年收支结转

② 如非专项资金收入

借:其他预算收入

 贷:其他结余

(三) **其他收入会计核算示范**

[例6-9]某高校的一项其他应付款有确凿的证据无需偿付,金额为2 000元,报经批准后进行核销,转为其他收入。

财务会计

借:其他应付款	2 000
贷:其他收入	2 000

预算会计视具体情况记账

第七章 费用类会计科目设置和使用说明

表 7-1 费用类会计科目设置明细表

序 号	科目编号	科目名称
1	5001	业务活动费用
2	5101	单位管理费用
3	5201	经营费用
4	5301	资产处置费用
5	5401	上缴上级费用
6	5501	对附属单位补助费用
7	5801	所得税费用
8	5901	其他费用

7.1 5001 业务活动费用会计核算

(一)业务活动费用会计科目核算说明

本科目核算高等学校因开展教学、科研等业务活动而发生的各项费用。

本科目下设"教育费用""科研费用"两个二级明细科目;"教育费用"科目下设"教学及教辅费用""学生资助费用"两个三级明细科目,核算高等学校开展各类教学活动、教学辅助活动以及学生资助活动所发生的费用。

为了满足成本核算需要,本科目也可以按照"工资福利费用""商品和服务费用""对个人和家庭的补助费用""固定资产折旧费""无形资产摊销费""计提专用基金"等成本项目设置明细科目,归集能够直接计入业务活动或采用一定方法计算后计入业务活动的费用。

高等学校的教学费用,是指高等学校各学院、系(含无独立经费来源的科研院所、中心)等教学机构开展教学活动所发生的各项费用。教辅费用,是指高等学校信息网络中心、电教中心、测试中心、图书馆、博物馆、档案馆等教学辅助部门在开展教学辅助活动时所发生的各项费用。学生资助费用,是指高等学校学生处(学工部)、校团委等学生管理部门及学生会为资助学生,以及开展学生活动所发生的各项费用。

高等学校的科研费用,核算高等学校开展科研及其辅助活动发生的各项费用,包括在学院、系以外单独设立的科研院所、中心等各类科研机构发生的费用,以及高等学校为完成各项科研任务发生的各项费用。

业务活动费用的主要账务处理如下:

(1) 为履职或开展业务活动人员计提的薪酬,按照计算确定的金额,借记本科目,贷记"应付职工薪酬"科目。

(2) 为履职或开展业务活动发生的外部人员劳务费,按照计算确定的金额,借记本科目,按照代扣代缴个人所得税的金额,贷记"其他应交税费——应交个人所得税"科目,按照扣税后应付或实际支付的金额,贷记"其他应付款""财政拨款收入""零余额账户用款额度""银行存款"等科目。

(3) 为履职或开展业务活动领用库存物品,按照领用库存物品的账面余额,借记本科目,贷记"库存物品"科目。

(4) 为履职或开展业务活动所使用的固定资产、无形资产计提的折旧、摊销,按照计提金额,借记本科目,贷记"固定资产累计折旧""无形资产累计摊销"科目。

(5) 为履职或开展业务活动发生的城市维护建设税、教育费附加、地方教育费附加、车船税、房产税、城镇土地使用税等,按照计算确定应交纳的金额,借记本科目,贷记"其他应交税费"等科目。

(6) 为履职或开展业务活动发生其他各项费用时,按照费用确认金额,借记本科目,贷记"财政拨款收入""零余额账户用款额度""银行存款""应付账款""其他应付款""其他应收款"等科目。

(7) 按照规定从收入中提取专用基金并计入费用的,一般按照预算会计下基于预算收入计算提取的金额,借记本科目,贷记"专用基金"科目。国家另有规定的,从其规定。

(8) 发生当年购货退回等业务,对于已计入本年业务活动费用的,按照收回或应收的金额,借记"财政拨款收入""零余额账户用款额度""银行存款"

"其他应收款"等科目,贷记本科目。

(9)期末,将本科目本期发生额转入本期盈余,借记"本期盈余"科目,贷记本科目。

期末结转后,本科目应无余额。

(二)业务活动费用会计核算业务

(1)为履职或开展业务活动人员计提的薪酬,按照计算确定的金额

财务会计

借:业务活动费用—工资福利费用

 贷:应付职工薪酬

不涉及预算会计

实际支付薪酬并代扣个税时

财务会计

借:应付职工薪酬

 贷:财政拨款收入/零余额账户用款额度/银行存款

  其他应交税费—应交个人所得税

预算会计

借:事业支出(实际支付给个人的金额)

 贷:财政拨款预算收入/资金结存

实际缴纳代扣个税时

财务会计

借:其他应交税费—应交个人所得税

 贷:财政拨款收入/零余额账户用款额度/银行存款

预算会计

借:事业支出(按实际缴纳的税款)

 贷:财政拨款预算收入/资金结存

(2)为履职或开展业务活动发生的外部人员劳务费,按照计算确定的金额

财务会计

借:业务活动费用—商品和服务费用

 贷:其他应交税费—应交个人所得税

  其他应付款

不涉及预算会计业务

实际支付外部人员劳务费时

财务会计

借:其他应付款

　　贷:财政拨款收入/零余额账户用款额度/银行存款

预算会计

借:事业支出(实际支付给个人的金额)

　　贷:财政拨款预算收入/资金结存

实际缴纳代扣个税时

财务会计

借:其他应交税费—应交个人所得税

　　贷:财政拨款收入/零余额账户用款额度/银行存款

预算会计

借:事业支出(按实际缴纳的税款)

　　贷:财政拨款预算收入/资金结存

(3)为履职或开展业务活动领用库存物品,按照领用库存物品的账面余额

财务会计

借:业务活动费用—商品和服务费用

　　贷:库存物品

不涉及预算会计

(4)为履职或开展业务活动所使用的固定资产、无形资产计提的折旧、摊销,按照计提金额

财务会计

借:业务活动费用

　　贷:固定资产累计折旧/无形资产累计摊销

不涉及预算会计业务

(5)为履职或开展业务活动发生的城市维护建设税、教育费附加、地方教育费附加、车船税、房产税、城镇土地使用税等,按照计算确定应交纳的金额

财务会计

借:业务活动费用—商品和服务费用

　　贷:其他应交税费

不涉及预算会计业务

实际缴纳各项税款时

财务会计

借:其他应交税费

  贷:财政拨款收入/零余额账户用款额度/银行存款

预算会计

借:事业支出

  贷:财政拨款预算收入/资金结存

(6)为履职或开展业务活动发生其他各项费用时,按照费用确认金额

财务会计

借:业务活动费用—商品和服务费用/对个人和家庭的补助费用

  贷:财政拨款收入/零余额账户用款额度/银行存款/其他应付款/应付账款

预算会计

借:事业支出(按照实际支付的金额)

  贷:财政拨款预算收入/资金结存

(7)按照规定从收入中提取专用基金并计入费用的,一般按照预算会计下基于预算收入计算提取的金额

财务会计

借:业务活动费用—计提专用基金

  贷:专用基金

不涉及预算会计

(8)发生当年购货退回等业务,对于已计入本年业务活动费用的,按照收回或应收的金额

财务会计

借:财政拨款收入/零余额账户用款额度/银行存款/其他应收款

  贷:库存物品/业务活动费用

预算会计

借:财政拨款预算收入/资金结存

  贷:事业支出

(9)期末,将本科目本期发生额转入本期盈余

财务会计

借:本期盈余
　　贷:业务活动费用
预算会计
借:财政拨款结转—本年收支结转(财政拨款的支出)
　　非财政拨款结转—本年收支结转(非财政拨款的支出)
　　其他结余(非财政、非专项资金支出)
　　贷:事业支出

(三)业务活动费用会计核算示范

[例7-1]某高校通过零余额账户支付为开展业务活动临时聘用的外部人员劳务费50 000元,代扣代缴个人所得税5 000元。

财务会计

借:业务活动费用—商品服务费用	50 000
贷:其他应交税费—应交个人所得税	5 000
零余额账户用款额度	45 000

预算会计

借:事业支出—商品服务支出—劳务费	45 000
贷:资金结存—零余额账户用款额度	45 000

[例7-2]某省属高校购买专用材料一批,通过零余额账户支付款项6 800元。(1)材料已经验收入库。(2)按加权平均法,领用材料1 500元。

(1)材料入库时

财务会计

借:库存物品	6 800
贷:零余额账户用款额度	6 800

预算会计

借:事业支出—商品服务支出—专用材料	6 800
贷:资金结存—零余额账户用款额度	6 800

(2)领用材料时

财务会计

借:业务活动费用—商品服务费用	1 500
贷:库存物品	1 500

预算会计不处理

7.2 5101单位管理费用会计核算

（一）单位管理费用会计科目核算说明

本科目核算高等学校的机关管理部门、后勤管理部门开展管理活动发生的各项费用，包括学校机关职能部门及后勤管理部门发生的人员经费、公用经费、资产折旧（摊销）等费用，以及由单位统一负担的离退休人员经费、工会经费、诉讼费、中介费等。

本科目下设"行政管理费用""后勤保障费用""离退休费用""单位统一负担的其他管理费用"四个二级明细科目进行明细核算。

"行政管理费用"科目，核算高等学校校部机关（党务部门、行政管理部门，不含各类学生思政教育部门）开展管理活动发生的人员经费、公用经费、资产折旧（摊销）等费用。

"后勤保障费用"科目，核算高等学校为教学、科研、行政管理等活动提供后勤保障发生的费用，包括学校后勤保障部门为提供后勤保障服务发生的各类费用，以及学校统一承担的水、电、煤、气、取暖等各类公用事业费、物业管理费、绿化费、车辆维持使用费、房屋及公用设施维修费、食堂价格补贴等费用。

"离退休费用"科目，核算高等学校负担的离退休人员的工资、补助、活动经费等各项费用。

"单位统一负担的其他管理费用"科目，核算高等学校统一负担的工会经费、诉讼费、中介费、印花税、房产税、车船税等费税。为了满足成本核算需要，本科目下还可按照"工资福利费用""商品和服务费用""对个人和家庭的补助费用""固定资产折旧费""无形资产摊销费"等成本项目设置明细科目，归集能够直接计入单位管理活动或采用一定方法计算后计入单位管理活动的费用。

单位管理费用的主要账务处理如下：

（1）为管理活动人员计提的薪酬，按照计算确定的金额，借记本科目，贷记"应付职工薪酬"科目。

（2）为开展管理活动发生的外部人员劳务费，按照计算确定的费用金额，借记本科目，按照代扣代缴个人所得税的金额，贷记"其他应交税费——应交个人所得税"科目，按照扣税后应付或实际支付的金额，贷记"其他应付款""财政拨款收入""零余额账户用款额度""银行存款"等科目。

（3）开展管理活动内部领用库存物品，按照领用物品实际成本，借记本科目,贷记"库存物品"科目。

(4) 为管理活动所使用固定资产、无形资产计提的折旧、摊销,按照应提折旧、摊销额,借记本科目,贷记"固定资产累计折旧""无形资产累计摊销"科目。

(5) 为开展管理活动发生城市维护建设税、教育费附加、地方教育费附加、车船税、房产税、城镇土地使用税等,按照计算确定应交纳的金额,借记本科目,贷记"其他应交税费"等科目。

(6) 为开展管理活动发生的其他各项费用,按照费用确认金额,借记本科目,贷记"财政拨款收入""零余额账户用款额度""银行存款""其他应付款""其他应收款"等科目。

(7) 发生当年购货退回等业务,对于已计入本年单位管理费用的,按照收回或应收的金额,借记"财政拨款收入""零余额账户用款额度""银行存款""其他应收款"等科目,贷记本科目。

(8) 期末,将本科目本期发生额转入本期盈余,借记"本期盈余"科目,贷记本科目。

期末结转后,本科目应无余额。

(二) 单位管理费用会计核算业务

(1) 为管理活动人员计提的薪酬,按照计算确定的金额

财务会计

借:单位管理费用—工资福利费用
　　贷:应付职工薪酬

不涉及预算会计业务

实际支付薪酬并代扣个税时

财务会计

借:应付职工薪酬
　　贷:财政拨款收入/零余额账户用款额度/银行存款
　　　　其他应交税费—应交个人所得税

预算会计

借:事业支出(实际支付给个人的金额)
　　贷:财政拨款预算收入/资金结存

实际缴纳代扣个税时

财务会计

借：其他应交税费—应交个人所得税
　　贷：财政拨款收入/零余额账户用款额度/银行存款
预算会计
借：事业支出（按实际缴纳的税款）
　　贷：财政拨款预算收入/资金结存
（2）为开展管理活动发生的外部人员劳务费，按照计算确定的费用金额
财务会计
借：单位管理费用—商品和服务费用
　　贷：其他应交税费—应交个人所得税
　　　　其他应付款
不涉及预算会计业务
实际支付外部人员劳务费时
财务会计
借：其他应付款
　　贷：财政拨款收入/零余额账户用款额度/银行存款
预算会计
借：事业支出（实际支付给个人的金额）
　　贷：财政拨款预算收入/资金结存
实际缴纳代扣个税时
财务会计
借：其他应交税费—应交个人所得税
　　贷：财政拨款收入/零余额账户用款额度/银行存款
预算会计
借：事业支出（按实际缴纳的税款）
　　贷：财政拨款预算收入/资金结存
（3）开展管理活动内部领用库存物品，按照领用物品实际成本
财务会计
借：单位管理费用—商品和服务费用
　　贷：库存物品
不涉及预算会计业务
（4）为管理活动所使用固定资产、无形资产计提的折旧、摊销，按照应提折

旧、摊销额

财务会计

借：单位管理费用—固定资产折旧费/无形资产摊销费

　　贷：固定资产累计折旧/无形资产累计摊销

不涉及预算会计业务

（5）为开展管理活动发生城市维护建设税、教育费附加、地方教育费附加、车船税、房产税、城镇土地使用税等，按照计算确定应交纳的金额

财务会计

借：单位管理费用—商品和服务费用

　　贷：其他应交税费

不涉及预算会计业务

实际缴纳各项税款时

财务会计

借：其他应交税费

　　贷：财政拨款收入/零余额账户用款额度/银行存款

预算会计

借：事业支出

　　贷：财政拨款预算收入/资金结存

（6）为开展管理活动发生的其他各项费用，按照费用确认金额

财务会计

借：单位管理费用—商品和服务费用/对个人和家庭的补助费用

　　贷：财政拨款收入/零余额账户用款额度/银行存款/其他应付款/其他应收款/应付账款

预算会计

借：事业支出（按照实际支付的金额）

　　贷：财政拨款预算收入/资金结存

（7）发生当年购货退回等业务，对于已计入本年单位管理费用的，按照收回或应收的金额

财务会计

借：财政拨款收入/零余额账户用款额度/银行存款/应收账款

　　贷：单位管理费用

预算会计

借:财政拨款预算收入/资金结存(按实际退回的金额)

 贷:事业支出

(8)期末,将本科目本期发生额转入本期盈余

财务会计

借:本期盈余

 贷:单位管理费用

预算会计

借:财政拨款结转—本年收支结转(财政拨款的支出)

 非财政拨款结转—本年收支结转(非财政拨款的支出)

 其他结余(非财政、非专项资金支出)

 贷:事业支出

(三)单位管理费用会计核算示范

[例7-3]2019年5月12日,某省属高校以财政授权方式发放本校管理人员工资50万元,其中基本工资20万元,绩效工资30万元,学校代扣个人养老保险4万元、住房公积金6万元、垫付水电费1万元。另外当月授权支付缴纳单位负担的基本养老保险10万元、住房公积金6万元。具体账务处理如下:

(1)计提2月工资

财务会计

借:单位管理费用—工资福利费用		50万
贷:应付职工薪酬—基本工资		20万
—绩效工资		30万

不涉及预算会计账务处理

(2)计提代扣个人负担的各项税费(假设全部从绩效工资指标中代扣)

财务会计

借:应付职工薪酬—绩效工资		11万
贷:应付职工薪酬—养老保险费		4万
—住房公积金		6万
其他应收款—水电费		1万

不涉及预算会计账务处理

(3)计提当月学校应负担的职工养老保险和住房公积金

财务会计

借:单位管理费用—工资福利费用　　　　　　　　16万
　　贷:应付职工薪酬—社会保险费　　　　　　　　10万
　　　　　　　　　　—住房公积金　　　　　　　　6万

不涉及预算会计财务处理

(4) 通过授权支付方式向职工支付薪酬(即扣下代扣部分的实发工资)

财务会计

借:应付职工薪酬—基本工资　　　　　　　　　　20万
　　　　　　　　—绩效工资　　　　　　　　　　19万
　　贷:零余额账户用款额度　　　　　　　　　　　39万

预算会计

借:事业支出—财政拨款支出—基本支出—基本工资　20万
　　　　　　　　　　　　　　　　　—绩效工资　19万
　　贷:资金结存—零余额账户用款额度　　　　　　39万

(5) 缴纳养老保险、住房公积金单位和个人代扣部分

财务会计

借:应付职工薪酬—社会保险费　　　　　　　　　14万
　　　　　　　　—住房公积金　　　　　　　　　12万
　　贷:零余额账户用款额度　　　　　　　　　　　26万

预算会计

借:事业支出—财政拨款支出—基本支出—机关事业单位基本养老保险缴
　　　　　　　　　　　　　　　　　　费　　　　10万
　　　　　　　　　　　　　　　　　—住房公积金　6万
　　　　　　　　　　　　　　　　　—绩效工资　10万
　　贷:资金结存—零余额账户用款额度　　　　　　26万

[例7-4] 某高校根据"固定资产折旧计算表",计提本月固定资产折旧费26万元。其中,属于业务部门的20万元,属于行政及后勤管理部门的6万元。

财务会计

借:业务活动费用—折旧费　　　　　　　　　　　20万
　　单位管理费用—折旧费　　　　　　　　　　　6万
　　贷:固定资产累计折旧　　　　　　　　　　　　26万

预算会计不处理

[例7-5]某高校根据"无形资产摊销计算表",计提本月财务处会计核算软件的无形资产摊销额3 000元。

财务会计

借:单位管理费用—摊销费用　　　　　　　　　　　　　3 000
　贷:无形资产累计摊销　　　　　　　　　　　　　　　　3 000

预算会计不处理

[例7-6]某省属高校取暖费采用预缴方式,供暖期6个月。(1)以零余额账户支付款项1 200万元,取得发票。(2)按月摊销费用200万元。

(1)预缴取暖费

财务会计

借:待摊费用—取暖费　　　　　　　　　　　　　　　　1 200万
　贷:零余额账户用款额度　　　　　　　　　　　　　　　1 200万

预算会计

借:事业支出—后勤保障支出—商品服务支出　　　　　　1 200万
　贷:资金结存—零余额账户用款额度　　　　　　　　　　1 200万

(2)按月摊销取暖费用

财务会计

借:单位管理费用—商品服务费用　　　　　　　　　　　200万
　贷:待摊费用—取暖费　　　　　　　　　　　　　　　　200万

预算会计不处理

7.3　5201 经营费用会计核算

(一)经营费用会计科目核算说明

本科目核算高等学校在专业业务活动及其辅助活动之外,开展非独立核算经营活动发生的各项费用。

高等学校应根据实际情况,按照经营活动类别、项目、支付对象等对本科目进行辅助明细核算。

为了满足成本核算需要,本科目下还可按照"工资福利费用""商品和服务费用""对个人和家庭的补助费用""固定资产折旧费""无形资产摊销费"等成本项目设置明细科目,归集能够直接计入单位经营活动或采用一定方法计算后计入单位经营活动的费用。

经营费用的主要账务处理如下：

（1）为经营活动人员计提的薪酬，按照计算确定的金额，借记本科目，贷记"应付职工薪酬"科目。

（2）开展经营活动领用或发出库存物品，按照物品实际成本，借记本科目，贷记"库存物品"科目。

（3）为经营活动所使用固定资产、无形资产计提的折旧、摊销，按照应提折旧、摊销额，借记本科目，贷记"固定资产累计折旧""无形资产累计摊销"科目。

（4）开展经营活动发生城市维护建设税、教育费附加、地方教育费附加、车船税、房产税、城镇土地使用税等，按照计算确定应交纳的金额，借记本科目，贷记"其他应交税费"等科目。

（5）发生与经营活动相关的其他各项费用时，按照费用确认金额，借记本科目，贷记"银行存款""其他应付款""其他应收款"等科目。涉及增值税业务的，相关账务处理参见"应交增值税"科目。

（6）发生当年购货退回等业务，对于已计入本年经营费用的，按照收回或应收的金额，借记"银行存款""其他应收款"等科目，贷记本科目。

（7）期末，将本科目本期发生额转入本期盈余，借记"本期盈余"科目，贷记本科目。

期末结转后，本科目应无余额。

（二）经营费用会计核算业务

（1）为经营活动人员计提的薪酬，按照计算确定的金额

财务会计

借：经营费用—工资福利费用

　　贷：应付职工薪酬

不涉及预算会计业务

实际支付薪酬并代扣个税时

财务会计

借：应付职工薪酬

　　贷：银行存款

　　　　其他应交税费—应交个人所得税

预算会计

借：经营支出（实际支付给个人的金额）
　　贷：资金结存—货币资金
实际缴纳代扣个税时
财务会计
借：其他应交税费—应交个人所得税
　　贷：银行存款
预算会计
借：经营支出（按实际缴纳的税款）
　　贷：资金结存—货币资金

（2）开展经营活动领用或发出库存物品，按照物品实际成本
财务会计
借：经营费用
　　贷：库存物品
不涉及预算会计业务

（3）为经营活动所使用固定资产、无形资产计提的折旧、摊销，按照应提折旧、摊销额
财务会计
借：经营费用
　　贷：固定资产累计折旧/无形资产累计摊销
不涉及预算会计业务

（4）开展经营活动发生城市维护建设税、教育费附加、地方教育费附加、车船税、房产税、城镇土地使用税等，按照计算确定应交纳的金额
财务会计
借：经营费用
　　贷：其他应交税费
不涉及预算会计业务
实际缴纳税费时
财务会计
借：其他应交税费—应交个人所得税
　　贷：银行存款
预算会计

借:经营支出(按实际缴纳的税款)
　　贷:资金结存—货币资金
(5)发生与经营活动相关的其他各项费用时,按照费用确认金额
财务会计
借:经营费用
　　贷:银行存款/其他应付款/其他应收款等
预算会计
借:经营支出(按实际支付价款)
　　贷:资金结存—货币资金
(6)发生当年购货退回等业务,对于已计入本年经营费用的,按照收回或应收的金额
财务会计
借:银行存款/其他应收款等
　　贷:经营费用
预算会计
借:资金结存—货币资金
　　贷:经营支出
(7)期末,将本科目本期发生额转入本期盈余
财务会计
借:本期盈余
　　贷:经营费用
预算会计
借:经营结余
　　贷:经营支出

7.4　5301 资产处置费用会计核算

(一)资产处置费用会计科目核算说明

本科目核算高等学校经批准处置资产时发生的费用,包括转销的被处置资产价值,以及在处置过程中发生的相关费用或者处置收入小于相关费用形成的净支出。资产处置的形式按照规定包括无偿调拨、出售、出让、转让、置换、对外捐赠、报废、毁损以及货币性资产损失核销等。

高等学校在资产清查中查明的资产盘亏、毁损以及资产报废等,应当先通过"待处理财产损溢"科目进行核算,再将处理资产价值和处理净支出计入本科目。

短期投资、长期股权投资、长期债券投资的处置,按照相关资产科目的规定进行账务处理。

本科目应当按照处置资产的类别、资产处置的形式等进行明细核算,高等学校可以设置"现金盘亏损失""库存物品处置""固定资产处置""无形资产处置"等四个二级明细科目。

资产处置费用的主要账务处理如下:

(1) 不通过"待处理财产损溢"科目核算的资产处置

① 按照规定报经批准处置资产时,按照处置资产的账面价值,借记本科目。处置固定资产、无形资产,还应借记"固定资产累计折旧""无形资产累计摊销"科目,按照处置资产的账面余额,贷记"库存物品""固定资产""无形资产""其他应收款""在建工程"等科目。

② 处置资产过程中仅发生相关费用的,按照实际发生金额,借记本科目,贷记"银行存款""库存现金"等科目。

③ 处置资产过程中取得收入的,按照取得的价款,借记"库存现金""银行存款"等科目,按照处置资产过程中发生的相关费用,贷记"银行存款""库存现金"等科目,按照其差额,借记本科目或贷记"应缴财政款"等科目。

涉及增值税业务的,相关账务处理参见"应交增值税"科目。

(2) 通过"待处理财产损溢"科目核算的资产处置

① 高等学校在账款核对中发现的现金短缺,属于无法查明原因的,报经批准核销时,借记本科目,贷记"待处理财产损溢"科目。

② 高等学校在资产清查过程中盘亏或者毁损、报废的存货、固定资产、无形资产等,报经批准处理时,按照处理资产价值,借记本科目,贷记"待处理财产损溢—待处理财产价值"科目。处理收支结清时,处理过程中所取得收入小于所发生相关费用的,按照相关费用减去处理收入后的净支出,借记本科目,贷记"待处理财产损溢—处理净收入"科目。

(3) 期末,将本科目本期发生额转入本期盈余,借记"本期盈余"科目,贷记本科目。

期末结转后,本科目应无余额。

（二）资产处置费用会计核算业务

（1）不通过"待处理财产损溢"科目核算的资产处置

① 按照规定报经批准处置资产时，按照处置资产的账面价值

财务会计

借：资产处置费用
　　固定资产累计折旧/无形资产累计摊销
　　贷：库存物品/固定资产/无形资产/其他应收款/在建工程等（账面余额）

不涉及预算会计业务

② 处置资产过程中仅发生相关费用的，按照实际发生金额

财务会计

借：资产处置费用
　　贷：银行存款/库存现金

预算会计

借：其他支出
　　贷：资金结存—货币资金

③ 处置资产过程中取得收入的，按照取得的价款

财务会计

借：库存现金/银行存款（取得的收入）
　　贷：应缴财政款
　　　　库存现金/银行存款（支付的相关费用）

不涉及预算会计业务

（2）通过"待处理财产损溢"科目核算的资产处置

① 高等学校在账款核对中发现的现金短缺，属于无法查明原因的，报经批准核销时

　财务会计

　借：资产处置费用
　　　贷：待处理财产损溢

　不涉及预算会计业务

② 高等学校在资产清查过程中盘亏或者毁损、报废的存货、固定资产、无形资产等，报经批准处理时，按照处置资产价值

财务会计

借:资产处置费用

 贷:待处理财产损溢—待处理财产价值

不涉及预算会计业务

③ 处理收支结清时,处理过程中所取得收入小于所发生相关费用的,按照相关费用减去处理收入后的净支出

财务会计

借:资产处置费用

 贷:待处理财产损溢—处理净收入

预算会计

借:其他支出(净支出)

 贷:资金结存

(3) 期末,将本科目本期发生额转入本期盈余

财务会计

借:本期盈余

 贷:资产处置费用

不涉及预算会计业务

(三) 资产处置费用会计核算示范

[例7-7] W 大学 2019 年 3 月处置了一批设备类固定资产,设备原值 100 万元,累计折旧金额 80 万元。当月已办理完资产处置相关手续。

财务会计

借:资产处置费用	20 万
固定资产累计折旧	80 万
贷:固定资产	100 万

预算会计不进行账务处理

[例7-8] 某高校经上报上级主管部门批准同意,将一台不需用的设备对外出售。(1) 该设备的账面余额为 3 8000 元,已计提折旧 15 200 元,予以转销。(2) 出售该设备的价款为 26 000 元,应交增值税 1 200 元。

财务会计

| 借:资产处置费用 | 22 800 |
| 固定资产累计折旧 | 15 200 |

```
    贷:固定资产                                    38 000
  借:银行存款                                      26 000
    贷:应缴财政款                                  24 800
        应交增值税                                  1 200
```
预算会计均不需要进行相关账务处理

[例7-9]某高校年末进行固定资产清查,拟报废设备一台。其账面余额为160 000元,已计提折旧100 000元。(1)将账面价值60 000元转入待处置资产,同时报批。(2)根据财政部门的批复,该设备予以报废。

财务会计
```
  借:待处理财产损溢                               60 000
      固定资产累计折旧                            100 000
    贷:固定资产                                   160 000
  借:资产处置费用——报废资产                       60 000
    贷:待处理财产损溢                              60 000
```
预算会计均不需要进行相关账务处理

7.5 5401上缴上级费用会计核算

(一)上缴上级费用会计科目核算说明

本科目核算高等学校按照财政部门和主管部门的规定上缴上级单位款项发生的费用。

本科目应当按照收缴款项单位、缴款项目等进行明细核算。

上缴上级费用的主要账务处理如下:

(1)高等学校发生上缴上级支出的,按照实际上缴的金额或者按照规定计算出应当上缴上级单位的金额,借记本科目,贷记"银行存款""其他应付款"等科目。

(2)期末,将本科目本期发生额转入本期盈余,借记"本期盈余"科目,贷记本科目。

期末结转后,本科目应无余额。

(二)上缴上级费用会计核算业务

(1)高等学校发生上缴上级支出的,按照实际上缴的金额或者按照规定计算出应当上缴上级单位的金额

财务会计

借:上缴上级费用

 贷:银行存款/其他应付款

实际上缴应缴上级资金时

借:其他应付款

 贷:银行存款

预算会计

借:上缴上级支出

 贷:资金结存——货币资金(按实际上缴的金额)

(2)期末,将本科目本期发生额转入本期盈余

财务会计

借:本期盈余

 贷:上缴上级费用

预算会计

借:其他结余

 贷:上缴上级支出

7.6 5501对附属单位补助费用会计核算

(一)对附属单位补助费用会计科目核算说明

本科目核算高等学校用财政拨款收入之外的收入对附属单位补助发生的费用。

本科目应当按照接受补助单位、补助项目等进行明细核算。

对附属单位补助费用的主要账务处理如下:

(1)高等学校规定计算出应当对附属单位补助的金额,借记本科目,贷记"银行存款"、"其他应付款"等科目。

(2)期末,将本科目本期发生额转入本期盈余,借记"本期盈余"科目,贷记本科目。

期末结转后,本科目应无余额。

(二)对附属单位补助费用会计核算业务

(1)高等学校发生对附属单位补助支出的,按照实际补助的金额或者按照规定计算出应当对附属单位补助的金额

财务会计

借:对附属单位补助支出

 贷:银行存款/其他应付款

实际支付应补助的资金时

借:其他应付款

 贷:银行存款

预算会计

借:对附属单位补助支出(按实际补助的金额)

 贷:资金结存—货币资金

(2)期末,将本科目本期发生额转入本期盈余

财务会计

借:本期盈余

 贷:对附属单位补助费用

预算会计

借:其他结余

 贷:对附属单位补助支出

7.7 5801 所得税费用会计核算

(一)所得税费用会计科目核算说明

本科目核算有企业所得税缴纳义务的高等学校按规定缴纳企业所得税所形成的费用。

所得税费用的主要账务处理如下:

(1)发生企业所得税纳税义务的,按照税法规定计算的应交税金数额,借记本科目,贷记"其他应交税费—应交企业所得税"科目。

实际缴纳时,按照缴纳金额,借记"其他应交税费—应交企业所得税"科目,贷记"银行存款"科目。

(2)年末,将本科目本年发生额转入本期盈余,借记"本期盈余"科目,贷记本科目。

年末结转后,本科目应无余额。

(二)所得税费用会计核算业务

(1)发生企业所得税纳税义务的,按照税法规定计算的应交税金数额

财务会计

借：所得税费用

　　贷：其他应交税费——单位应交所得税

不涉及预算会计业务

（2）实际缴纳时，按照缴纳金额

财务会计

借：其他应交税费——单位应交所得税

　　贷：银行存款

预算会计

借：非财政拨款结余——累计结余

　　贷：资金结存——货币资金

（3）年末，将本科目本年发生额转入本期盈余

财务会计

借：本期盈余

　　贷：所得税费用

不涉及预算会计业务

（三）所得税费用会计核算示范

[例7-10]某高校的经营业务应当交纳所得税。按照税法规定计算，2019年9月应交所得税13 500元，通过银行存款转账缴纳。

（1）计算应纳所得税

财务会计

借：所得税费用　　　　　　　　　　　　　　　　13 500

　　贷：其他应交税费——所得税　　　　　　　　　　　　13 500

预算会计不记账

（2）实际缴纳所得税款

财务会计

借：其他应交税费——所得税　　　　　　　　　　13 500

　　贷：银行存款　　　　　　　　　　　　　　　　　　　13 500

预算会计

借：非财政拨款结余——累计结余　　　　　　　　13 500

　　贷：资金结存——货币资金　　　　　　　　　　　　　13 500

7.8　5901 其他费用会计核算

（一）其他费用会计科目核算说明

本科目核算高等学校发生的除业务活动费用、单位管理费用、经营费用、资产处置费用、上缴上级费用、附属单位补助费用、所得税费用以外的各项费用，包括利息费用、坏账损失、罚没支出、现金资产捐赠支出以及相关税费、运输费等。

本科目应当按照其他费用的类别等进行明细核算，下设"利息费用""罚没支出""坏账损失""现金资产捐赠""出资成立非企业法人单位""单位统一负担的其他费用"六个二级明细科目。

其他费用的主要账务处理如下：

（1）利息费用

按期计算确认借款利息费用时，按照计算确定的金额，借记"在建工程"科目或本科目，贷记"应付利息""长期借款—应计利息"科目。

（2）坏账损失

年末，高等学校按照规定对收回后不需上缴财政的应收账款和其他应收款计提坏账准备时，按照计提金额，借记本科目，贷记"坏账准备"科目；冲减多提的坏账准备时，按照冲减金额，借记"坏账准备"科目，贷记本科目。

（3）罚没支出

高等学校发生罚没支出的，按照实际缴纳或应当缴纳的金额，借记本科目，贷记"银行存款""库存现金""其他应付款"等科目。

（4）现金资产捐赠

高等学校对外捐赠现金资产的，按照实际捐赠的金额，借记本科目，贷记"银行存款""库存现金"等科目。

（5）设立非企业法人单位

高等学校经批准出资成立非企业法人单位，如教育基金会、研究院等，应当借记"其他费用"科目，贷记"银行存款"科目；同时，借记"其他支出"科目，贷记"资金结存—货币资金"科目。

高等学校出资成立非企业法人单位时，按照实际出资金额，借记本科目，贷记"银行存款""库存现金"等科目。

（6）单位统一负担的其他费用

高等学校接受捐赠(或无偿调入)以名义金额计量的存货、固定资产、无形资产等发生的相关税费、运输费等,按照实际支付的金额,借记本科目,贷记"财政拨款收入""零余额账户用款额度""银行存款""库存现金"等科目。

高等学校发生的与受托代理资产相关的税费、运输费、保管费等,按照实际支付或应付的金额,借记本科目,贷记"零余额账户用款额度""银行存款""库存现金""其他应付款"等科目。

(7)期末,将本科目本期发生额转入本期盈余,借记"本期盈余"科目,贷记本科目。

期末结转后,本科目应无余额。

(二)其他费用会计核算业务

(1)利息费用

① 按期计算确认借款利息费用时,按照计算确定的金额

财务会计

借:在建工程/其他费用

　　贷:应付利息/长期借款—应计利息

不涉及预算会计业务

② 实际支付利息时

财务会计

借:应付利息

　　贷:银行存款等

预算会计

借:其他支出

　　贷:资金结存—货币资金

(2)坏账损失

① 年末,高等学校按照规定对收回后不需上缴财政的应收账款和其他应收款计提坏账准备时,按照计提金额

财务会计

借:其他费用

　　贷:坏账准备

不涉及预算会计业务

② 冲减多提的坏账准备时,按照冲减金额

财务会计

借:坏账准备

 贷:其他费用

不涉及预算会计业务

（3）高等学校发生罚没支出的,按照实际缴纳或应当缴纳的金额

财务会计

借:其他费用

 贷:银行存款/库存现金/其他应付款

预算会计

借:其他支出（按实际缴纳的金额）

 贷:资金结存—货币资金

（4）现金资产捐赠

高等学校对外捐赠现金资产的,按照实际捐赠的金额

财务会计

借:其他费用

 贷:银行存款/库存现金

预算会计

借:其他支出

 贷:资金结存—货币资金

（5）经批准出资成立非企业法人单位

财务会计

借:其他费用

 贷:银行存款

预算会计

借:其他支出

 贷:资金结存　货币资金

（6）其他相关费用

高等学校接受捐赠（或无偿调入）以名义金额计量的存货、固定资产、无形资产等发生的相关税费、运输费等,按照实际支付的金额

财务会计

借:其他费用

贷:财政拨款收入/零余额账户用款额度/银行存款/库存现金

　预算会计

　　借:其他支出

　　　贷:财政拨款预算收入/资金结存—货币资金

　高等学校发生的与受托代理资产相关的税费、运输费、保管费等,按照实际支付或应付的金额

　财务会计

　　借:其他费用

　　　贷:零余额账户用款额度/银行存款/库存现金

　预算会计

　　借:其他支出

　　　贷:财政拨款预算收入/资金结存—货币资金

　(7) 期末,将本科目本期发生额转入本期盈余

　财务会计

　　借:本期盈余

　　　贷:其他费用

　预算会计

　　借:财政拨款结转—本年收支结转(使用财政拨款资金支出)

　　　非财政拨款结转—本年收支结转(非财政专项资金支出)

　　　其他结余(非财政、非专项资金支出)

　　　贷:其他支出

(三) 其他费用会计核算示范

[例 7-11] 某高校开展"精准扶贫"工作,通过银行转账向对口扶贫单位捐赠现款 10 000 元。

　财务会计

　　借:其他费用—现金捐赠　　　　　　　　　　10 000

　　　贷:银行存款　　　　　　　　　　　　　　　10 000

　预算会计

　　借:其他支出—捐赠支出　　　　　　　　　　10 000

　　　贷:资金结存—货币资金　　　　　　　　　　10 000

[例 7-12] 某高校银行贷款 1 000 万元,9 月末支付贷款利息 50 000 元。

(1)计算确贷款利息

财务会计

借:其他费用—利息 50 000
　　贷:应付利息 50 000

预算会计不记账

(2)支付利息

财务会计

借:应付利息 50 000
　　贷:银行存款 50 000

预算会计

借:其他支出—利息支出 50 000
　　贷:资金结存—货币资金 50 000

[例7-13]某高校核对现金账款时,发现现金短缺2 000元,无法查明原因,报经批准后处理。

财务会计

借:待处理财产损溢 2 000
　　贷:库存现金 2 000
借:其他费用 2 000
　　贷:待处理财产损溢 2 000

预算会计

借:其他支出—捐赠支出 2 000
　　贷:资金结存—货币资金 2 000

第八章 预算收入类会计科目设置和使用说明

表8-1 预算收入类会计科目设置明细表

序号	一级科目编码	一级科目名称	明细科目级次
1	6001	财政拨款预算收入	三级
2	6101	事业预算收入	四级
3	6201	上级补助预算收入	二级
4	6301	附属单位上缴预算收入	一级（默认基本）
5	6401	经营预算收入	一级（默认基本）
6	6501	债务预算收入	二级（默认非财政）
7	6601	非同级财政拨款预算收入	四级
8	6602	投资预算收益	一级
9	6609	其他预算收入	二级

8.1 6001 财政拨款预算收入会计核算

（一）财政拨款预算收入会计科目核算说明

本科目核算高等学校从同级政府财政部门取得的各类财政拨款。

本科目应当设置"基本支出"和"项目支出"两个二级明细科目，并按照《政府收支分类科目》中"支出功能分类科目"的项级科目进行明细核算；同时，在"基本支出"明细科目下设置"人员经费"和"日常公用经费"三级明细科目进行明细核算，在"项目支出"明细科目下按照具体项目进行明细核算。有一般公共预算财政拨款、政府性基金预算财政拨款等两种或两种以上财政拨款的单位，还应当按照财政拨款的种类进行明细核算。

"基本支出"，为保障高等学校正常运转、完成日常工作任务的经费拨款，按性质分为"人员支出""公用支出"。"人员支出"包括政府收支分类的支出经济分类科目中的"工资福利支出""对个人和家庭的补助";"公用支出"包括政府收支分类的支出经济分类科目中"商品和服务支出"和"其他资本性支出"。

"项目支出",是高等学校为完成特定工作任务或事业发展目标,从同级政府财政部门取得的经费拨款,是在基本支出之外,财政预算专项专款安排的资金,如教育资助体系专项资金、高等教育发展专项资金、双一流学科建设专项资金等。

财政拨款预算收入的主要账务处理如下:

(1) 财政直接支付方式下,高等学校根据收到的"财政直接支付入账通知书"及相关原始凭证,按照通知书中的直接支付金额,借记"事业支出"等科目,贷记本科目。

年末,根据本年度财政直接支付预算指标数与当年财政直接支付实际支出数的差额,借记"资金结存—财政应返还额度"科目,贷记本科目。

(2) 财政授权支付方式下,高等学校根据收到的"财政授权支付额度到账通知书",按照通知书中的授权支付额度,借记"资金结存—零余额账户用款额度"科目,贷记本科目。

年末,高等学校本年度财政授权支付预算指标数大于零余额账户用款额度下达数的,按照两者差额,借记"资金结存—财政应返还额度"科目,贷记本科目。

(3) 其他方式下,高等学校按照本期预算收到财政拨款预算收入时,按照实际收到的金额,借记"资金结存—货币资金"科目,贷记本科目。

高等学校收到下期预算的财政预拨款,应当在下个预算期,按照预收的金额,借记"资金结存—货币资金"科目,贷记本科目。

(4) 因差错更正、购货退回等发生国库直接支付款项退回的,属于本年度支付的款项,按照退回金额,借记本科目,贷记"事业支出"等科目。

(5) 年末,将本科目本年发生额转入财政拨款结转,借记本科目,贷记"财政拨款结转—本年收支结转"科目。

年末结转后,本科目应无余额。

(二) 财政拨款预算收入会计核算业务

(1) 财政授权支付方式

高等学校收到同级财政部门拨付的专项经费。依据"财政授权支付额度到账通知书"及年初预算批复等相关资料。

财务会计

借:零余额账户用款额度—X专项经费额度

  贷:财政拨款收入——一般公共预算财政拨款【功能分类】—项目支出(X项目)

预算会计

借:资金结存—零余额账户用款额度—X专项经费额度

  贷:财政拨款预算收入——一般公共预算财政拨款【功能分类】—项目支出(X项目)

(2)财政直接支付方式

凭"财政直接支付入账通知书"及发票等相关原始凭证进行财务会计和预算会计的账务处理。

财务会计

借:业务活动费用/单位管理费用

  贷:财政拨款收入

预算会计

借:事业支出

  贷:财政拨款预算收入

(3)其他方式拨付

高等学校收到同级财政部门从基本账户拨付的专项资金,依据银行收款回单及预算批复文件等相关原始凭证。

财务会计

借:银行存款

  贷:财政拨款收入——一般公共预算财政拨款【功能分类】—项目支出(X项目)

预算会计

借:资金结存—货币资金

  贷:财政拨款预算收入——一般公共预算财政拨款【功能分类】—项目支出(X项目)

(三) 财政拨款预算收入会计核算示范

[例8-1] 2020年8月,某省预算一体化平台上线运行。L高校是省直预算单位,2020年在财政部门批复的预算指标内支出经费3 500万元,其中:支出当年预算指标3 000万元,以前年度预算指标500万元。

财务会计

借:业务活动费用	3 500万
贷:财政拨款收入	3 000万
财政应返还额度	500万

预算会计

借:事业支出	3 500万
贷:财政拨款预算收入	3 000万
资金结存—财政应返还额度	500万

8.2 6101 事业预算收入会计核算

(一) 事业预算收入会计科目核算说明

本科目核算高等学校开展教学及其辅助活动取得的现金流入。高等学校因开展科研及其辅助活动,从非同级政府财政部门取得的经费拨款,也通过本科目核算。

本科目应当按照事业预算收入类别、项目、来源、《政府收支分类科目》中"支出功能分类科目"项级科目等进行明细核算。按照《高等学校〈政府会计制度〉补充规定》,本科目应下设"教育事业预算收入""科研事业预算收入"两个二级明细科目。

"教育事业预算收入"科目下设"学费""住宿费""考试费"三个三级明细科目,核算高等学校开展教学及其辅助活动取得的学费、住宿费、考试费等的财政专户返还收入。每个三级明细科目下设"基本支出""项目支出"等六个四级明细科目,核算"教育事业预算收入"中的具体项目。

"科研事业预算收入"科目,核算高等学校开展科研业务及其辅助活动取得的经费拨款。本科目下设"非同级财政拨款""横向科研预算收入"两个三级明细科目。"非同级财政拨款"科目,核算高等学校开展科研及其辅助活动实际取得的、从中央级政府和同级财政拨款以外其他地方政府部门的经费拨款,该科目下设"中央""地方"两个四级明细科目;"横向科研预算收入"科目,核算高等学校开展科研服务活动,面向社会、由社会企事业等单位资金资助的科研项目资金收入,高等学校应根据业务需求,对本科目进行辅助明细核算管理。

事业预算收入的主要账务处理如下:

(1)采用财政专户返还方式管理的事业预算收入,收到从财政专户返还的事业预算收入时,按照实际收到的返还金额,借记"资金结存—货币资金"科目,贷记本科目。

(2)收到其他事业预算收入时,按照实际收到的款项金额,借记"资金结存—货币资金"科目,贷记本科目。

(3)年末,将本科目本年发生额中的专项资金收入转入非财政拨款结转,借记本科目下各专项资金收入明细科目,贷记"非财政拨款结转—本年收支结转"科目;将本科目本年发生额中的非专项资金收入转入其他结余,借记本科目下各非专项资金收入明细科目,贷记"其他结余"科目。

年末结转后,本科目应无余额。

(二)事业预算收入会计核算业务

(1)采用财政专户返还方式管理的事业预算收入,收到从财政专户返还的事业预算收入时,按照实际收到的返还金额

预算会计

借:资金结存—货币资金

　　贷:事业预算收入

(2)收到其他事业预算收入时,按照实际收到的款项金额

预算会计

借:资金结存—货币资金

　　贷:事业预算收入

(3)年末,将本科目本年发生额中的专项资金收入转入非财政拨款结转

预算会计

借:事业预算收入(本科目下各专项资金收入明细科目)

　　贷:非财政拨款结转—本年收支结转

将本科目本年发生额中的非专项资金收入转入其他结余

预算会计

借:事业预算收入(本科目下各非专项资金收入明细科目)

　　贷:其他结余

8.3　6201 上级补助预算收入会计核算

(一) 上级补助预算收入会计科目核算说明

本科目核算高等学校从主管部门和上级单位取得的非财政补助现金流入。

本科目应当按照发放补助单位、补助项目、《政府收支分类科目》中"支出功能分类科目"的项级科目等进行明细核算。上级补助预算收入中如有专项资金收入,还应按照具体项目进行明细核算。

本科目下设"基本支出""项目支出"两个二级明细科目进行明细核算。

上级补助预算收入的主要账务处理如下:

(1) 收到上级补助预算收入时,按照实际收到的金额,借记"资金结存—货币资金"科目,贷记本科目。

(2) 年末,将本科目本年发生额中的专项资金收入转入非财政拨款结转,借记本科目下各专项资金收入明细科目,贷记"非财政拨款结转—本年收支结转"科目;将本科目本年发生额中的非专项资金收入转入其他结余,借记本科目下各非专项资金收入明细科目,贷记"其他结余"科目。

年末结转后,本科目应无余额。

(二) 上级补助预算收入会计核算业务

(1) 收到上级补助预算收入时,按照实际收到的金额

预算会计

借:资金结存—货币资金

　　贷:上级补助预算收入

(2) 年末,将本科目本年发生额中的专项资金收入转入非财政拨款结转

预算会计

借:上级补助预算收入(本科目下各专项资金收入明细科目)

　　贷:非财政拨款结转—本年收支结转

将本科目本年发生额中的非专项资金收入转入其他结余

预算会计

借:上级补助预算收入(本科目下各非专项资金收入明细科目)

　　贷:其他结余

8.4 6301 附属单位上缴预算收入会计核算

(一)附属单位上缴预算收入会计科目核算说明

本科目核算高等学校取得附属独立核算单位、独立法人资质的校办企业等根据有关规定上缴的现金流入。

本科目应当按照附属单位、缴款项目、《政府收支分类科目》中"支出功能分类科目"的项级科目等进行明细核算。附属单位上缴预算收入中如有专项资金收入,还应按照具体项目进行明细核算。

附属单位上缴预算收入的主要账务处理如下:

(1)收到附属单位缴来款项时,按照实际收到的金额,借记"资金结存—货币资金"科目,贷记本科目。

(2)年末,将本科目本年发生额中的专项资金收入转入非财政拨款结转,借记本科目下各专项资金收入明细科目,贷记"非财政拨款结转—本年收支结转"科目;将本科目本年发生额中的非专项资金收入转入其他结余,借记本科目下各非专项资金收入明细科目,贷记"其他结余"科目。

年末结转后,本科目应无余额。

(二)附属单位上缴预算收入会计核算业务

(1)收到附属单位缴来款项时,按照实际收到的金额

预算会计

借:资金结存—货币资金

  贷:附属单位上缴预算收入

(2)年末,将本科目本年发生额中的专项资金收入转入非财政拨款结转

预算会计

借:附属单位上缴预算收入(专项资金收入)

  贷:非财政拨款结转—本年收支结转

将本科目本年发生额中的非专项资金收入转入其他结余

预算会计

借:附属单位上缴预算收入(非专项资金收入)

  贷:其他结余

8.5 6401 经营预算收入会计核算

(一) 经营预算收入会计科目核算说明

本科目核算高等学校在教学、科研及其辅助活动之外开展非独立核算经营活动取得的现金流入。

高等学校应当按照经营活动类别、项目、《政府收支分类科目》中"支出功能分类科目"的项级科目等进行辅助明细核算。

经营预算收入的主要账务处理如下：

（1）收到经营预算收入时，按照实际收到的金额，借记"资金结存—货币资金"科目，贷记本科目。

（2）年末，将本科目本年发生额转入经营结余，借记本科目，贷记"经营结余"科目。

年末结转后，本科目应无余额。

(二) 经营预算收入会计核算业务

（1）收到经营预算收入时，按照实际收到的金额

预算会计

借：资金结存—货币资金

　　贷：经营预算收入

（2）年末，将本科目本年发生额转入经营结余

预算会计

借：经营预算收入

　　贷：经营结余

8.6 6501 债务预算收入会计核算

(一) 债务预算收入会计科目核算说明

本科目核算高等学校经批准从银行和其他金融机构等借入的、纳入部门预算管理的、不以财政资金作为偿还来源的债务本金。

高等学校应根据借款来源或借款用途，对本科目进行辅助明细核算。本科目下设"短期借款""长期借款"两个二级明细科目。

"短期借款"科目，核算高等学校经批准从银行和其他金融机构等借入的、纳入部门预算管理的、不以财政资金作为偿还来源的、期限在1年内（含1年）

的债务本金。

"长期借款"科目,核算高等学校经批准从银行和其他金融机构等借入的、纳入部门预算管理的、不以财政资金作为偿还来源的、期限超过1年(不含1年)的债务本金。

债务预算收入的主要账务处理如下:

(1)借入各项短期或长期借款时,按照实际借入的金额,借记"资金结存—货币资金"科目,贷记本科目。

(2)年末,将本科目本年发生额中的专项资金收入转入非财政拨款结转,借记本科目下各专项资金收入明细科目,贷记"非财政拨款结转—本年收支结转"科目;将本科目本年发生额中的非专项资金收入转入其他结余,借记本科目下各非专项资金收入明细科目,贷记"其他结余"科目。

年末结转后,本科目应无余额。

(二)债务预算收入会计核算业务

(1)借入各项短期或长期借款时,按照实际借入的金额

财务会计

借:银行存款

　　贷:短期借款

长期借款

预算会计

借:资金结存—货币资金

　　贷:债务预算收入

(2)年末,将本科目本年发生额中的专项资金收入转入非财政拨款结转

不涉及财务会计分录

预算会计

借:债务预算收入(专项资金收入)

　　贷:非财政拨款结转—本年收支结转

将本科目本年发生额中的非专项资金收入转入其他结余

预算会计

借:债务预算收入(非专项资金收入)

　　贷:其他结余

（三）债务预算收入会计核算示范

[例 8-2]2019 年 8 月,某高校从建设银行贷款 2 000 万元,用于学生宿舍建设。借款期限 3 年,年利率 5%,到期一次还本付息。收到借入的款项存入单位的银行账户。

财务会计
借:银行存款　　　　　　　　　　　　　　　2 000 万
　贷:长期借款—本金　　　　　　　　　　　　2 000 万
预算会计
借:资金结存—货币资金　　　　　　　　　　　2 000 万
　贷:债务预算收入　　　　　　　　　　　　　2 000 万

8.7　6601 非同级财政拨款预算收入会计核算

（一）非同级财政拨款预算收入会计科目核算说明

本科目核算高等学校从非同级政府财政部门取得的财政拨款,包括从同级政府其他部门取得的横向转拨财政款、从上级或下级政府财政部门取得的经费拨款。

对于因开展科研及其辅助活动从非同级政府财政部门取得的经费拨款,应当通过"事业预算收入—非同级财政拨款"科目进行核算,不通过本科目核算。

本科目下设"本级横向转拨财政款"、"非本级财政拨款"两个二级明细科目。

"本级横向转拨财政款"核算高等学校从同级政府其他部门取得的横向转拨财政款,本科目下设"基本支出"、"项目支出"两个三级明细科目。

"非本级财政拨款"科目,核算高等学校从上级或下级政府财政部门取得的经费拨款,本科目下设"基本支出"、"项目支出"两个三级明细科目。每个三级明细科目下设"中央"、"地方"四个四级明细科目。

非同级财政拨款预算收入的主要账务处理如下:

（1）取得非同级财政拨款预算收入时,按照实际收到的金额,借记"资金结存—货币资金"科目,贷记本科目。

（2）年末,将本科目本年发生额中的专项资金收入转入非财政拨款结转,借记本科目下各专项资金收入明细科目,贷记"非财政拨款结转—本年收支结转"科目;将本科目本年发生额中的非专项资金收入转入其他结余,借记本科目下各非专项资金收入明细科目,贷记"其他结余"科目。

年末结转后,本科目应无余额。

(二)非同级财政拨款预算收入会计核算业务

(1)取得非同级财政拨款预算收入时,按照实际收到的金额

预算会计

借:资金结存—货币资金

　　贷:非同级拨款财政预算收入

(2)年末结转

① 将本科目本年发生额中的专项资金收入结转至非财政拨款结转

预算会计

借:非同级拨款财政预算收入(各专项资金收入明细科目)

　　贷:非财政拨款结转—本年收支结转

② 将本科目本年发生额中的非专项资金收入转入其他结余

预算会计

借:非同级拨款财政预算收入(非专项资金收入)

　　贷:其他结余

8.8　6602 投资预算收益会计核算

(一)投资预算收益会计科目核算说明

本科目核算高等学校取得的、按照规定纳入部门预算管理的属于投资收益性质的现金流入,包括股权投资收益、出售或收回债券投资所取得的收益和债券投资利息收入。

高等学校应各级经济业务和实际情况,对本科目进行辅助明细核算。

部分省份要求此项收益上缴财政。

投资预算收益的主要账务处理如下:

(1)出售或到期收回本年度取得的短期、长期债券,按照实际取得的价款或实际收到的本息金额,借记"资金结存—货币资金"科目,按照取得债券时"投资支出"科目的发生额,贷记"投资支出"科目,按照其差额,贷记或借记本科目。

出售或到期收回以前年度取得的短期、长期债券,按照实际取得的价款或实际收到的本息金额,借记"资金结存—货币资金"科目,按照取得债券时"投

资支出"科目的发生额,贷记"其他结余"科目,按照其差额,贷记或借记本科目。

出售、转让以货币资金取得的长期股权投资的,其账务处理参照出售或到期收回债券投资。

（2）持有的短期投资以及分期付息、一次还本的长期债券投资收到利息时,按照实际收到的金额,借记"资金结存—货币资金"科目,贷记本科目。

（3）持有长期股权投资取得被投资单位分派的现金股利或利润时,按照实际收到的金额,借记"资金结存—货币资金"科目,贷记本科目。

（4）出售、转让以非货币性资产取得的长期股权投资时,按照实际取得的价款扣减支付的相关费用和应缴财政款后的余额（按照规定纳入单位预算管理的）,借记"资金结存—货币资金"科目,贷记本科目。

（5）年末,将本科目本年发生额转入其他结余,借记或贷记本科目,贷记或借记"其他结余"科目。

年末结转后,本科目应无余额。

（二）投资预算收益会计核算业务

（1）出售或到期收回本年度取得的短期、长期债券时

预算会计

借:资金结存—货币资金（实际取得的价款或实收本息金额）

　　投资预算收益（借差）

　贷:投资支出（按照取得债券时"投资支出"科目的发生额）

　　投资预算收益（贷差）

（2）出售或到期收回以前年度取得的短期、长期债券

预算会计

借:资金结存—货币资金（按照实际取得的价款或实际收到的本息金额）

　　投资预算收益（借差）

　贷:其他结余（按照取得债券时"投资支出"科目的发生额）

　　投资预算收益（贷差）

（3）出售、转让以货币资金取得的长期股权投资的,其账务处理参照出售或到期收回债券投资。

（4）持有的短期投资以及分期付息、一次还本的长期债券投资收到利息时

预算会计

借:资金结存—货币资金(按照实际收到的金额)
　　　　贷:投资预算收益

(5)持有长期股权投资取得被投资单位分派的现金股利或利润时,按照实际收到的金额

预算会计

　　借:资金结存—货币资金
　　　　贷:投资预算收益

(6)出售、转让以非货币性资产取得的长期股权投资时,按照实际取得的价款扣减支付的相关费用和应缴财政款后的余额(按照规定纳入单位预算管理的)

预算会计

　　借:资金结存—货币资金
　　　　贷:投资预算收益

(7)年末,将本科目本年发生额转入其他结余

预算会计

　　借:投资预算收益/其他结余
　　　　贷:其他结余/投资预算收益

(三)投资预算收益会计核算示范

[例8-3]某高校的长期股权投资采用成本法核算。2019年7月5日,收到**公司分红70万元。

财务会计

借:银行存款		70万
贷:投资收益		70万

预算会计

借:资金结存—货币资金		70万
贷:投资预算收益		70万

8.9　6609 其他预算收入会计核算

(一)其他预算收入会计科目核算说明

本科目核算高等学校除财政拨款预算收入、事业预算收入、上级补助预算收入、附属单位上缴预算收入、经营预算收入、债务预算收入、非同级财政拨款预算收入、投资预算收益之外的纳入部门预算管理的现金流入,包括捐赠预算

收入、利息预算收入、租金预算收入、现金盘盈收入等。

本科目下设"捐赠预算收入""利息预算收入""租金预算收入""现金盘盈收入""其他"五个二级明细科目进行明细核算。

部分省份要求利息、租金收入上缴财政。

其他预算收入的主要账务处理如下：

（1）接受捐赠现金资产、收到银行存款利息、收到资产承租人支付的租金时，按照实际收到的金额，借记"资金结存—货币资金"科目，贷记本科目。

（2）每日现金账款核对中如发现现金溢余，按照溢余的现金金额，借记"资金结存—货币资金"科目，贷记本科目。经核实，属于应支付给有关个人和单位的部分，按照实际支付的金额，借记本科目，贷记"资金结存—货币资金"科目。

（3）收到其他预算收入时，按照收到的金额，借记"资金结存—货币资金"科目，贷记本科目。

（4）年末，将本科目本年发生额中的专项资金收入转入非财政拨款结转，借记本科目下各专项资金收入明细科目，贷记"非财政拨款结转—本年收支结转"科目；将本科目本年发生额中的非专项资金收入转入其他结余，借记本科目下各非专项资金收入明细科目，贷记"其他结余"科目。

年末结转后，本科目应无余额。

（二）其他预算收入会计核算业务

（1）接受捐赠现金资产、收到银行存款利息、收到资产承租人支付的租金时，按照实际收到的金额

预算会计

借：资金结存—货币资金

　　贷：其他预算收入

（2）每日现金账款核对中如发现现金溢余，按照溢余的现金金额

预算会计

借：资金结存—货币资金

　　贷：其他预算收入

如经核实，属于应支付给有关个人和单位的部分，按照实际支付的金额

预算会计

借：其他预算收入

贷：资金结存—货币资金

（3）收到其他预算收入时，按照收到的金额

预算会计

借：资金结存—货币资金

　　贷：其他预算收入

（4）年末，将本科目本年发生额中的专项资金收入转入非财政拨款结转

预算会计

借：其他预算收入（各专项资金收入）

　　贷：非财政拨款结转—本年收支结转

将本科目本年发生额中的非专项资金收入转入其他结余

预算会计

借：其他预算收入（非专项资金收入）

　　贷：其他结余

（三）其他预算收入会计核算示范

[例8-4]某高校接受社会组织的捐赠，收到捐赠款30 000元，已经存入单位的银行账户。收到捐赠的设备已经验收并交付使用，根据所附凭据其价值为70 000元。

财务会计

借：银行存款	30 000	
固定资产	70 000	
贷：捐赠收入		100 000

预算会计

借：资金结存—货币资金	30 000	
贷：其他预算收入		30 000

第九章 预算支出类会计科目设置和使用说明

表9-1 预算支出类会计科目设置明细表

序号	一级科目编码	一级科目名称	明细科目级次
1	7201	事业支出	四级
2	7301	经营支出	一级
3	7401	上缴上级支出	一级
4	7501	对附属单位补助支出	一级
5	7601	投资支出	一级
6	7701	债务还本支出	二级
7	7901	其他支出	三级

9.1 7201事业支出会计核算

(一) 事业支出会计科目核算说明

本科目核算高等学校开展教学、科研等专业业务活动及其辅助活动实际发生的各项现金流出。

有一般公共预算财政拨款、政府性基金预算财政拨款两种或两种以上财政拨款的高等学校,还应当在"财政拨款资金支出"明细科目下按照财政拨款的种类进行明细核算。

根据"关于高等学校执行《政府会计制度—行政高等学校会计科目和报表》的补充规定,本科目下设"教育支出""科研支出""行政管理支出""后勤保障支出""离退休支出""其他事业支出"六个二级明细科目。

"教育支出"科目,核算高等学校开展教学及其辅助活动、学生事务等活动而实际发生的各项现金流出。本科目下设"财政拨款资金支出""非财政专项资金支出""非财政非专项资金支出"三个三级明细科目,以及"基本支出""项目支出""非税返还支出""其他支出"四个四级明细科目。

"科研支出"科目,默认为专项支出,核算高等学校开展科研及其辅助活动实际发生的各项现金流出。本科目下设"财政拨款资金专项支出""非财政专项资金支出"两个三级明细科目,以及"非同级财政拨款支出""横向科研预算支出"两个四级明细科目。

"行政管理支出"科目,核算高等学校因开展行政管理活动实际发生的各项现金流出。高等学校应根据主要经济业务和事项,参照"教育支出"科目明细设置情况设置本科目的三、四级明细科目。

"后勤保障支出"科目,核算高等学校开展后勤保障活动实际发生的各项现金流出。高等学校应根据主要经济业务和事项,参照"教育支出"科目明细设置情况设置本科目的三、四级明细科目。

"离退休支出"科目,核算高等学校实际发生的用于离退休人员的各项现金流出。高等学校应根据主要经济业务和事项,参照"教育支出"科目明细设置情况设置本科目的三、四级明细科目。

"其他事业支出"科目,核算高等学校发生的除教学、科研、后勤保障、行政管理、离退休支出之外的其他各项事业支出。高等学校应根据主要经济业务和事项,参照"教育支出"科目明细设置情况设置本科目的三、四级明细科目。

"事业支出"科目的三级明细科目"财政拨款资金支出",核算高等学校开展教学及其辅助活动、学生事务等活动而实际发生的财政拨款资金的各项现金流出,即资金来源对应财政拨款预算收入。"非财政专项资金支出",核算高等学校开展教学及其辅助活动、学生事务等活动实际发生的资金来源为非财政专项资金的各项现金流出,即资金来源对应各类非财政专项资金预算收入。"非财政非专项资金支出",核算高等学校开展教学及其辅助活动、学生事务等活动而实际发生的资金来源为非财政非专项资金的各项现金流出,即资金来源对应各类非财政非专项资金预算收入。

对于预付款项,可通过在本科目下设置"待处理"明细科目进行明细核算,待确认具体支出项目后再转入本科目下相关明细科目。年末结账前,应将本科目"待处理"明细科目余额全部转入本科目下相关明细科目。

事业支出的主要账务处理如下:

(1)支付高等学校职工(经营部门职工除外)薪酬。向单位职工个人支付薪酬时,按照实际支付的数额,借记本科目,贷记"财政拨款预算收入""资金结存"科目。按照规定代扣代缴个人所得税以及代扣代缴或为职工缴纳职工社会保险费、住房公积金等时,按照实际缴纳的金额,借记本科目,贷记"财政拨款预算收入""资金结存"科目。

(2)为专业业务活动及其辅助活动支付外部人员劳务费,按照实际支付给外部人员个人的金额,借记本科目,贷记"财政拨款预算收入""资金结存"科目。按照规定代扣代缴个人所得税时,按照实际缴纳的金额,借记本科目,贷记"财政拨款预算收入""资金结存"科目。

(3)开展专业业务活动及其辅助活动过程中为购买存货、固定资产、无形资产等以及在建工程支付相关款项时,按照实际支付的金额,借记本科目,贷记"财政拨款预算收入""资金结存"科目。

(4)开展专业业务活动及其辅助活动过程中发生预付账款时,按照实际支付的金额,借记本科目,贷记"财政拨款预算收入""资金结存"科目。

对于暂付款项,在支付款项时可不做预算会计处理,待结算或报销时,按照结算或报销的金额,借记本科目,贷记"资金结存"科目。

(5)开展专业业务活动及其辅助活动过程中缴纳的相关税费以及发生的其他各项支出,按照实际支付的金额,借记本科目,贷记"财政拨款预算收入""资金结存"科目。

(6)开展专业业务活动及其辅助活动过程中因购货退回等发生款项退回,或者发生差错更正的,属于当年支出收回的,按照收回或更正金额,借记"财政拨款预算收入""资金结存"科目,贷记本科目。

(7)年末,将本科目本年发生额中的财政拨款支出转入财政拨款结转,借记"财政拨款结转—本年收支结转"科目,贷记本科目下各财政拨款支出明细科目;将本科目本年发生额中的非财政专项资金支出转入非财政拨款结转,借记"非财政拨款结转—本年收支结转"科目,贷记本科目下各非财政专项资金支出明细科目;将本科目本年发生额中的其他资金支出(非财政非专项资金支出)转入其他结余,借记"其他结余"科目,贷记本科目下其他资金支出明细科目。

年末结转后,本科目应无余额。

(二)事业支出会计核算业务

(1)支付单位职工(经营部门职工除外)薪酬。向单位职工个人支付薪酬

时,按照实际支付的数额

预算会计

借:事业支出

贷:财政拨款预算收入/资金结存

按照规定代扣代缴个人所得税以及代扣代缴或为职工缴纳职工社会保险费、住房公积金等时,按照实际缴纳的金额

预算会计

借:事业支出

贷:财政拨款预算收入/资金结存

(2)为专业业务活动及其辅助活动支付外部人员劳务费

按照实际支付给外部人员个人的金额

预算会计

借:事业支出

贷:财政拨款预算收入/资金结存

按照规定代扣代缴个人所得税时,按照实际缴纳的金额

预算会计

借:事业支出

贷:财政拨款预算收入/资金结存

(3)开展专业业务活动及其辅助活动过程中为购买存货、固定资产、无形资产等以及在建工程支付相关款项时,按照实际支付的金额

预算会计

借:事业支出

贷:财政拨款预算收入/资金结存

(4)开展专业业务活动及其辅助活动过程中发生预付账款时,按照实际支付的金额

预算会计

借:事业支出

贷:财政拨款预算收入/资金结存

对于暂付款项,在支付款项时可不做预算会计处理,待结算或报销时,按照结算或报销的金额

预算会计

借：事业支出
　　贷：资金结存

（5）开展专业业务活动及其辅助活动过程中缴纳的相关税费以及发生的其他各项支出，按照实际支付的金额

预算会计

借：事业支出
　　贷：财政拨款预算收入/资金结存

（6）开展专业业务活动及其辅助活动过程中因购货退回等发生款项退回，或者发生差错更正的，属于当年支出收回的，按照收回或更正金额

预算会计

借：财政拨款预算收入/资金结存
　　贷：事业支出

（7）年末，将本科目本年发生额中的财政拨款支出转入财政拨款结转

预算会计

借：财政拨款结转—本年收支结转
　　贷：事业支出（本科目下各财政拨款支出明细科目）

将本科目本年发生额中的非财政专项资金支出转入非财政拨款结转

预算会计

借：非财政拨款结转—本年收支结转
　　贷：事业支出（本科目下各非财政专项资金支出明细科目）

将本科目本年发生额中的其他资金支出（非财政非专项资金支出）转入其他结余

预算会计

借：其他结余
　　贷：事业支出（其他资金支出明细科目）

9.2　7301 经营支出会计核算

（一）经营支出会计科目核算说明

本科目核算高等学校在专业业务活动及其辅助活动之外开展非独立核算经营活动实际发生的各项现金流出。

高等学校应根据经济业务和事项发生的实际情况，按照经营活动类别、项

目等进行辅助明细核算。

对于预付款项,可通过在本科目下设置"待处理"明细科目进行明细核算,待确认具体支出项目后再转入本科目下相关明细科目。年末结账前,应将本科目"待处理"明细科目余额全部转入本科目下相关明细科目。

经营支出的主要账务处理如下:

(1) 支付经营部门职工薪酬

向职工个人支付薪酬时,按照实际的金额,借记本科目,贷记"资金结存"科目。按照规定代扣代缴个人所得税以及代扣代缴或为职工缴纳职工社会保险费、住房公积金时,按照实际缴纳的金额,借记本科目,贷记"资金结存"科目。

(2) 为经营活动支付外部人员劳务费

按照实际支付给外部人员个人的金额,借记本科目,贷记"资金结存"科目。

按照规定代扣代缴个人所得税时,按照实际缴纳的金额,借记本科目,贷记"资金结存"科目。

(3) 开展经营活动过程中为购买存货、固定资产、无形资产等以及在建工程支付相关款项时,按照实际支付的金额,借记本科目,贷记"资金结存"科目。

(4) 开展经营活动过程中发生预付账款时,按照实际支付的金额,借记本科目,贷记"资金结存"科目。

对于暂付款项,在支付款项时可不做预算会计处理,待结算或报销时,按照结算或报销的金额,借记本科目,贷记"资金结存"科目。

(5) 因开展经营活动缴纳的相关税费以及发生的其他各项支出,按照实际支付的金额,借记本科目,贷记"资金结存"科目。

(6) 开展经营活动中因购货退回等发生款项退回,或者发生差错更正的,属于当年支出收回的,按照收回或更正金额,借记"资金结存"科目,贷记本科目。

(7) 年末,将本科目本年发生额转入经营结余,借记"经营结余"科目,贷记本科目。

年末结转后,本科目应无余额。

(二) 经营支出会计核算业务

(1) 支付经营部门职工薪酬

向职工个人支付薪酬时,按照实际的金额

预算会计

借:经营支出
　　贷:资金结存
按照规定代扣代缴个人所得税以及代扣代缴或为职工缴纳职工社会保险费、住房公积金时,按照实际缴纳的金额
预算会计
借:经营支出
　　贷:资金结存
(2)为经营活动支付外部人员劳务费
按照实际支付给外部人员个人的金额
预算会计
借:经营支出
　　贷:资金结存
按照规定代扣代缴个人所得税时,按照实际缴纳的金额
预算会计
借:经营支出
　　贷:资金结存
(3)开展经营活动过程中为购买存货、固定资产、无形资产等以及在建工程支付相关款项时,按照实际支付的金额
预算会计
借:经营支出
　　贷:资金结存
(4)开展经营活动过程中发生预付账款时,按照实际支付的金额
预算会计
借:经营支出
　　贷:资金结存
对于暂付款项,在支付款项时可不做预算会计处理,待结算或报销时,按照结算或报销的金额
预算会计
借:经营支出
　　贷:资金结存
(5)因开展经营活动缴纳的相关税费以及发生的其他各项支出,按照实际

支付的金额

预算会计

借:经营支出

  贷:资金结存

(6) 开展经营活动中因购货退回等发生款项退回,或者发生差错更正的,属于当年支出收回的,按照收回或更正金额

预算会计

借:资金结存

  贷:经营支出

(7) 年末,将本科目本年发生额转入经营结余

预算会计

借:经营结余

  贷:经营支出

9.3 7401 上缴上级支出会计核算

(一) 上缴上级支出会计科目核算说明

本科目核算高等学校按照财政部门和主管部门的规定上缴上级单位款项发生的现金流出。

高等学校应根据经济业务和事项发生的实际情况,按照收缴款项单位、缴款项目等对本科目进行辅助明细核算。

上缴上级支出的主要账务处理如下:

(1) 按照规定将款项上缴上级单位的,按照实际上缴的金额,借记本科目,贷记"资金结存"科目。

(2) 年末,将本科目本年发生额转入其他结余,借记"其他结余"科目,贷记本科目。

年末结转后,本科目应无余额。

(二) 上缴上级支出会计核算业务

(1) 按照规定将款项上缴上级单位的,按照实际上缴的金额

预算会计

借:上缴上级支出

  贷:资金结存

(2) 年末,将本科目本年发生额转入其他结余

预算会计

借:其他结余

 贷:上缴上级支出

9.4　7501 对附属单位补助支出会计核算

(一) 对附属单位补助支出会计科目核算说明

本科目核算高等学校用财政拨款预算收入之外的收入,对附属单位补助支出而发生的现金流出。

高等学校应根据经济业务和事项发生的实际情况,按照收补助单位、补助项目等对本科目进行辅助明细核算。

对附属单位补助支出的主要账务处理如下:

(1) 发生对附属单位补助支出的,按照实际补助的金额,借记本科目,贷记"资金结存"科目。

(2) 年末,将本科目本年发生额转入其他结余,借记"其他结余"科目,贷记本科目。

年末结转后,本科目应无余额。

(二) 对附属单位补助支出会计核算业务

(1) 发生对附属单位补助支出的,按照实际补助的金额

预算会计

借:对附属单位补助支出

 贷:资金结存

(2) 年末,将本科目本年发生额转入其他结余

预算会计

借:其他结余

 贷:对附属单位补助支出

9.5　7601 投资支出会计核算

(一) 投资支出会计科目核算说明

本科目核算高等学校以货币资金对外投资发生的现金流出。

高等学校应根据经济业务和事项发生的实际情况,按照投资类型、投资对

象等对本科目进行辅助明细核算。

投资支出的主要账务处理如下:

(1)以货币资金对外投资时,按照投资金额和所支付的相关税费金额的合计数,借记本科目,贷记"资金结存"科目。

(2)出售、对外转让或到期收回本年度以货币资金取得的对外投资的,如果按规定将投资收益纳入单位预算,按照实际收到的金额,借记"资金结存"科目,按照取得投资时"投资支出"科目的发生额,贷记本科目,按照其差额,贷记或借记"投资预算收益"科目;如果按规定将投资收益上缴财政的,按照取得投资时"投资支出"科目的发生额,借记"资金结存"科目,贷记本科目。

出售、对外转让或到期收回以前年度以货币资金取得的对外投资的,如果按规定将投资收益纳入单位预算,按照实际收到的金额,借记"资金结存"科目,按照取得投资时"投资支出"科目的发生额,贷记"其他结余"科目,按照其差额,贷记或借记"投资预算收益"科目;如果按规定将投资收益上缴财政的,按照取得投资时"投资支出"科目的发生额,借记"资金结存"科目,贷记"其他结余"科目。

(3)年末,将本科目本年发生额转入其他结余,借记"其他结余"科目,贷记本科目。

年末结转后,本科目应无余额。

(二)投资支出会计核算业务

(1)以货币资金对外投资时,按照投资金额和所支付的相关税费金额的合计数

预算会计

借:投资支出

  贷:资金结存

(2)出售、对外转让或到期收回本年度以货币资金取得的对外投资的,如果按规定将投资收益纳入单位预算

预算会计

借:资金结存(按实际收到的金额)

  投资预算收益(借差)

  贷:投资支出

    投资预算收益(贷差)

如果按规定将投资收益上缴财政的,按照取得投资时"投资支出"科目的发生额

预算会计

借:资金结存

　　贷:投资支出

出售、对外转让或到期收回以前年度以货币资金取得的对外投资的,如果按规定将投资收益纳入单位预算

预算会计

借:资金结存(按实际收到的金额)

　　投资预算收益(借差)

　　贷:其他结余

　　　　投资预算收益(贷差)

如果按规定将投资收益上缴财政的,按照取得投资时"投资支出"科目的发生额

预算会计

借:资金结存

　　贷:其他结余

(3)年末,将本科目本年发生额转入其他结余

预算会计

借:其他结余

　　贷:投资支出

9.6　7701 债务还本支出会计核算

(一) 债务还本支出会计科目核算说明

本科目核算高等学校偿还自身承担的、纳入预算管理的、从金融机构举借的债务本金的现金流出。

高等学校应根据经济业务和事项发生的实际情况,对本科目进行辅助明细核算。

债务还本支出的主要账务处理如下:

(1)偿还各项短期或长期借款时,按照偿还的借款本金,借记本科目,贷记"资金结存"科目。

（2）年末,将本科目本年发生额转入其他结余,借记"其他结余"科目,贷记本科目。

年末结转后,本科目应无余额。

（二）债务还本支出会计核算业务

（1）偿还各项短期或长期借款时,按照偿还的借款本金

预算会计

借:债务还本支出

 贷:资金结存

（2）年末,将本科目本年发生额转入其他结余

预算会计

借:其他结余

 贷:债务还本支出

9.7 7901 其他支出会计核算

（一）其他支出会计科目核算说明

本科目核算高等学校除事业支出、经营支出、上缴上级支出、对附属单位补助支出、投资支出、债务还本支出以外的各项现金流出,包括利息支出、对外捐赠现金支出、现金盘亏损失、接受捐赠（调入）和对外捐赠（调出）非现金资产发生的税费支出、资产置换过程中发生的相关税费支出、罚没支出等。

本科目应当按照其他支出的类别,下设"财政拨款支出""非财政专项资金支出"和"非财政非专项资金支出"三个二级明细科目,并分别下设"基本支出""项目支出""非税返还支出""其他支出"等六个三级明细科目。

有一般公共预算财政拨款、政府性基金预算财政拨款等两种或两种以上财政拨款的高等学校,还应当在"财政拨款支出"明细科目下按照财政拨款的种类进行明细核算。

其他支出的主要账务处理如下:

（1）利息支出

支付银行借款利息时,按照实际支付金额,借记本科目,贷记"资金结存"科目。

（2）对外捐赠现金资产

对外捐赠现金资产时,按照捐赠金额,借记本科目,贷记"资金结存—货币

资金"科目。

(3) 现金盘亏损失

每日现金账款核对中如发现现金短缺,按照短缺的现金金额,借记本科目,贷记"资金结存—货币资金"科目。经核实,属于应当由有关人员赔偿的,按照收到的赔偿金额,借记"资金结存—货币资金"科目,贷记本科目。

(4) 接受捐赠(无偿调入)和对外捐赠(无偿调出)非现金资产发生的税费支出

接受捐赠(无偿调入)非现金资产发生的归属于捐入方(调入方)的相关税费、运输费等,以及对外捐赠(无偿调出)非现金资产发生的归属于捐出方(调出方)的相关税费、运输费等,按照实际支付金额,借记本科目,贷记"资金结存"科目。

(5) 资产置换过程中发生的相关税费支出

资产置换过程中发生的相关税费,按照实际支付金额,借记本科目,贷记"资金结存"科目。

(6) 其他支出

发生罚没等其他支出时,按照实际支出金额,借记本科目,贷记"资金结存—货币资金"科目。

(7) 年末,将本科目本年发生额中的财政拨款支出转入财政拨款结转,借记"财政拨款结转—本年收支结转"科目,贷记本科目下各财政拨款支出明细科目;将本科目本年发生额中的非财政专项资金支出转入非财政拨款结转,借记"非财政拨款结转—本年收支结转"科目,贷记本科目下各非财政专项资金支出明细科目;将本科目本年发生额中的其他资金支出(非财政非专项资金支出)转入其他结余,借记"其他结余"科目,贷记本科目下各其他资金支出明细科目。

年末结转后,本科目应无余额。

(二) 其他支出会计核算业务

(1) 利息支出

支付银行借款利息时,按照实际支付金额

预算会计

借:其他支出

　　贷:资金结存

(2) 对外捐赠现金资产

对外捐赠现金资产时,按照捐赠金额

预算会计

借:其他支出

  贷:资金结存—货币资金

(3) 现金盘亏损失

每日现金账款核对中如发现现金短缺,按照短缺的现金金额

预算会计

借:其他支出

  贷:资金结存—货币资金

经核实,属于应当由有关人员赔偿的,按照收到的赔偿金额

预算会计

借:资金结存—货币资金

  贷:其他支出

(4) 接受捐赠(无偿调入)和对外捐赠(无偿调出)非现金资产发生的税费支出

接受捐赠(无偿调入)非现金资产发生的归属于捐入方(调入方)的相关税费、运输费等,以及对外捐赠(无偿调出)非现金资产发生的归属于捐出方(调出方)的相关税费、运输费等,按照实际支付金额

预算会计

借:其他支出

  贷:资金结存—货币资金

(5) 资产置换过程中发生的相关税费支出

资产置换过程中发生的相关税费,按照实际支付金额

预算会计

借:其他支出

  贷:资金结存—货币资金

(6) 其他支出

发生罚没等其他支出时,按照实际支出金额

预算会计

借:其他支出

贷:资金结存—货币资金

(7) 年末,将本科目本年发生额中的财政拨款支出转入财政拨款结转

预算会计

借:财政拨款结转—本年收支结转

　　贷:其他支出(各财政拨款支出明细科目)

将本科目本年发生额中的非财政专项资金支出转入非财政拨款结转

预算会计

借:非财政拨款结转—本年收支结转

　　贷:其他支出(非财政专项支出明细科目)

将本科目本年发生额中的其他资金支出(非财政非专项资金支出)转入其他结余

预算会计

借:其他结余

　　贷:其他支出(各其他资金支出明细科目)

第十章 预算结余类会计科目设置和使用说明

表 10-1 预算结余类会计科目设置

序号	一级科目编码	一级科目名称	明细科目级次
1	8001	资金结存	四级
2	8101	财政拨款结转	三级
3	8102	财政拨款结余	二级
4	8201	非财政拨款结转	四级
5	8202	非财政拨款结余	三级
6	8301	专用结余	二级
7	8401	经营结余	一级
8	8501	其他结余	一级
9	8701	非财政拨款结余分配	二级

10.1 8001 资金结存会计核算

(一) 资金结存会计科目核算说明

本科目核算高等学校纳入部门预算管理的资金的流入、流出、调整和滚存等情况。用以反映纳入部门预算管理资金对应的资金形态。

本科目应当设置"零余额账户用款额度""货币资金""财政应返还额度"三个二级明细科目及"基本支出""项目支出"等四个四级明细科目。

"零余额账户用款额度",本明细科目核算实行国库集中支付的单位根据财政部门批复的用款计划收到和支用的零余额账户用款额度。年末结账后,本明细科目应无余额。

"货币资金",本明细科目核算单位以库存现金、银行存款、其他货币资金形态存在的资金。本明细科目年末借方余额,反映单位尚未使用的货币资金。

"财政应返还额度",本明细科目核算实行国库集中支付的单位可以使用的以前年度财政直接支付资金额度和财政应返还的财政授权支付资金额度。本明细科目下可设置"财政直接支付""财政授权支付"两个明细科目进行明细核算。本明细科目年末借方余额,反映单位应收财政返还的资金额度。

资金结存的主要账务处理如下:

(1) 财政授权支付方式下,高等学校根据代理银行转来的财政授权支付额度到账通知书,按照通知书中的授权支付额度,借记本科目(零余额账户用款额度),贷记"财政拨款预算收入"科目。

以国库集中支付以外的其他支付方式取得预算收入时,按照实际收到的金额,借记本科目(货币资金),贷记"财政拨款预算收入""事业预算收入""经营预算收入"等科目。

(2) 财政授权支付方式下,发生相关支出时,按照实际支付的金额,借记"事业支出"等科目,贷记本科目(零余额账户用款额度)。

从零余额账户提取现金时,借记本科目(货币资金),贷记本科目(零余额账户用款额度)。退回现金时,做相反会计分录。

使用以前年度财政直接支付额度发生支出时,按照实际支付金额,借记"事业支出"等科目,贷记本科目(财政应返还额度)。

国库集中支付以外的其他支付方式下,发生相关支出时,按照实际支付的金额,借记"事业支出""经营支出"等科目,贷记本科目(货币资金)。

(3) 按照规定上缴财政拨款结转结余资金或注销财政拨款结转结余资金额度的,按照实际上缴资金数额或注销的资金额度数额,借记"财政拨款结转—归集上缴"或"财政拨款结余—归集上缴"科目,贷记本科目(财政应返还额度、零余额账户用款额度、货币资金)。

按规定向原资金拨入单位缴回非财政拨款结转资金的,按照实际缴回资金数额,借记"非财政拨款结转—缴回资金"科目,贷记本科目(货币资金)。

收到从其他单位调入的财政拨款结转资金的,按照实际调入资金数额,借记本科目(财政应返还额度、零余额账户用款额度、货币资金),贷记"财政拨款结转—归集调入"科目。

(4) 按照规定使用专用基金时,按照实际支付金额,借记"专用结余"科目[从非财政拨款结余中提取的专用基金]或"事业支出"等科目[从预算收入中计提的专用基金],贷记本科目(货币资金)。

(5)因购货退回、发生差错更正等退回国库直接支付、授权支付款项,或者收回货币资金的,属于本年度支付的,借记"财政拨款预算收入"科目或本科目(零余额账户用款额度、货币资金),贷记相关支出科目;属于以前年度支付的,借记本科目(财政应返还额度、零余额账户用款额度、货币资金),贷记"财政拨款结转""财政拨款结余""非财政拨款结转""非财政拨款结余"科目。

(6)有企业所得税缴纳义务的高等学校缴纳所得税时,按照实际缴纳金额,借记"非财政拨款结余—累计结余"科目,贷记本科目(货币资金)。

(7)年末,根据本年度财政直接支付预算指标数与当年财政直接支付实际支出数的差额,借记本科目(财政应返还额度),贷记"财政拨款预算收入"科目。

(8)年末,单位依据代理银行提供的对账单作注销额度的相关账务处理,借记本科目(财政应返还额度),贷记本科目(零余额账户用款额度);本年度财政授权支付预算指标数大于零余额账户用款额度下达数的,根据未下达的用款额度,借记本科目(财政应返还额度),贷记"财政拨款预算收入"科目。

下年初,高等学校依据代理银行提供的额度恢复到账通知书作恢复额度的相关账务处理,借记本科目(零余额账户用款额度),贷记本科目(财政应返还额度)。单位收到财政部门批复的上年末未下达零余额账户用款额度的,借记本科目(零余额账户用款额度),贷记本科目(财政应返还额度)。

本科目年末借方余额,反映高等学校预算资金的累计滚存情况。资金结存(借方)= ∑结转结余(贷方)

(二)资金结存会计核算业务

(1)财政授权支付方式下,单位根据代理银行转来的财政授权支付额度到账通知书,按照通知书中的授权支付额度

预算会计

借:资金结存—零余额账户用款额度

　　贷:财政拨款预算收入

以国库集中支付以外的其他支付方式取得预算收入时,按照实际收到的金额

预算会计

借:资金结存—货币资金

  贷:财政拨款预算收入/事业预算收入/经营预算收入

(2)财政授权支付方式下,发生相关支出时,按照实际支付的金额

预算会计

借:事业支出

  贷:资金结存—零余额账户用款额度

从零余额账户提取现金时

预算会计

借:资金结存—货币资金

  贷:资金结存—零余额账户用款额度

退回现金时,做相反会计分录

使用以前年度财政直接支付额度发生支出时,按照实际支付金额

预算会计

借:事业支出

  贷:资金结存—财政应返还额度

国库集中支付以外的其他支付方式下,发生相关支出时,按照实际支付的金额

预算会计

借:事业支出/经营支出

  贷:资金结存—货币资金

(3)按照规定上缴财政拨款结转结余资金或注销财政拨款结转结余资金额度的,按照实际上缴资金数额或注销的资金额度数额

预算会计

借:财政拨款结转—归集上缴

  财政拨款结余—归集上缴(项目支出结余)

  贷:资金结存—财政应返还额度/零余额账户用款额度/货币资金

按规定向原资金拨入单位缴回非财政拨款结转资金的,按照实际缴回资金数额

预算会计

借:非财政拨款结转—缴回资金

  贷:资金结存—货币资金

收到从其他单位调入的财政拨款结转资金的,按照实际调入资金数额

预算会计

借:资金结存—财政应返还额度/零余额账户用款额度/货币资金

　　贷:财政拨款结转—归集调入

(4) 按照规定使用专用基金时,按照实际支付金额

预算会计

借:专用结余(从非财政拨款结余中提取的专用基金)

　　事业支出(从预算收入中计提的专用基金)

　　贷:资金结存—货币资金

(5) 因购货退回、发生差错更正等退回国库直接支付、授权支付款项,或者收回货币资金的,属于本年度支付的

预算会计

借:财政拨款预算收入

　　资金结存—零余额账户用款额度/货币资金

　　贷:相关支出科目

属于以前年度支付的

预算会计

借:资金结存—财政应返还额度/零余额账户用款额度/货币资金

　　贷:财政拨款结转/财政拨款结余/非财政拨款结转/非财政拨款结余

(6) 有企业所得税缴纳义务的高等学校缴纳所得税时,按照实际缴纳金额

预算会计

借:非财政拨款结余—累计结余

　　贷:资金结存—货币资金

(7) 年末,根据本年度财政直接支付预算指标数与当年财政直接支付实际支出数的差额

预算会计

借:资金结存—财政应返还额度

　　贷:财政拨款预算收入

(8) 年末,单位依据代理银行提供的对账单作注销额度的相关账务处理

预算会计

借:资金结存—财政应返还额度

　　贷:资金结存—零余额账户用款额度

本年度财政授权支付预算指标数大于零余额账户用款额度下达数的,根据未下达的用款额度

预算会计

借:资金结存—财政应返还额度

　　贷:财政拨款预算收入

下年初,单位依据代理银行提供的额度恢复到账通知书作恢复额度的相关账务处理

预算会计

借:资金结存—零余额账户用款额度

　　贷:资金结存—财政应返还额度

单位收到财政部门批复的上年末未下达零余额账户用款额度的

预算会计

借:资金结存—零余额账户用款额度

　　贷:资金结存—财政应返还额度

(三) 资金结存会计科目核算示范

[例10-1] 2019年10月1日,某高校收到代理银行转来的"财政授权支付额度到账通知书",本月授权支付额度200万元已经下达到代理银行。(预算收入)

财务会计

| 借:零余额账户用款额度 | 200万 |
| 　　贷:财政拨款收入 | 200万 |

预算会计

| 借:资金结存—零余额账户用款额度 | 200万 |
| 　　贷:财政拨款预算收入 | 200万 |

[例10-2] 某高校为开展业务活动发生业务费用10 600元,审核后予以报销,通过单位的零余额账户予以支付。

财务会计

| 借:业务活动费用 | 10 600 |
| 　　贷:零余额账户用款额度 | 10 600 |

预算会计

| 借:事业支出 | 10 600 |

            贷：资金结存—零余额账户用款额度　　　　　　　　　　10 600

[例 10-3] 2019 年末，某高校注销未使用的财政授权用款额度 50 000 元，需要调整"资金结存"科目的明细科目。

财务会计

　　借：财政应返还额度　　　　　　　　　　　　　　　　50 000
　　　　贷：零余额账户用款额度　　　　　　　　　　　　　50 000

预算会计

　　借：资金结存—财政应返还额度　　　　　　　　　　　　50 000
　　　　贷：资金结存—零余额账户用款额度　　　　　　　　50 000

10.2　8101 财政拨款结转会计核算

（一）财政拨款结转会计科目核算说明

本科目核算高等学校取得的同级财政拨款结转资金的调整、结转和滚存情况。

本科目应当下设"年初余额调整""归集调入""归集调出""归集上缴""单位内部调剂""本年收支结转""累计结转"七个二级明细科目及"基本支出""项目支出"等十四个三级明细科目。

（1）与会计差错更正、以前年度支出收回相关的明细科目

"年初余额调整"，本明细科目核算因发生会计差错更正、以前年度支出收回等原因，需要调整财政拨款结转的金额。年末结账后，本明细科目应无余额。

（2）与财政拨款调拨业务相关的明细科目

"归集调入"，本明细科目核算按照规定从其他单位调入财政拨款结转资金时，实际调增的额度数额或调入的资金数额。年末结账后，本明细科目应无余额。

"归集调出"，本明细科目核算按照规定向其他单位调出财政拨款结转资金时，实际调减的额度数额或调出的资金数额。年末结账后，本明细科目应无余额。

"归集上缴"，本明细科目核算按照规定上缴财政拨款结转资金或注销财政拨款结转资金额度时，实际上缴资金额度或注销的资金额度数额。年末结账后，本明细科目应无余额。

"单位内部调剂"，本明细科目核算经财政部门批准对财政拨款结余资金改变用途，调整用于本单位基本支出或其他未完成项目支出，按照批准调剂的金额。年末结账后，本明细科目应无余额。

（3）与年末财政拨款结转业务相关的明细科目

"本年收支结转"，本明细科目核算单位本年度财政拨款收支相抵后的余额。年末结账后，本明细科目应无余额。

"累计结转"，年末冲销财政拨款结转明细科目余额。本明细科目年末贷方余额，反映单位财政拨款滚存的结转资金数额。

有一般公共预算财政拨款、政府性基金预算财政拨款等两种或两种以上财政拨款的，还应当在本科目下按照财政拨款的种类进行明细核算。

财政拨款结转的主要账务处理如下：

（1）与会计差错更正、以前年度支出收回相关的账务处理

① 因发生会计差错更正退回以前年度国库直接支付、授权支付款项或财政性货币资金，或者因发生会计差错更正增加以前年度国库直接支付、授权支付支出或财政性货币资金支出，属于以前年度财政拨款结转资金的，借记或贷记"资金结存—财政应返还额度、零余额账户用款额度、货币资金"科目，贷记或借记本科目（年初余额调整）。

② 因购货退回、预付款项收回等发生以前年度支出又收回国库直接支付、授权支付款项或收回财政性货币资金，属于以前年度财政拨款结转资金的，借记"资金结存—财政应返还额度、零余额账户用款额度、货币资金"科目，贷记本科目（年初余额调整）。

（2）与财政拨款结转结余资金调整业务相关的账务处理

① 按照规定从其他单位调入财政拨款结转资金的，按照实际调增的额度数额或调入的资金数额，借记"资金结存—财政应返还额度、零余额账户用款额度、货币资金"科目，贷记本科目（归集调入）。

② 按照规定向其他单位调出财政拨款结转资金的，按照实际调减的额度数额或调出的资金数额，借记本科目（归集调出），贷记"资金结存—财政应返还额度、零余额账户用款额度、货币资金"科目。

③ 按照规定上缴财政拨款结转资金或注销财政拨款结转资金额度的，按照实际上缴资金数额或注销的资金额度数额，借记本科目（归集上缴），贷记"资金结存—财政应返还额度、零余额账户用款额度、货币资金"科目。

④ 经财政部门批准对财政拨款结余资金改变用途，调整用于本单位基本支出或其他未完成项目支出的，按照批准调剂的金额，借记"财政拨款结余—单位内部调剂"科目，贷记本科目（单位内部调剂）。

(3) 与年末财政拨款结转和结余业务相关的账务处理

① 年末,将财政拨款预算收入本年发生额转入本科目,借记"财政拨款预算收入"科目,贷记本科目(本年收支结转);将各项支出中财政拨款支出本年发生额转入本科目,借记本科目(本年收支结转),贷记各项支出(财政拨款支出)科目。

② 年末冲销有关明细科目余额。将本科目(本年收支结转、年初余额调整、归集调入、归集调出、归集上缴、单位内部调剂)余额转入本科目(累计结转)。结转后,本科目除"累计结转"明细科目外,其他明细科目应无余额。

③ 年末完成上述结转后,应当对财政拨款结转各明细项目执行情况进行分析,按照有关规定将符合财政拨款结余性质的项目余额转入财政拨款结余,借记本科目(累计结转),贷记"财政拨款结余—结转转入"科目。

本科目年末贷方余额,反映单位滚存的财政拨款结转资金数额。

(二) 财政拨款结转会计核算业务

(1) 与会计差错更正、以前年度支出收回相关的账务处理

① 因发生会计差错更正退回以前年度国库直接支付、授权支付款项或财政性货币资金,属于以前年度财政拨款结转资金的

预算会计

借:资金结存—财政应返还额度/零余额账户用款额度/货币资金

　　贷:财政拨款结转—年初余额调整

因发生会计差错更正增加以前年度国库直接支付、授权支付支出或财政性货币资金支出,属于以前年度财政拨款结转资金的

预算会计

借:财政拨款结转—年初余额调整

　　贷:资金结存—财政应返还额度/零余额账户用款额度/货币资金

② 因购货退回、预付款项收回等发生以前年度支出又收回国库直接支付、授权支付款项或收回财政性货币资金,属于以前年度财政拨款结转资金的

预算会计

借:资金结存—财政应返还额度/零余额账户用款额度/货币资金

　　贷:财政拨款结转—年初余额调整

(2) 与财政拨款结转结余资金调整业务相关的账务处理

① 按照规定从其他单位调入财政拨款结转资金的,按照实际调增的额度

数额或调入的资金数额

预算会计

借:资金结存—财政应返还额度/零余额账户用款额度/货币资金

　　贷:财政拨款结转—归集调入

② 按照规定向其他单位调出财政拨款结转资金的,按照实际调减的额度数额或调出的资金数额

预算会计

借:财政拨款结转—归集调出

　　贷:资金结存—财政应返还额度/零余额账户用款额度/货币资金

③ 按照规定上缴财政拨款结转资金或注销财政拨款结转资金额度的,按照实际上缴资金数额或注销的资金额度数额

预算会计

借:财政拨款结转—归集上缴

　　贷:资金结存—财政应返还额度/零余额账户用款额度/货币资金

④ 经财政部门批准对财政拨款结余资金改变用途,调整用于本单位基本支出或其他未完成项目支出的,按照批准调剂的金额

预算会计

借:财政拨款结余—单位内部调剂

　　贷:财政拨款结转—单位内部调剂

(3) 与年末财政拨款结转和结余业务相关的账务处理

① 年末,将财政拨款预算收入本年发生额转入本科目

预算会计

借:财政拨款预算收入

　　贷:财政拨款结转—本年收支结转

将各项支出中财政拨款支出本年发生额转入本科目

预算会计

借:财政拨款结转—本年收支结转

　　贷:各项支出科目—财政拨款支出

② 年末冲销有关明细科目余额

预算会计

借:财政拨款结转—本年收支结转/年初余额调整/归集调入/归集调出/归

集上缴/单位内部调剂

  贷:财政拨款结转—累计结转

结转后,本科目除"累计结转"明细科目外,其他明细科目应无余额。

  ③ 年末完成上述结转后,应当对财政拨款结转各明细项目执行情况进行分析,按照有关规定将符合财政拨款结余性质的项目余额转入财政拨款结余

  预算会计

  借:财政拨款结转—累计结转

   贷:财政拨款结余—结转转入

(三) 财政拨款结转会计核算示范

[例10-4] 2019年3月10日,某高校收回上一年度支付的预付款项16 000元,款项已经按原渠道返还到本学校的零余额账户,资金性质为财政拨款基本支出拨款,预付款项时已经确认支出。

  财务会计

  借:零余额账户用款额度   16 000

   贷:预付账款   16 000

  预算会计

  借:资金结存—零余额账户用款额度   16 000

   贷:财政拨款结转—年初余额调整—基本支出 16 000

[例10-5] 某高校财政拨款基本支出结转资金20万元,已经超过2年未使用,按规定予以清理,上缴财政国库。

  财务会计

  借:累计盈余   20万

   贷:零余额账户用款额度   20万

  预算会计

  借:财政拨款结转—归集上缴—基本支出   20万

   贷:资金结存—零余额账户用款额度   20万

10.3 8102财政拨款结余会计核算

(一) 财政拨款结余会计科目核算说明

本科目默认为专项资金,核算高等学校取得的同级财政拨款项目支出结余资金的调整、结转和滚存情况。

本科目应当设置下列明细科目：

（1）与会计差错更正、以前年度支出收回相关的明细科目

"年初余额调整"，本明细科目核算因发生会计差错更正、以前年度支出收回等原因，需要调整财政拨款结余的金额。年末结账后，本明细科目应无余额。

（2）与财政拨款结余资金调整业务相关的明细科目

"归集上缴"，本明细科目核算按照规定上缴财政拨款结余资金时，实际核销的额度数额或上缴的资金数额。年末结账后，本明细科目应无余额。

"单位内部调剂"，本明细科目核算经财政部门批准对财政拨款结余资金改变用途，调整用于本单位其他未完成项目等的金额。年末结账后，本明细科目应无余额。

（3）与年末财政拨款结余业务相关的明细科目

"结转转入"，本明细科目核算高等学校按照规定转入财政拨款结余的财政拨款结转资金。年末结账后，本明细科目应无余额。

"累计结余"，本明细科目核算高等学校滚存的财政拨款结余资金。本明细科目年末贷方余额，反映单位财政拨款滚存的结余资金数额。本科目还应当按照具体项目、《政府收支分类科目》中"支出功能分类科目"的相关科目等进行明细核算。

有一般公共预算财政拨款、政府性基金预算财政拨款等两种或两种以上财政拨款的，还应当在本科目下按照财政拨款的种类进行明细核算。

财政拨款结余的主要账务处理如下：

（1）与会计差错更正、以前年度支出收回相关的账务处理

① 因发生会计差错更正退回以前年度国库直接支付、授权支付款项或财政性货币资金，或者因发生会计差错更正增加以前年度国库直接支付、授权支付支出或财政性货币资金支出，属于以前年度财政拨款结余资金的，借记或贷记"资金结存—财政应返还额度、零余额账户用款额度、货币资金"科目，贷记或借记本科目（年初余额调整）。

② 因购货退回、预付款项收回等发生以前年度支出又收回国库直接支付、授权支付款项或收回财政性货币资金，属于以前年度财政拨款结余资金的，借记"资金结存—财政应返还额度、零余额账户用款额度、货币资金"科目，贷记本科目（年初余额调整）。

（2）与财政拨款结余资金调整业务相关的账务处理

① 经财政部门批准对财政拨款结余资金改变用途,调整用于本单位基本支出或其他未完成项目支出的,按照批准调剂的金额,借记本科目(单位内部调剂),贷记"财政拨款结转—单位内部调剂"科目。

② 按照规定上缴财政拨款结余资金或注销财政拨款结余资金额度的,按照实际上缴资金数额或注销的资金额度数额,借记本科目(归集上缴),贷记"资金结存—财政应返还额度、零余额账户用款额度、货币资金"科目。

(3) 与年末财政拨款结转和结余业务相关的账务处理

① 年末,对财政拨款结转各明细项目执行情况进行分析,按照有关规定将符合财政拨款结余性质的项目余额转入财政拨款结余,借记"财政拨款结转—累计结转"科目,贷记本科目(结转转入)。

② 年末冲销有关明细科目余额。将本科目(年初余额调整、归集上缴、单位内部调剂、结转转入)余额转入本科目(累计结余)。结转后,本科目除"累计结余"明细科目外,其他明细科目应无余额。

本科目年末贷方余额,反映单位滚存的财政拨款结余资金数额。

(二) 财政拨款结余会计核算业务

(1) 与会计差错更正、以前年度支出收回相关的账务处理

① 因发生会计差错更正退回以前年度国库直接支付、授权支付款项或财政性货币资金

预算会计

借:资金结存—财政应返还额度/零余额账户用款额度/货币资金
　　贷:财政拨款结余—年初余额调整

因发生会计差错更正增加以前年度国库直接支付、授权支付支出或财政性货币资金支出,属于以前年度财政拨款结余资金的

预算会计

借:财政拨款结余—年初余额调整
　　贷:资金结存—财政应返还额度/零余额账户用款额度/货币资金

② 因购货退回、预付款项收回等发生以前年度支出又收回国库直接支付、授权支付款项或收回财政性货币资金,属于以前年度财政拨款结余资金的

预算会计

借:资金结存—财政应返还额度/零余额账户用款额度/货币资金
　　贷:财政拨款结余—年初余额调整

(2) 与财政拨款结余资金调整业务相关的账务处理

① 经财政部门批准对财政拨款结余资金改变用途,调整用于本单位基本支出或其他未完成项目支出的,按照批准调剂的金额

预算会计

借:财政拨款结余—单位内部调剂

 贷:财政拨款结转—单位内部调剂

② 按照规定上缴财政拨款结余资金或注销财政拨款结余资金额度的,按照实际上缴资金数额或注销的资金额度数额

预算会计

借:财政拨款结余—归集上缴

 贷:资金结存—财政应返还额度/零余额账户用款额度/货币资金

(3) 与年末财政拨款结转和结余业务相关的账务处理

① 年末,对财政拨款结转各明细项目执行情况进行分析,按照有关规定将符合财政拨款结余性质的项目余额转入财政拨款结余

预算会计

借:财政拨款结余—累计结转

 贷:财政拨款结余—结转转入

② 年末冲销有关明细科目余额。结转后,本科目除"累计结余"明细科目外,其他明细科目应无余额

预算会计

借:财政拨款结余—年初余额调整/归集上缴/单位内部调剂/结转转入

 贷:财政拨款结余—累计结余

(三) 财政拨款结余会计核算示范

[例10-6]2019年末,某高校对财政拨款项目执行情况进行分析,本年度财政拨款项目中,符合财政拨款结余资金性质的数额为 9 000 元,进行财政拨款结转资金的转出处理。

财务会计不处理

预算会计

借:财政拨款结转—累计结转—项目支出   9 000

 贷:财政拨款结余—结转转入—**项目   9 000

[例10-7]某高校对财政拨款项目检查时发现,上一年度已经完成的某项

目发生的支出 5 000 元,因会计差错遗漏支付,现通过零余额账户予以支付。

财务会计

借:以前年度盈余调整　　　　　　　　　　　　　　5 000
　　贷:零余额账户用款额度　　　　　　　　　　　　5 000

预算会计

借:财政拨款结余——年初余额调整　　　　　　　　5 000
　　贷:资金结存——零余额账户用款额度　　　　　　5 000

[例 10-8]某省属高校的财政拨款 A 项目已经完成,结余资金 2 000 元,按规定应当上缴财政,通过单位零余额账户缴纳。

财务会计

借:累计盈余　　　　　　　　　　　　　　　　　　2 000
　　贷:零余额账户用款额度　　　　　　　　　　　　2 000

预算会计

借:财政拨款结余——归集上缴　　　　　　　　　　2 000
　　贷:资金结存——零余额账户用款额度　　　　　　2 000

10.4　8201 非财政拨款结转会计核算

(一)非财政拨款结转会计科目核算说明

本科目核算高等学校除财政拨款收支、经营收支以外各非同级财政拨款专项资金的调整、结转和滚存情况。

本科目应当设置下列明细科目:

"年初余额调整",本明细科目核算因发生会计差错更正、以前年度支出收回等原因,需要调整非财政拨款结转的资金。年末结账后,本明细科目应无余额。

"缴回资金",本明细科目核算按照规定缴回非财政拨款结转资金时,实际缴回的资金数额。年末结账后,本明细科目应无余额。

"项目间接费用或管理费",本明细科目核算高等学校取得的科研项目预算收入中,按照规定计提项目间接费用或管理费的数额。年末结账后,本明细科目应无余额。

"本年收支结转",本明细科目核算高等学校本年度非同级财政拨款专项收支相抵后的余额。年末结账后,本明细科目应无余额。

"累计结转",本明细科目核算高等学校滚存的非同级财政拨款专项结转资金。本明细科目年末贷方余额,反映高等学校非同级财政拨款滚存的专项结转资金数额。

本科目还应当按照具体项目、《政府收支分类科目》中"支出功能分类科目"的相关科目等进行明细核算。

非财政拨款结转的主要账务处理如下:

(1)按照规定从科研项目预算收入中提取项目管理费或间接费时,按照提取金额,借记本科目(项目间接费用或管理费),贷记"非财政拨款结余—项目间接费用或管理费"科目。

(2)因会计差错更正收到或支出非同级财政拨款货币资金,属于非财政拨款结转资金的,按照收到或支出的金额,借记或贷记"资金结存—货币资金"科目,贷记或借记本科目(年初余额调整)。

因收回以前年度支出等收到非同级财政拨款货币资金,属于非财政拨款结转资金的,按照收到的金额,借记"资金结存—货币资金"科目,贷记本科目(年初余额调整)。

(3)按照规定缴回非财政拨款结转资金的,按照实际缴回资金数额,借记本科目(缴回资金),贷记"资金结存—货币资金"科目。

(4)年末,将事业预算收入、上级补助预算收入、附属单位上缴预算收入、非同级财政拨款预算收入、债务预算收入、其他预算收入本年发生额中的专项资金收入转入本科目,借记"事业预算收入""上级补助预算收入""附属单位上缴预算收入""非同级财政拨款预算收入""债务预算收入""其他预算收入"科目下各专项资金收入明细科目,贷记本科目(本年收支结转);将事业支出、其他支出本年发生额中的非财政拨款专项资金支出转入本科目,借记本科目(本年收支结转),贷记"事业支出""其他支出"科目下各非财政拨款专项资金支出明细科目。

(5)年末冲销有关明细科目余额。将本科目(年初余额调整、项目间接费用或管理费、缴回资金、本年收支结转)余额转入本科目(累计结转)。结转后,本科目除"累计结转"明细科目外,其他明细科目应无余额。

(6)年末完成上述结转后,应当对非财政拨款专项结转资金各项情况进行分析,将留归本单位使用的非财政拨款专项(项目已完成)剩余资金转入非财政拨款结余,借记本科目(累计结转),贷记"非财政拨款结余—结转转入"科目。

本科目年末贷方余额,反映单位滚存的非同级财政拨款专项结转资金数额。

（二）非财政拨款结转会计核算业务

（1）按照规定从科研项目预算收入中提取项目管理费或间接费时，按照提取金额

预算会计

借：非财政拨款结转—项目间接费用或管理费

　　贷：非财政拨款结余—项目间接费用或管理费

（2）因会计差错更正收到或支出非同级财政拨款货币资金，属于非财政拨款结转资金的，按照收到或支出的金额

预算会计

借：资金结存—货币资金（收到时）

　　非财政拨款结转—年初余额调整（支出时）

　　贷：非财政拨款结转—年初余额调整（收到时）

　　　　资金结存—货币资金（支出时）

因收回以前年度支出等收到非同级财政拨款货币资金，属于非财政拨款结转资金的，按照收到的金额

预算会计

借：资金结存—货币资金

　　贷：非财政拨款结转—年初余额调整

（3）按照规定缴回非财政拨款结转资金的，按照实际缴回资金数额

预算会计

借：非财政拨款结转—缴回资金

　　贷：资金结存—货币资金

（4）年末，将事业预算收入、上级补助预算收入、附属单位上缴预算收入、非同级财政拨款预算收入、债务预算收入、其他预算收入本年发生额中的专项资金收入转入本科目

预算会计

借：事业预算收入/上级补助预算收入/附属单位上缴预算收入/非同级财政拨款预算收入/债务预算收入/其他预算收入（各专项资金收入明细科目）

　　贷：非财政拨款结转—本年收支结转

将事业支出、其他支出本年发生额中的非财政拨款专项资金支出转入本科目

预算会计

借:非财政拨款结转—本年收支结转

　　贷:事业支出/其他支出(各非财政拨款专项资金支出明细科目)

(5)年末冲销有关明细科目余额。结转后,本科目除"累计结转"明细科目外,其他明细科目应无余额。

预算会计

借:非财政拨款结转—年初余额调整/项目间接费用或管理费/缴回资金/本年收支结转

　　贷:非财政拨款结转—累计结转

(6)年末完成上述结转后,应当对非财政拨款专项结转资金各项目情况进行分析,将留归本单位使用的非财政拨款专项(项目已完成)剩余资金转入非财政拨款结余

预算会计

借:非财政拨款结转—累计结转

　　贷:非财政拨款结余—结转转入

(三)非财政拨款结转会计核算示范

[例10-9]某高校对非财政拨款专项资金项目进行检查,发现漏支付一笔应在上一年度承担的咨询费35 000元,通过银行存款支付。

财务会计

借:以前年度盈余调整　　　　　　　　　　　　　　35 000

　　贷:银行存款　　　　　　　　　　　　　　　　　　35 000

预算会计

借:非财政拨款结转—年初余额调整　　　　　　　　35 000

　　贷:资金结存—货币资金　　　　　　　　　　　　　35 000

10.5　8202非财政拨款结余会计核算

(一)非财政拨款结余会计科目核算说明

本科目核算高等学校历年滚存的、非限定用途的非同级财政拨款结余资金,主要为非财政拨款结余扣除结余分配后滚存的金额。

本科目应当设置下列明细科目：

"年初余额调整"，本明细科目核算因发生会计差错更正、以前年度支出收回等原因，需要调整非财政拨款结余的资金。年末结账后，本明细科目应无余额。

"项目间接费用或管理费"，本明细科目核算高等学校取得的科研项目预算收入中，按照规定计提的项目间接费用或管理费数额。年末结账后，本明细科目应无余额。

"结转转入"，本明细科目核算按照规定留归单位使用，由单位统筹调配，纳入单位非财政拨款结余的非同级财政拨款专项剩余资金。年末结账后，本明细科目应无余额。

"累计结余"，本明细科目核算高等学校历年滚存的非同级财政拨款、非专项结余资金。本明细科目年末贷方余额，反映单位非同级财政拨款滚存的非专项结余资金数额。

本科目还应当按照《政府收支分类科目》中"支出功能分类科目"的相关科目进行明细核算。

非财政拨款结余的主要账务处理如下：

（1）按照规定从非财政科研项目预算收入中提取项目管理费或间接费时，借记"非财政拨款结转—项目间接费用或管理费"科目，贷记本科目（项目间接费用或管理费）。

（2）有企业所得税缴纳义务的高等学校实际缴纳企业所得税时，按照缴纳金额，借记本科目（累计结余），贷记"资金结存—货币资金"科目。

（3）因会计差错更正收到或支出非同级财政拨款货币资金，属于非财政拨款结余资金的，按照收到或支出的金额，借记或贷记"资金结存—货币资金"科目，贷记或借记本科目（年初余额调整）。

因收回以前年度支出等收到非同级财政拨款货币资金，属于非财政拨款结余资金的，按照收到的金额，借记"资金结存—货币资金"科目，贷记本科目（年初余额调整）。

（4）年末，将留归本学校使用的非财政拨款专项（项目已完成）剩余资金转入本科目，借记"非财政拨款结转—累计结转"科目，贷记本科目（结转转入）。

（5）年末冲销有关明细科目余额。将本科目（年初余额调整、项目间接费用或管理费、结转转入）余额结转入本科目（累计结余）。结转后，本科目除"累计结余"明细科目外,其他明细科目应无余额。

(6) 年末,高等学校将"非财政拨款结余分配"科目余额转入非财政拨款结余。"非财政拨款结余分配"科目为借方余额的,借记本科目(累计结余),贷记"非财政拨款结余分配"科目;"非财政拨款结余分配"科目为贷方余额的,借记"非财政拨款结余分配"科目,贷记本科目(累计结余)。

本科目年末贷方余额,反映单位非同级财政拨款结余资金的累计滚存数额。

(二)非财政拨款结余会计核算业务

(1) 按照规定从科研项目预算收入中提取项目管理费或间接费时

预算会计

借:非财政拨款结转—项目间接费用或管理费

  贷:非财政拨款结余—项目间接费用或管理费

(2) 有企业所得税缴纳义务的高等学校实际缴纳企业所得税时,按照缴纳金额

预算会计

借:非财政拨款结余—累计结余

  贷:资金结存—货币资金

(3) 因会计差错更正收到或支出非同级财政拨款货币资金,属于非财政拨款结余资金的,按照收到或支出的金额

预算会计

借:资金结存—货币资金(收到时)

  非财政拨款结余—年初余额调整(支出时)

  贷:非财政拨款结余—年初余额调整(收到时)

    资金结存—货币资金(支出时)

因收回以前年度支出等收到非同级财政拨款货币资金,属于非财政拨款结余资金的,按照收到的金额

预算会计

借:资金结存—货币资金

  贷:非财政拨款结余—年初余额调整

(4) 年末,将留归本单位使用的非财政拨款专项(项目已完成)剩余资金转入本科目

预算会计

借:非财政拨款结转—累计结转

　　贷:非财政拨款结余—结转转入

(5)年末冲销有关明细科目余额。本科目除"累计结余"明细科目外,其他明细科目应无余额。

预算会计

借:非财政拨款结余—年初余额调整/项目间接费用或管理费/结转转入

　　贷:非财政拨款结余—累计结余

(6)年末,高等学校将"非财政拨款结余分配"科目余额转入非财政拨款结余,"非财政拨款结余分配"科目为借方余额时

预算会计

借:非财政拨款结余—累计结余

　　贷:非财政拨款结余分配

"非财政拨款结余分配"科目为贷方余额时

预算会计

借:非财政拨款结余分配

　　贷:非财政拨款结余—累计结余

(三)非财政拨款结余会计核算示范

[例10-10]2019年末,某省属高校对非财政拨款专项结转资金的情况进行分析,H项目已经完成,剩余资金3 000元,按规定留归本单位使用。

财务会计不处理

预算会计

借:非财政拨款结转—累计结转—H项目　　　　　　　　3 000

　　贷:非财政拨款结余—结转转入—H项目　　　　　　　3 000

10.6　8301专用结余会计核算

(一)专用结余会计科目核算说明

本科目核算高等学校按照规定从非财政拨款结余中提取的、具有专门用途的资金的变动和滚存情况。

本科目应当按照专用结余的类别,下设"职工福利基金""其他专用结余"两个二级明细科目进行明细核算。

"职工福利基金"科目,核算高等学校按照规定从非财政拨款结余中提取的职工福利基金的变动和滚存情况。

"其他专用结余"科目,核算高等学校按照规定从非财政拨款结余中提取的、除职工福利基金以外的其他具有专门用途的基金的变动和滚存情况。

专用结余的主要账务处理如下:

(1)根据有关规定从本年度非财政拨款结余或经营结余中提取基金的,按照提取金额,借记"非财政拨款结余分配"科目,贷记本科目。

(2)根据规定使用从非财政拨款结余或经营结余中提取的专用基金时,按照使用金额,借记本科目,贷记"资金结存—货币资金"科目。

本科目年末贷方余额,反映高等学校从非同级财政拨款结余中提取的专用基金的累计滚存数额。

(二)专用结余会计核算业务

(1)根据有关规定从本年度非财政拨款结余或经营结余中提取基金的,按照提取金额

预算会计

借:非财政拨款结余分配

 贷:专用结余

(2)根据规定使用从非财政拨款结余或经营结余中提取的专用基金时,按照使用金额

预算会计

借:专用结余

 贷:资金结存—货币资金

(三)专用结余会计核算示范

[例10-11]某高校按规定从非财政拨款结余中提取职工福利基金,用于改善职工的福利待遇。按照规定的比例计算,提取职工福利基金500 000元。

财务会计

借:本年盈余分配   500 000

 贷:专用基金—职工福利基金   500 000

预算会计

借:非财政拨款结余分配   500 000

 贷:专用结余—职工福利基金   500 000

[例 10-12]某高校运用职工福利基金(从结余中提取),为本校职工购置一台文体设施,转账支付款项 35 000 元。

财务会计

借:固定资产　　　　　　　　　　　　　　　　　　　　　35 000

　　贷:银行存款　　　　　　　　　　　　　　　　　　　　35 000

借:专用基金—职工福利基金　　　　　　　　　　　　　　35 000

　　贷:累计盈余　　　　　　　　　　　　　　　　　　　　35 000

预算会计

借:专用结余—职工福利基金　　　　　　　　　　　　　　35 000

　　贷:资金结存—货币资金　　　　　　　　　　　　　　　35 000

10.7　8401 经营结余会计核算

(一) 经营结余会计科目核算说明

本科目核算高等学校本年度经营活动收支相抵后余额弥补以前年度经营亏损后的余额。

本科目可以按照经营活动类别进行辅助明细核算。同时,应对"经营预算收入"和"经营支出"科目按照经营活动类别设置明细科目。

经营结余的主要账务处理如下:

(1) 年末,将经营预算收入本年发生额转入本科目,借记"经营预算收入"科目,贷记本科目;将经营支出本年发生额转入本科目,借记本科目,贷记"经营支出"科目。

(2) 年末,完成上述(1)结转后,如本科目为贷方余额,将本科目贷方余额转入"非财政拨款结余分配"科目,借记本科目,贷记"非财政拨款结余分配"科目;如本科目为借方余额,为经营亏损,不予结转。

年末结账后,本科目一般无余额;如为借方余额,反映高等学校累计发生的经营亏损。

(二) 经营结余会计核算业务

(1) 年末,将经营预算收入本年发生额转入本科目

预算会计

借:经营预算收入

　　贷:经营结余

将经营支出本年发生额转入本科目

预算会计

借:经营结余

　　贷:经营支出

(2)年末,完成上述(1)结转后,如本科目为贷方余额时

预算会计

借:经营结余

　　贷:非财政拨款结余分配

10.8　8501 其他结余会计核算

(一)其他结余会计科目核算说明

本科目核算高等学校本年度除财政拨款收支、非同级财政专项资金收支和经营收支以外各项收支相抵后的余额。

其他结余的主要账务处理如下:

(1)年末,将事业预算收入、上级补助预算收入、附属单位上缴预算收入、非同级财政拨款预算收入、债务预算收入、其他预算收入本年发生额中的非专项资金收入以及投资预算收益本年发生额转入本科目,借记"事业预算收入""上级补助预算收入""附属单位上缴预算收入""非同级财政拨款预算收入""债务预算收入""其他预算收入"科目下各非专项资金收入明细科目和"投资预算收益"科目,贷记本科目。"投资预算收益"科目本年发生额为借方净额时,借记本科目,贷记"投资预算收益"科目;将事业支出、其他支出本年发生额中的非同级财政、非专项资金支出,以及上缴上级支出、对附属单位补助支出、投资支出、债务还本支出本年发生额转入本科目,借记本科目,贷记"事业支出""其他支出"科目下各非同级财政、非专项资金支出明细科目和"上缴上级支出""对附属单位补助支出""投资支出""债务还本支出"科目。

(2)年末,完成上述(1)结转后,将本科目余额转入"非财政拨款结余分配"科目。当本科目为贷方余额时,借记本科目,贷记"非财政拨款结余分配"科目;当本科目为借方余额时,借记"非财政拨款结余分配"科目,贷记本科目。

年末结账后,本科目应无余额。

(二)其他结余会计核算业务

(1)年末,将事业预算收入、上级补助预算收入、附属单位上缴预算收入、

非同级财政拨款预算收入、债务预算收入、其他预算收入本年发生额中的非专项资金收入以及投资预算收益本年发生额转入本科目。

预算会计

借：事业预算收入/上级补助预算收入/附属单位上缴预算收入/非同级财政拨款预算收入/债务预算收入/其他预算收入（各非专项资金收入明细科目）

投资预算收益（本年发生额为贷方净额时）

贷：其他结余

借：其他结余

贷：投资预算收益（本年发生额为借方净额时）

将事业支出、其他支出本年发生额中的非同级财政、非专项资金支出，以及上缴上级支出、对附属单位补助支出、投资支出、债务还本支出本年发生额转入本科目。

预算会计

借：其他结余

贷：事业支出/其他支出（各非同级财政、非专项资金支出明细科目）

上缴上级支出/对附属单位补助支出/投资支出/债务还本支出

（2）年末，完成上述（1）结转后，将本科目余额转入"非财政拨款结余分配"科目。

当本科目为贷方余额时

预算会计

借：其他结余

贷：非财政拨款结余分配

当本科目为借方余额时

预算会计

借：非财政拨款结余分配

贷：其他结余

10.9　8701 非财政拨款结余分配会计核算

（一）非财政拨款结余分配会计科目核算说明

本科目核算高等学校本年度非财政拨款结余分配的情况和结果。

本科目下设"事业结余分配""经营结余分配"两个二级明细科目。没有经营收支业务的高等学校,本科目下可以不设二级明细科目。

非财政拨款结余分配的主要账务处理如下:

(1) 年末,将"其他结余"科目余额转入本科目,当"其他结余"科目为贷方余额时,借记"其他结余"科目,贷记本科目;当"其他结余"科目为借方余额时,借记本科目,贷记"其他结余"科目。年末,将"经营结余"科目贷方余额转入本科目,借记"经营结余"科目,贷记本科目。

(2) 根据有关规定提取专用基金的,按照提取的金额,借记本科目,贷记"专用结余"科目。

(3) 年末,按照规定完成上述(1)至(2)处理后,将本科目余额转入非财政拨款结余。当本科目为借方余额时,借记"非财政拨款结余—累计结余"科目,贷记本科目;当本科目为贷方余额时,借记本科目,贷记"非财政拨款结余—累计结余"科目。

年末结账后,本科目应无余额。

(二) 非财政拨款结余分配会计核算业务

(1) 年末,将"其他结余"科目余额转入本科目

当"其他结余"科目为贷方余额时

预算会计

借:其他结余

 贷:非财政拨款结余分配

当"其他结余"科目为借方余额时

预算会计

借:非财政拨款结余分配

 贷:其他结余

年末,将"经营结余"科目贷方余额转入本科目

预算会计

借:经营结余

 贷:非财政拨款结余分配

(2) 根据有关规定提取专用基金的,按照提取的金额

预算会计

借:非财政拨款结余分配

贷:专用结余

(3)年末,按照规定完成上述(1)至(2)处理后,将本科目余额转入非财政拨款结余

当本科目为借方余额时

预算会计

借:非财政拨款结余—累计结余

 贷:非财政拨款结余分配

当本科目为贷方余额时

预算会计

借:非财政拨款结余分配

 贷:非财政拨款结余—累计结余

(三)非财政拨款结余分配会计核算示范

[例10-13]2019年末,某省属高校完成结余分配后,"非财政拨款结余分配"科目贷方余额10 000元,将其转入非财政拨款结余。

财务会计不处理

预算会计

借:非财政拨款结余分配	10 000
贷:非财政拨款结余—累计结余	10 000

第十一章　政府支出经济分类科目设置

政府收支分类科目是反映政府收支活动的分类体系,是各级政府预算和部门预算编制、执行、决算的基础和重要工具,包括收入分类科目、支出功能分类科目和支出经济分类科目三个部分。收入分类反映政府收入的来源和性质,支出功能分类反映政府各项职能活动,支出经济分类反映各项支出的经济性质和具体用途。

多年来,政府多次制订和修订政府收支分类科目,目的是为了完整、准确地反映政府的收支活动,让预算更细化,让支出更优化,让监督更精准,让账本更清晰,让分析更科学。按照预算管理的要求,高校在编制部门预算和决算时,将收入分类细化至目级科目,支出功能分类细化至项级科目,支出经济分类细化至款级科目。因此,在日常核算业务中,财务人员应重点关注支出功能分类和支出经济分类。在财政部门下达预算时已经明确支出功能分类科目,所以我们一般只考虑日常核算中的支出末级明细科目,即支出经济分类科目,要按照科目明确的使用范围去细化预算和合理使用,否则容易导致无预算支出、超预算支出、擅自改变预算支出用途等。

高等学校在按照《政府会计制度》平行记账时,对于预算会计核算时,预算支出类的所有科目(从7101至7901共计8个预算支出类科目)均要求在按照《政府收支分类科目》中"支出功能分类科目"的项级科目进行明细核算的同时,还应当按照《政府收支分类科目》中"部门预算支出经济分类科目"的款级科目进行明细核算。

政府支出经济分类科目反映了高等学校各项经费支出的经济性质和具体用途。支出经济分类科目的设置规则,在财政部每年制定的《政府收支分类科目》基础上,结合高等学校具体业务特点,自行增加支出明细或增设下级明细科目;高等学校日常核算中涉及不到的部分会计科目可自行删减,但部门预算和部门决算明确要求的支出经济分类科目不得删减。

高等学校支出的经济分类按照各类资金的用途,分为工资福利支出、商品和服务支出、对个人和家庭补助支出、债务利息支出、基本建设支出和其他资本性支出,每类支出根据具体用途分别下设不同的经济分类明细科目。各高校可参照财政部规定的类款项进行设置。

以下列示了高等学校日常核算业务中经常使用的政府预算支出功能分类科目、政府预算支出经济分类科目、部门预算支出经济分类科目的编码和科目说明,仅供参考。

表 11-1 政府预算支出功能分类科目表

科目编码			科目名称	科目说明
类	款	项		
205	02	05	高等教育	反映经国家批准设立的中央和省、自治区、直辖市各部门所属的全日制普通高等院校(包括研究生)的支出。政府各部门对社会中介组织等举办的各类高等院校的资助,如捐赠、补贴等,也在本科目反映
205	02	99	其他普通教育支出	反映其他用于普通教育方面的支出
206	02	03	自然科学基金	反映各级政府设立的自然科学基金支出
206	03	02	社会公益研究	反映从事卫生、劳动保护、计划生育、环境科学、农业等社会公益专项科研方面的支出
206	04	04	科技成果转化与扩散	反映促进科技成果转化为现实生产力的应用和推广支出,以及基本建设支出中用于支持企业科技资助创新的支出
206	09	02	重点研发计划	反映国家重点研究开发方面的支出
206	99	99	其他科学技术	反映其他科学技术支出中用于其他科技方面的支出
208	05	02	事业单位离退休	反映实行归口管理的事业单位开支的离退休费
208	05	05	机关事业单位基本养老保险缴费支出	反映财政部门集中安排的事业单位养老保险缴费支出
208	05	06	机关事业单位职业年金缴费支出	反映财政部门集中安排的事业单位职业年金缴费支出
208	08	01	死亡抚恤	反映按规定用于烈士和牺牲、病故人员家属的一次性和定期抚恤金以及丧葬补助费

续　表

科目编码			科目名称	科目说明
类	款	项		
208	08	02	伤亡抚恤	反映按规定用于伤残人员的抚恤金和按规定开支的各种伤残补助费
210	11	02	事业单位医疗	反映财政部门集中安排的事业单位基本医疗保险缴费经费,未参加医疗保险的事业单位的公费医疗经费,按国家规定享受离休人员待遇人员医疗经费
221	02	01	住房公积金	反映事业单位按人社部和财政部规定的基本工资和津贴补贴以及规定比例为职工缴纳的住房公积金
221	02	03	购房补贴	反映用于无房或住房未达到规定面积标准职工的补贴

表11－2　政府预算支出经济分类科目表

科目编码		科目名称	科目说明
类	款		
505		对事业单位经常性补助	反映对事业单位(不含参公事业单位)的经常性补助支出
	01	工资福利支出	反映对事业单位的工资福利补助支出
	02	商品和服务支出	反映对事业单位的商品和服务补助支出
	99	其他对事业单位补助	反映对事业单位的其他补助支出
506		对事业单位资本性补助	反映对事业单位(不含参公事业单位)的资本性补助支出
	01	资本性支出(一)	反映非发展改革部门安排的事业单位资本性支出
	02	资本性支出(二)	反映切块由发展改革部门安排的基本建设支出中的事业单位资本性支出
509		对个人和家庭的补助	反映政府用于对个人和家庭的补助支出
	01	社会福利和救助	反映按规定开支的抚恤金、生活补助、救济费、医疗费补助、生活补助、医疗费补助、代缴社会保险金、奖励金
	02	助学金	反映学校学生助学金、奖学金、学生贷款、出国留学(实习)人员生活费等,按照协议由我方负担或享受我方奖学金的各种生产经营补贴等

续 表

科目编码		科目名称	科目说明
类	款		
	05	离退休费	反映离休费、退休费、退职(役)费
	99	其他对个人和家庭补助	反映未包括在上述科目的对个人和家庭的补助支出
511		债务利息及费用支出	反映政府债务利息及费用支出
	01	国内债务付息	反映用于偿还国内债务利息的支出
	02	国外债务付息	反映用于偿还国外债务利息的支出
512		债务还本支出	反映政府债务还本的支出
	01	国内债务还本	反映用于偿还国内债务本金的支出
	02	国外债务还本	反映用于偿还国外债务本金的支出
599		其他支出	反映不能划分到上述经济分类科目的其他支出

表 11-3 部门预算支出经济分类科目表

科目编码		科目名称	科目说明
类	款		
301		工资福利支出	反映高等学校开支的在职职工和编制外长期聘用人员的各类劳动报酬,以及为上述人员缴纳的各项社会保险费等
	01	基本工资	反映按规定发放的基本工资,包括高等学校工作人员的岗位工资、薪级工资;各类学校毕业生试用期(见习期)工资、新参加工作工人学徒期、熟练期工资等
	02	津贴补贴	反映经国家批准建立的高等学校工作人员岗位津贴、特殊岗位津贴补贴和地区附加津贴
	03	奖金	反映高等学校人员年终一次性奖金
	06	伙食补助费	反映高等学校发给职工的伙食补助费
	07	绩效工资	反映高等学校工作人员的绩效工资,包含基础性绩效、奖励性绩效工资
	08	机关事业单位基本养老保险缴费	反映高等学校为职工缴纳的基本养老、基本医疗、失业、工伤、生育等社会保险费,残疾人就业保障金等社会保险费。由高等学校代扣的工作人员基本养老保险缴费,不在此科目反映

续 表

科目编码 类	科目编码 款	科目名称	科目说明
	09	职业年金缴费	反映高等学校实际缴纳的职业年金支出。由高等学校代扣的工作人员职业年金缴费,不在此科目反映
	10	职工基本医疗保险缴费	反映高等学校为职工缴纳的基本医疗保险费
	11	公务员医疗补助缴费	反映按规定可享受公务员医疗补助单位为职工缴纳的公务员医疗补助费
	12	其他社会保障缴费	反映高等学校为职工缴纳的失业、工伤、生育等社会保险费,残疾人就业保障金等社会保险费
	13	伙食补助费	反映高等学校发给职工的伙食补助费,如误餐补助等
	13	住房公积金	反映高等学校为职工缴纳的住房公积金
	14	医疗费	反映未参加医疗保险单位的医疗经费和单位按规定为职工支出的其他医疗费用
	99	其他工资福利支出	反映上述项目未包括的人员支出,如各种加班工资、病假两个月以上期间的人员工资、编制外长期聘用人员劳务报酬及社保缴费
302		商品和服务支出	反映高等学校购买商品和服务的支出(不包括用于购置固定资产的支出)
	01	办公费	反映高等学校购买的日常办公用品、书报杂志等支出
	02	印刷费	反映高等学校的印刷费支出
	03	咨询费	反映高等学校咨询方面的支出
	04	手续费	反映高等学校支付的各类手续费支出
	05	水费	反映高等学校支付的水费、污水处理费等支出
	06	电费	反映高等学校的电费支出
	07	邮电费	反映高等学校开支的信函、包裹、货物等物品的邮寄费及电话费、电报费、传真费、网络通讯费等
	08	取暖费	反映高等学校取暖用燃料费、热力费、炉具购置费、锅炉临时工的工资、节煤奖以及由单位支付的在职职工和离退休人员宿舍取暖费等

续 表

科目编码		科目名称	科目说明
类	款		
	09	物业管理费	反映高等学校开支的教学科研用房、办公用房、职工及离退休人员宿舍等的物业管理费,包括综合治理、绿化、卫生等方面的支出
	11	差旅费	反映高等学校工作人员国境内出差发生的城市间交通费、住宿费、伙食补助费和市内交通费
	12	因公出国(境)费用	反映高等学校公务出国(境)的国际旅费、国外城市间交通费、住宿费、伙食费、培训费、公杂费支出
	13	维修(护)费	反映高等学校日常开支的固定资产(不包括车船等交通工具)修理和维护费用,网络信息系统运行与维护费用,以及按规定提取的修购基金
	14	租赁费	反映高等学校租赁办公用房、宿舍、教学科研用房、专用通讯网以及其他设备等方面的费用
	15	会议费	反映高等学校组织召开会议过程中按规定开支的房租费、伙食补助费、会议场地租金、交通费、文件印刷费、医药费等
	16	培训费	反映高等学校除因公出国(境)培训费以外的,在培训期间发生的资料费、住宿费、伙食费、培训场地费、培训资料费、交通费等各类培训支出
	17	公务接待费	反映高等学校按规定开支的各类公务接待(含外宾接待)费用
	18	专用材料费	反映高等学校购买日常专用材料的支出。具体包括药品及医疗耗材、农用材料、兽医用品、实验室用品、专用服装、消耗性体育用品、专用工具和仪器等
	25	专用燃料费	反映用作业务工作设备的车(不含公务用车)、船设备等的油料支出
	26	劳务费	反映高等学校支付给外单位和个人的劳务费用,如临时聘用人员、钟点工工资,稿费、翻译费、评审费等
	27	委托业务费	反映高等学校因委托外单位办理业务而支付的委托业务费。如测试加工费、科研协作费、数据采集费、委托试验费等
	28	工会经费	反映高等学校按规定提取的工会经费

续 表

科目编码 类	科目编码 款	科目名称	科目说明
	29	福利费	反映高等学校按规定提取的福利费
	31	公务用车运行维护费	反映高等学校按规定保留的公务用车燃料费、维修费、过桥过路费、保险费、安全奖励费用等支出
	39	其他交通费用	反映高等学校除公务用车运行维护费以外的其他交通费用。如飞机、船舶等的燃料费、维修费、过桥过路费、保险费、出租车费用等
	40	税金及附加费用	反映高等学校提供劳务或销售产品应负担的税金及附加费用,包括营业税、消费税、城市维护建设税、资源税和教育费附加等
	99	其他商品和服务支出	反映高等学校上述科目未包括的日常公用支出。如诉讼费、国内组织的会员费、来访费、广告宣传费、其他劳务费及离休人员特需费、离退休人员公用经费等
303		对个人和家庭的补助	反映高等学校用于对个人和家庭的补助支出
	01	离休费	反映高等学校离休人员的离休费、护理费和其他补贴
	02	退休费	反映高等学校退休人员的退休费和其他补贴
	03	退职(役)费	反映高等学校退职人员的生活补贴,一次性支付给职工的退职补助
	04	抚恤金	反映高等学校按规定开支的烈士遗属、牺牲病故人员遗属的一次性和定期抚恤金,伤残人员的抚恤金,离退休人员等其他人员的各项抚恤金,以及按规定开支的事业单位职工和离退休等人员丧葬费
	05	生活补助	反映高等学校按规定开支的优抚对象定期定量生活补助费,高等学校职工遗属生活补助,长期赡养人员补助费
	07	医疗费补助	反映高等学校在职职工、离退休人员、学生的医疗补助
	08	助学金	反映高等学校学生助学金、奖学金、学生贷款、出国留学(实习)人员生活费及按照协议由我方负担或享受我方奖学金的来华留学生、进修生生活费等
	09	奖励金	反映高等学校的奖励支出,如独生子女父母奖励

续 表

科目编码		科目名称	科目说明
类	款		
	99	其他对个人和家庭的补助支出	反映高等学校未包括在上述科目的对个人和家庭的补助支出,如婴幼儿补贴、退职人员及随行家属路费、保障性住房租金补贴等
307		债务利息及费用支出	反映高等学校的债务利息及费用支出
	01	国内债务付息	反映高等学校当年用于偿还国内债务利息的支出
	02	国外债务付息	反映高等学校当年用于偿还国外债务利息的支出
309		基本建设支出	反映由发展改革部门安排的基本建设支出
	01	房屋建筑物构建	反映用于购买、自行建造办公用房、仓库、职工生活用房、教学科研用房、学生宿舍、食堂等建筑物(含附属设施,如电梯、通讯线路、水气管道等)的支出
	02	办公设备购置	反映用于购置并按财务会计制度规定纳入固定资产核算范围的办公家具和办公设备的支出
	03	专用设备购置	反映用于购置具有专门用途、并按财务会计制度规定纳入固定资产核算范围的各类专用设备的支出
	06	大型修缮	反映按财务会计制度规定允许资本化的各类设备、建筑物、公共基础设施等大型修缮的支出
	07	信息网络及软件购置更新	反映用于信息网络和软件方面的支出。如服务器购置、软件购置、开发、应用支出等,如果购建的计算机硬件、软件等不符合财务会计制度规定的固定资产确认标准的,不在此科目反映
	99	其他基本建设支出	反映上述科目中未包括的资本性支出
310		其他资本性支出	反映高等学校安排的资本性支出。由发展改革部门安排的基本建设支出不在此科目反映
	01	房屋建筑物构建	反映用于购买、自行建造办公用房、仓库、职工生活用房、教学科研用房、学生宿舍、食堂等建筑物(含附属设施,如电梯、通讯线路、水气管道等)的支出
	02	办公设备购置	反映用于购置并按财务会计制度规定纳入固定资产核算范围的办公家具和办公设备的支出,以及按规定提取的修购基金

续　表

科目编码		科目名称	科目说明
类	款		
	03	专用设备购置	反映用于购置具有专门用途、并按财务会计制度规定纳入固定资产核算范围的各类专用设备的支出。如通信设备、发电设备、交通监控设备、气象设备、进出口监管设备等以及按规定提取的修购基金
	06	大型修缮	反映按财务会计制度规定允许资本化的各类设备、建筑物、公共基础设施等大型修缮的支出
	07	信息网络构建及软件购置更新	反映用于信息网络和软件方面的支出。如服务器购置、软件购置、开发、应用支出等,如果购建的计算机硬件、软件等不符合财务会计制度规定的固定资产确认标准的,不在此科目反映
	13	公务用车购置	反映公务用车购置支出(含车辆购置税、牌照费)
	19	其他交通工具购置	反映除公务用车外的其他各类交通工具(含车辆购置税)购置支出(含车辆购置税、牌照费)
	22	无形资产购置	反映著作权、商标权、专利权、土地使用权等无形资产购置支出。软件购置、开发、应用支出不在此科目反映
	99	其他资本性支出	反映上述科目中未包括的资本性支出

第十二章 期末结转与结账

实行《政府会计制度》后,高等学校要按照经费来源对各项经费单独立项核算,专款专用。会计期末,应根据《政府会计制度》及高等学校期末结账的相关规定进行结转、结账工作,为及时、准确、完整的进行财务决算打好基础。

12.1 财务会计期末结账

(一) 财务会计年末业务处理八步骤

(1) 月末,结转各类收入到"本期盈余",会计处理过程:借记"财政拨款收入/事业收入/上级补助收入/附属单位上缴收入/经营收入/非同级财政拨款收入/投资收入/捐赠收入/利息收入/租金收入/其他收入"等,贷记"本期盈余"。

(2) 月末,将各类费用结转到"本期盈余",会计处理过程:借记"本期盈余",贷记"业务活动费用/单位管理费用/经营费用/资产处置费用/上缴上级费用/对附属单位补助费用/所得税费用/其他费用"等。

(3) 年末,各类收入和费用完成结转后,将本期盈余余额转入到"本年盈余分配",会计处理过程:借记"本期盈余",贷记"本年盈余分配"。如本期盈余科目为借方余额时则做相反分录。

(4) 本年度,从"本年盈余分配"中提取"专用基金",财务会计的处理:借记"本年盈余分配",贷记"专用基金"。同时,预算会计的处理:借记"非财政拨款结余分配",贷记"专用结余"。

(5) 年末,将"本期盈余分配"科目余额结转到"累计盈余",如本年盈余分配为贷方余额时,财务会计的处理:借记"本年盈余分配",贷记"累计盈余"。如本年盈余分配为借方余额时,则做相反分录。

(6) 年末,将"无偿调拨净资产"科目余额结转到"累计盈余"科目,科目余额在贷方时,财务会计的处理:借记"无偿调拨净资产",贷记"累计盈余"。如"无偿调拨净资产"为借方余额时,则做相反分录。

（7）将"以前年度盈余调整"科目结转到"累计盈余"科目，本科目为借方余额时，财务会计的处理：借记"累计盈余"，贷记"以前年度盈余调整"。本科目为贷方余额时，则做相反分录。"以前年度盈余调整"科目结转后应无余额。

（8）"累计盈余"内部结转。核算高校历年实现有盈余扣除盈余分配后的金额，以及因无偿调入调出产生的净资产变动额。

（二）财务会计期末结转结账流程图

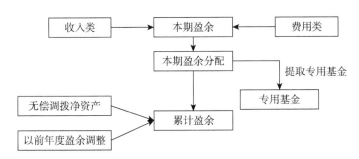

图 12-1　财务会计期末结转流程图

（三）财务会计期末结转业务示范

[例 12-1]某高校 2019 年 2 月各类收入账户和各类费用账户的本期发生额如下表所示：

表 12-1　某高校 2019 年收入账户与费用账户 2 月份发生额

单位：元

账户名称	本期贷方发生额	账户名称	本期借方发生额
财政拨款收入	1 200 000	业务活动费用	1 000 000
事业收入	300 000	单位管理费用	250 000
上级补助收入	100 000	资产处置费用	100 000
附属单位上缴收入	60 000	对附属单位补助费用	5 000
经营收入	200 000	经营费用	140 000
捐赠收入	50 000	所得税费用	15 000
利息收入	20 000	上缴上级费用	100 000
租金收入	3 000	其他费用	20 000
其他收入	10 000		

期末结转收入和费用的会计分录为:

借:财政拨款收入	1 200 000
事业收入	300 000
上级补助收入	100 000
附属单位上缴收入	60 000
经营收入	200 000
捐赠收入	50 000
利息收入	20 000
租金收入	3 000
其他收入	10 000
贷:本期盈余	1 943 000
借:本期盈余	1 630 000
贷:业务活动费用	1 000 000
单位管理费用	250 000
资产处置费用	100 000
对附属单位补助费用	5 000
经营费用	140 000
所得税费用	15 000
上缴上级费用	100 000
其他费用	20 000

[例12-2]续上例,该高校将"本期盈余"科目余额转入"本年盈余分配"科目,"本期盈余"科目余额在贷方,金额为313 000元。

借:本期盈余	313 000
贷:本年盈余分配	313 000

[例12-3]年末,该高校按照规定从本年度非财政拨款结余或者经营结余中的5%计提了职工福利基金2 000 000元。

财务会计

借:本年盈余分配	2 000 000
贷:专用基金——职工福利基金	2 000 000

预算会计

借:非财政拨款结余分配	2 000 000

贷：专用结余——职工福利基金　　　　　　　　　2 000 000

[例12-4]该高校年终完成盈余分配后，"以前年度盈余调整"科目贷方余额为3000元，"本年盈余分配"科目贷方余额为200 000元，"无偿调拨净资产"科目借方余额为50 000元，现进行年末结转。

借：以前年度盈余调整　　　　　　　　　　　　　3 000
　　贷：累计盈余　　　　　　　　　　　　　　　　3 000
借：本年盈余分配　　　　　　　　　　　　　　　200 000
　　贷：累计盈余　　　　　　　　　　　　　　　200 000
借：累计盈余　　　　　　　　　　　　　　　　　50 000
　　贷：无偿调拨净资产　　　　　　　　　　　　　50 000

12.2　预算会计期末结账

（一）预算会计财政拨款结转结余业务年末处理六步骤

（1）年末，将"财政拨款预算收入"结转到"财政拨款结转"，预算会计处理过程：借记"财政拨款预算收入"，贷记"财政拨款结转"。

（2）年末，将各项支出中的财政拨款支出结转到"财政拨款结转"，预算会计的处理过程：借记"财政拨款结转"，贷记"事业支出/其他支出"。

（3）年末冲销"财政拨款结转"有关明细科目余额，对"财政拨款结转"各明细项目（年初余额调整/归集调入/单位内部调剂/本年收支结转）进行分析后，预算会计的处理过程：借记"财政拨款结转"，贷记"财政拨款结转——累计结转"。"财政拨款结转——年初余额调整/本年收支结转"为借方余额时则做相反分录。

（4）完成上述结转后，将符合财政拨款结余性质的项目余额转入"财政拨款结余"，预算会计处理过程：借记"财政拨款结转——累计结转"，贷记"财政拨款结余——结转转入"。

（5）经财政部门批准对财政拨款结余资金改变用途，按照批准调整的额度，调整用于本高校基本支出或其他未完成项目支出时，预算会计的处理：借记"财政拨款结余"，贷记"财政拨款结转"。

（6）"财政拨款结余"资金调整。年末冲销"财政拨款结余"，将"财政拨款结余"科目（年初余额调整、归集上缴、单位内部调剂、结转转入）余额转入"财政拨款结余"科目（累计结余）。结转后，"财政拨款结余"科目除"累计结余"

科目外,其他明细科目应无余额。预算会计处理过程:借记"财政拨款结余—累计结余",贷记"财政拨款结余—年初余额调整",该明细科目为贷方余额做相反分录;借记"财政拨款结余—结转转入",贷记"财政拨款结余—累计结余"。

(二)"非财政拨款结余分配"和"非财政拨款结余"科目的业务处理

(1)高校在年末将"非财政拨款结余分配"结转到"非财政拨款结余",当"非财政拨款结余分配"为借方余额时,预算会计的处理:借记"非财政拨款结余—累计结余",贷记"非财政拨款结余分配"。此科目为贷方余额时,则相反分录。

(2)"非财政拨款结余分配"结转到"专用结余",从非财政拨款结余中提取专用基金时,预算会计的处理:借记"非财政拨款结余分配",贷记"专用结余"。

(三)年末"非财政拨款结余"转入"累计结余"的业务处理

将"非财政拨款结余"科目(年初余额调整、项目间接费用或管理费、结转转入)余额结转入"非财政拨款结余"科目(累计结余)。结转后除"累计结余"外,其他明细科目应无余额。年末冲销本科目相应明细科目余额时,"非财政拨款结余"为借方余额时,预算会计的处理:借记"非财政拨款结余—年初余额调整/项目间接费用或管理费/结转转入",贷记"非财政拨款结余—累计结余"。此科目为贷方余额,则做相反分录。

(四)预算会计期末结转与结账流程图

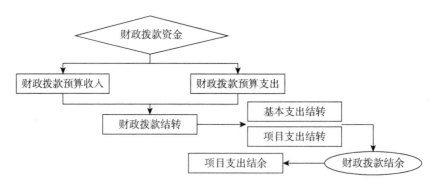

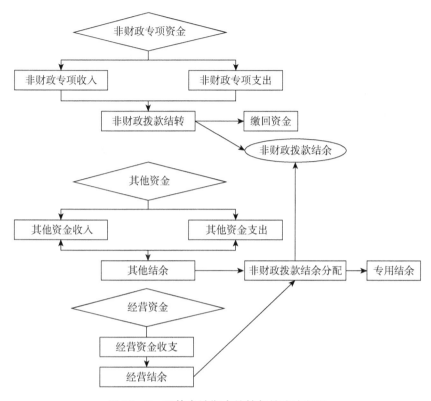

图 12-2 预算会计期末结转与结账流程图

（五）预算会计年终结账业务示范

[例 12-5] 某高校 2019 年末预算结余处理数据如下表，收支差额为 88 000 元。

表 12-2 某高校 2019 年末预算结余处理数据表

单位：元

序号	科目名称	金额	序号	科目名称	金额
1	事业支出	1 252 000	1	财政拨款预算收入	840 000
	（1）财政拨款支出	783 000		（1）基本支出	715 000
	基本支出拨款	668 000		（2）项目支出	125 000
	项目支出拨款	115 000		事业预算收入	507 000
	（2）非财政专项资金支出	16 000	2	（1）非财政专项资金收入	
	（3）其他资金支出	453 000		（2）其他资金收入	507 000

续 表

序号	科目名称	金额	序号	科目名称	金额
2	经营支出	13 000		上级补助预算收入	152 000
3	上缴上级支出	81 000	3	（1）非财政专项资金收入	23 000
4	对附属单位补助支出	126 000		（2）其他资金收入	129 000
5	投资支出		4	附属单位上缴预算收入	25 000
6	债务还本支出			（1）其他资金收入	25 000
7	其他支出	5 000	5	经营预算收入	21 000
	（1）非财政拨款支出		6	非同级财政拨款预算收入	8 000
	（2）非财政专项资金支出	1 600		（1）非财政拨款收入	8 000
	（3）其他资金支出	3 400		其他预算收入	12 000
			7	（1）非财政专项资金收入	3 600
				（2）其他专项资金收入	8 400
	合计	1 477 000		合计	1 565 000

（1）财政拨款资金

借：财政拨款预算收入—基本支出拨款　　　　　　　　715 000
　　贷：财政拨款结转—本年收支结转—基本支出　　　　715 000
借：财政拨款预算收入—项目支出拨款　　　　　　　　125 000
　　贷：财政拨款结转—本年收支结转—项目支出　　　　125 000
借：财政拨款结转—本年收支结转—基本支出　　　　　668 000
　　贷：事业支出—财政拨款支出—基本支出　　　　　　668 000
借：财政拨款结转—本年收支结转—项目支出　　　　　115 000
　　贷：事业支出—财政拨款支出—项目支出　　　　　　115 000
借：财政拨款结转—本年收支结转—基本支出　　　　　 47 000
　　　　　　　　　　　　　　　　　　　—项目支出　　 10 000
　　贷：财政拨款结转—累计结转　　　　　　　　　　　 57 000
借：财政拨款结转—累计结转—项目支出　　　　　　　 10 000
　　贷：财政拨款结余—结转转入—具体项目　　　　　　 10 000

（2）非财政专项资金

借：上级补助预算收入—非财政专项资金收入　　　　　 23 000

非同级财政拨款预算收入—非财政专项资金收入	8 000
非财政专项资金收入	3 600
贷：非财政拨款结转—本年收支结转	34 400
借：非财政拨款结转—本年收支结转	17 600
贷：事业支出—非财政专项资金支出	16 000
其他支出—非财政专项资金支出	1 600
借：非财政拨款结转—本年收支结转	17 000
贷：非财政拨款结转—累计结转	17 000
借：非财拨款拨款结转—累计结转	17 000
贷：非财政拨款结余—结转转入—具体项目	17 000

（3）其他资金

借：事业预算收入—其他资金收入	507 000
上级补助预算收入—其他资金收入	129 000
附属单位上缴预算收入—其他资金收入	25 000
其他预算收入—其他专项资金收入	8 400
贷：其他结余	669 400
借：其他结余	663 400
贷：事业支出—其他资金支出	453 000
上缴上级支出	81 000
对附属单位补助支出	126 000
其他支出—其他资金支出	3 400
借：其他结余	6 000
贷：非财政拨款结余分配	6 000

（4）经营资金

借：经营预算收入	21 000
贷：经营结余	21 000
借：经营结余	13 000
贷：经营支出	13 000
借：经营结余	8 000
贷：非财政拨款结余分配	8 000

（5）非财政拨款结余分配

借：非财政拨款结余分配　　　　　　　　　　14 000
　　贷：非财政拨款结余　　　　　　　　　　　14 000

第三部分

会计报表编报

政府会计报告是政府会计主体根据会计账簿记录和其他有关资料编制的，反映其财务状况、运行情况和预算执行结果的总结性书面文件。根据政府会计准则的要求，政府会计具有财务会计与预算会计"双功能"，应当编制包括财务报告和决算报告的"双报告"。

政府财务报告是反映政府会计主体某一特定日期的财务状况和某一会计期间的运行情况和现金流量等信息的文件，由财务报表和财务分析组成。

政府部门决算报告是指政府各部门依据有关法律法规编制的，反映政府部门所有收入和支出情况的综合性年度报告。部门决算报告包括决算报表和其他应当在决算报告中反映的相关信息和资料，通常由部门基本情况、部门决算报表、部门决算说明与分析及绩效评价组成。

政府会计主体应当在日常财务会计和预算会计核算的基础上，按照会计制度的要求编制财务会计报表和预算会计报表，按照财务与决算报告制度的要求编制单位财务报表与决算报表，撰写财务报告和决算报告。

财务报表是政府单位以财务会计核算生成的数据为基础编制的，以表格为主要形式，概括反映本单位特定时点的财务状况和一定期间的运行情况的书面文件。财务报表由会计报表及其附注构成。会计报表包括资产负债表、收入费用表、净资产变动表和现金流量表（选编）。报表附注是对会计报表所作的进一步解释和说明。财务报表有规定的编号、名称与编制期。

预算会计报表是政府单位以预算会计核算生成的数据为基础编制的，以表格形式概括反映政府单位年度预算执行情况和结果的书面文件。预算会计报表包括预算收入支出表、预算结转结余变动表和财政拨款预算收入支出表。预算会计报表有规定的编号、名称与编制期。

政府会计报表体系构成如下图。

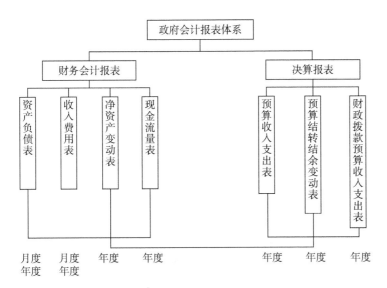

图 13-1 政府会计报表体系构成图

第十三章 会计报表编制与示范

13.1 资产负债表

(一)资产负债表格式

表 13-1 资产负债表

会政财 01 表

编制单位:_____　　　　_____年_____月_____日　　　　单位:元

资　产	期末余额	年初余额	负债和净资产	期末余额	年初余额
流动资产:			流动负债:		
货币资金			短期借款		
短期投资			应交增值税		
财政应返还额度			其他应交税费		
应收票据			应缴财政款		
应收账款净额			应付职工薪酬		
预付账款			应付票据		
应收股利			应付账款		
应收利息			应付利息		
其他应收款净额			预收账款		
存货			其他应付款		
待摊费用			预提费用		
一年内到期的非流动资产			一年内到期的非流动负债		
其他流动资产			其他流动负债		
流动资产合计			流动负债合计		

续 表

资　产	期末余额	年初余额	负债和净资产	期末余额	年初余额
非流动资产：			非流动负债：		
长期股权投资			长期借款		
长期债券投资			长期应付款		
固定资产原值			预计负债		
减:固定资产累计折旧			其他非流动负债		
固定资产净值			非流动负债合计		
工程物资			受托代理负债		
在建工程			负债合计		
无形资产原值			净资产：		
减:无形资产累计摊销			累计盈余		
无形资产净值			专用基金		
研发支出			权益法调整		
长期待摊费用			无偿调拨净资产*		
待处理财产损溢			本期盈余*		
其他非流动资产					
非流动资产合计					
受托代理资产			净资产合计		
资产总计			负债和净资产总计		

注："＊"标识项目为月报项目,年报中不需列示。

(二) 资产负债表编制说明

本表反映高等学校在某一特定日期全部资产、负债和净资产的情况。

本表"年初余额"栏内各项数字,应当根据上年年末资产负债表"期末余额"栏内数字填列。

如果本年度资产负债表规定的项目的名称和内容同上年度不一致,应当对上年年末资产负债表项目的名称和数字按照本年度的规定进行调整,将调整后数字填入本表"年初余额"栏内。

如果本年度高等学校发生了因前期差错更正、会计政策变更等调整以前年度盈余的事项，还应当对"年初余额"栏中的有关项目金额进行相应调整。

本表中"资产总计"项目期末(年初)余额应当与"负债和净资产总计"项目期末(年初)余额相等。

本表"期末余额"栏各项目的内容和填列方法：

（1）资产类项目

"货币资金"项目，反映高等学校期末库存现金、银行存款、零余额账户用款额度、其他货币资金的合计数。本项目应当根据"库存现金""银行存款""零余额账户用款额度""其他货币资金"科目的期末余额的合计数填列；若高等学校存在通过"库存现金""银行存款"科目核算的受托代理资产还应当按照前述合计数扣减"库存现金""银行存款"科目下"受托代理资产"明细科目的期末余额后的金额填列。

"短期投资"项目，反映高等学校期末持有的短期投资账面余额。本项目应当根据"短期投资"科目的期末余额填列。

"财政应返还额度"项目，反映高等学校期末财政应返还额度的金额。本项目应当根据"财政应返还额度"科目的期末余额填列。

"应收票据"项目，反映高等学校期末持有的应收票据的票面金额。本项目应当根据"应收票据"科目的期末余额填列。

"应收账款净额"项目，反映高等学校期末尚未收回的应收账款减去已计提的坏账准备后的净额。本项目应当根据"应收账款"科目的期末余额，减去"坏账准备"科目中对应收账款计提的坏账准备的期末余额后的金额填列。

"预付账款"项目，反映高等学校期末预付给商品或者劳务供应单位的款项。本项目应当根据"预付账款"科目的期末余额填列。

"应收股利"项目，反映高等学校期末因股权投资而应收取的现金股利或应当分得的利润。本项目应当根据"应收股利"科目的期末余额填列。

"应收利息"项目，反映高等学校期末因债券投资等而应收取的利息。高等学校购入的到期一次还本付息的长期债券投资持有期间应收的利息，不包括在本项目内。本项目应当根据"应收利息"科目的期末余额填列。

"其他应收款净额"项目，反映高等学校期末尚未收回的其他应收款减去已计提的坏账准备后的净额。本项目应当根据"其他应收款"科目的期末余额减去"坏账准备"科目中对其他应收款计提的坏账准备的期末余额后的金额填列。

"存货"项目,反映高等学校期末存储的存货的实际成本。本项目应当根据"在途物品""库存物品""加工物品"科目的期末余额的合计数填列。

"待摊费用"项目,反映高等学校期末已经支出,但应当由本期和以后各期负担的分摊期在1年以内(含1年)的各项费用。本项目应当根据"待摊费用"科目的期末余额填列。

"一年内到期的非流动资产"项目,反映高等学校期末非流动资产项目中将在1年内(含1年)到期的金额,如高等学校将在1年内(含1年)到期的长期债券投资金额。本项目应当根据"长期债券投资"等科目的明细科目的期末余额分析填列。

"其他流动资产"项目,反映高等学校期末除本表中上述各项之外的其他流动资产的合计金额。本项目应当根据有关科目期末余额的合计数填列。

"流动资产合计"项目,反映高等学校期末流动资产的合计数。本项目应当根据本表中"货币资金""短期投资""财政应返还额度""应收票据""应收账款净额""预付账款""应收股利""应收利息""其他应收款净额""存货""待摊费用""一年内到期的非流动资产""其他流动资产"项目金额的合计数填列。

"长期股权投资"项目,反映高等学校期末持有的长期股权投资的账面余额。本项目应当根据"长期股权投资"科目的期末余额填列。

"长期债券投资"项目,反映高等学校期末持有的长期债券投资的账面余额。本项目应当根据"长期债券投资"科目的期末余额减去其中将于1年内(含1年)到期的长期债券投资余额后的金额填列。

"固定资产原值"项目,反映高等学校期末固定资产的原值。本项目应当根据"固定资产"科目的期末余额填列。

"固定资产累计折旧"项目,反映高等学校期末固定资产已计提的累计折旧金额。本项目应当根据"固定资产累计折旧"科目的期末余额填列。

"固定资产净值"项目,反映高等学校期末固定资产的账面价值。本项目应当根据"固定资产"科目期末余额减去"固定资产累计折旧"科目期末余额后的金额填列。

"工程物资"项目,反映高等学校期末为在建工程准备的各种物资的实际成本。本项目应当根据"工程物资"科目的期末余额填列。

"在建工程"项目,反映高等学校期末所有的建设项目工程的实际成本。本项目应当根据"在建工程"科目的期末余额填列。

"无形资产原值"项目,反映高等学校期末无形资产的原值。本项目应当根据"无形资产"科目的期末余额填列。

"无形资产累计摊销"项目,反映高等学校期末无形资产已计提的累计摊销金额。本项目应当根据"无形资产累计摊销"科目的期末余额填列。

"无形资产净值"项目,反映高等学校期末无形资产的账面价值。本项目应当根据"无形资产"科目期末余额减去"无形资产累计摊销"科目期末余额后的金额填列。

"研发支出"项目,反映高等学校期末正在进行的无形资产开发项目开发阶段发生的累计支出数。本项目应当根据"研发支出"科目的期末余额填列。

"长期待摊费用"项目,反映高等学校期末已经支出,但应由本期和以后各期负担的分摊期限在1年以上(不含1年)的各项费用。本项目应当根据"长期待摊费用"科目的期末余额填列。

"待处理财产损溢"项目,反映高等学校期末尚未处理完毕的各种资产的净损失或净溢余。本项目应当根据"待处理财产损溢"科目的期末借方余额填列;如"待处理财产损溢"科目期末为贷方余额,以"—"号填列。

"其他非流动资产"项目,反映高等学校期末除本表中上述各项之外的其他非流动资产的合计数。本项目应当根据有关科目的期末余额合计数填列。

"非流动资产合计"项目,反映高等学校期末非流动资产的合计数。本项目应当根据本表中"长期股权投资""长期债券投资""固定资产净值""工程物资""在建工程""无形资产净值""研发支出""长期待摊费用""待处理财产损溢""其他非流动资产"项目金额的合计数填列。

"受托代理资产"项目,反映高等学校期末受托代理资产的价值。本项目应当根据"受托代理资产"科目的期末余额与"库存现金""银行存款"科目下"受托代理资产"明细科目的期末余额的合计数填列。

"资产总计"项目,反映高等学校期末资产的合计数。本项目应当根据本表中"流动资产合计""非流动资产合计""受托代理资产"项目金额的合计数填列。

(2)负债类项目

"短期借款"项目,反映高等学校期末短期借款的余额。本项目应当根据"短期借款"科目的期末余额填列。

"应交增值税"项目,反映高等学校期末应缴未缴的增值税税额。本项目应当根据"应交增值税"科目的期末余额填列;如"应交增值税"科目期末为借方余额,以"—"号填列。

"其他应交税费"项目,反映高等学校期末应缴未缴的除增值税以外的税费金额。本项目应当根据"其他应交税费"科目的期末余额填列;如"其他应交税费"科目期末为借方余额,以"—"号填列。

"应缴财政款"项目,反映高等学校期末应当上缴财政但尚未缴纳的款项。本项目应当根据"应缴财政款"科目的期末余额填列。

"应付职工薪酬"项目,反映高等学校期末按有关规定应付给职工及为职工支付的各种薪酬。本项目应当根据"应付职工薪酬"科目的期末余额填列。

"应付票据"项目,反映高等学校期末应付票据的金额。本项目应当根据"应付票据"科目的期末余额填列。

"应付账款"项目,反映高等学校期末应当支付但尚未支付的偿还期限在1年以内(含1年)的应付账款的金额。本项目应当根据"应付账款"科目的期末余额填列。

"应付利息"项目,反映高等学校期末按照合同约定应支付的借款利息。高等学校到期一次还本付息的长期借款利息不包括在本项目内。本项目应当根据"应付利息"科目的期末余额填列。

"预收账款"项目,反映高等学校期末预先收取但尚未确认收入和实际结算的款项余额。本项目应当根据"预收账款"科目的期末余额填列。

"其他应付款"项目,反映高等学校期末其他各项偿还期限在1年内(含1年)的应付及暂收款项余额。本项目应当根据"其他应付款"科目的期末余额填列。

"预提费用"项目,反映高等学校期末已预先提取的已经发生但尚未支付的各项费用。本项目应当根据"预提费用"科目的期末余额填列。

"一年内到期的非流动负债"项目,反映高等学校期末将于1年内(含1年)偿还的非流动负债的余额。本项目应当根据"长期应付款""长期借款"等科目的明细科目的期末余额分析填列。

"其他流动负债"项目,反映期末除本表中上述各项之外的其他流动负债的合计数。本项目应当根据有关科目的期末余额的合计数填列。

"流动负债合计"项目,反映单位期末流动负债合计数。本项目应当根据本表"短期借款""应交增值税""其他应交税费""应缴财政款""应付职工薪酬""应付票据""应付账款""应付利息""预收账款""其他应付款""预提费用""一年内到期的非流动负债""其他流动负债"项目金额的合计数填列。

"长期借款"项目,反映高等学校期末长期借款的余额。本项目应当根据"长期借款"科目的期末余额减去其中将于1年内(含1年)到期的长期借款余额后的金额填列。

"长期应付款"项目,反映高等学校期末长期应付款的余额。本项目应当根据"长期应付款"科目的期末余额减去其中将于1年内(含1年)到期的长期应付款余额后的金额填列。

"预计负债"项目,反映高等学校期末已确认但尚未偿付的预计负债的余额。本项目应当根据"预计负债"科目的期末余额填列。

"其他非流动负债"项目,反映高等学校期末除本表中上述各项之外的其他非流动负债的合计数。本项目应当根据有关科目的期末余额合计数填列。

"非流动负债合计"项目,反映高等学校期末非流动负债合计数。本项目应当根据本表中"长期借款""长期应付款""预计负债""其他非流动负债"项目金额的合计数填列。

"受托代理负债"项目,反映高等学校期末受托代理负债的金额。本项目应当根据"受托代理负债"科目的期末余额填列。

"负债合计"项目,反映高等学校期末负债的合计数。本项目应当根据本表中"流动负债合计""非流动负债合计""受托代理负债"项目金额的合计数填列。

(3) 净资产类项目

"累计盈余"项目,反映高等学校期末未分配盈余(或未弥补亏损)以及无偿调拨净资产变动的累计数。本项目应当根据"累计盈余"科目的期末余额填列。

"专用基金"项目,反映高等学校期末累计提取或设置但尚未使用的专用基金余额。本项目应当根据"专用基金"科目的期末余额填列。

"权益法调整"项目,反映高等学校期末在被投资单位除净损益和利润分配以外的所有者权益变动中累积享有的份额。本项目应当根据"权益法调整"科目的期末余额填列。如"权益法调整"科目期末为借方余额,以"—"号填列。

"无偿调拨净资产"项目,反映高等学校本年度截至报告期期末无偿调入的非现金资产价值扣减无偿调出的非现金资产价值后的净值。本项目仅在月度报表中列示,年度报表中不列示。月度报表中本项目应当根据"无偿调拨净资产"科目的期末余额填列;"无偿调拨净资产"科目期末为借方余额时,以"—"号填列。

"本期盈余"项目,反映高等学校本年度截至报告期期末实现的累计盈余或亏损。本项目仅在月度报表中列示,年度报表中不列示。月度报表中本项目应当根据"本期盈余"科目的期末余额填列;"本期盈余"科目期末为借方余额时,以"—"号填列。

"净资产合计"项目,反映高等学校期末净资产合计数。本项目应当根据本表中"累计盈余""专用基金""权益法调整""无偿调拨净资产"[月度报表]、"本期盈余"[月度报表]项目金额的合计数填列。

"负债和净资产总计"项目,应当按照本表中"负债合计""净资产合计"项目金额的合计数填列。

13.2 收入费用表

(一) 收入费用表格式

表 13-2 收入费用表

会政财02表

编制单位:_____ _____年_____月 单位:元

项 目	本月数	本年累计数
一、本期收入		
(一) 财政拨款收入		
其中:政府性基金收入		
(二) 事业收入		
其中:教育事业收入		
科研事业收入		
(三) 上级补助收入		
(四) 附属单位上缴收入		
(五) 经营收入		
(六) 非同级财政拨款收入		
(七) 投资收益		

续 表

项　目	本月数	本年累计数
（八）捐赠收入		
（九）利息收入		
（十）租金收入		
（十一）其他收入		
其中：后勤保障单位净收入		
二、本期费用		
（一）业务活动费用		
其中：教育费用		
科研费用		
（二）单位管理费用		
其中：行政管理费用		
后勤保障费用		
离退休费用		
单位统一负担的其他管理费用		
（三）经营费用		
（四）资产处置费用		
（五）上缴上级费用		
（六）对附属单位补助费用		
（七）所得税费用		
（八）其他费用		
三、本期盈余		

（二）收入费用表编制说明

本表反映高等学校在某一会计期间内发生的收入、费用及当期盈余情况。

本表"本月数"栏反映各项目的本月实际发生数。编制年度收入费用表时，应当将本栏改为"本年数"，反映本年度各项目的实际发生数。

本表"本年累计数"栏反映各项目自年初至报告期期末的累计实际发生数。编制年度收入费用表时，应当将本栏改为"上年数"，反映上年度各项目的实际发生数，"上年数"栏应当根据上年年度收入费用表中"本年数"栏内所列数字填列。

如果本年度收入费用表规定的项目的名称和内容同上年度不一致,应当对上年度收入费用表项目的名称和数字按照本年度的规定进行调整,将调整后的金额填入本年度收入费用表的"上年数"栏内。

如果本年度高等学校发生了因前期差错更正、会计政策变更等调整以前年度盈余的事项,还应当对年度收入费用表中"上年数"栏中的有关项目金额进行相应调整。

本表"本月数"栏各项目的内容和填列方法:

(1) 本期收入

"本期收入"项目,反映高等学校本期收入总额。本项目应当根据本表中"财政拨款收入""事业收入""上级补助收入""附属单位上缴收入""经营收入""非同级财政拨款收入""投资收益""捐赠收入""利息收入""租金收入""其他收入"项目金额的合计数填列。

"财政拨款收入"项目,反映高等学校本期从同级政府财政部门取得的各类财政拨款。本项目应当根据"财政拨款收入"科目的本期发生额填列。

"政府性基金收入"项目,反映高等学校本期取得的财政拨款收入中属于政府性基金预算拨款的金额。本项目应当根据"财政拨款收入"相关明细科目的本期发生额填列。

"事业收入"项目,反映高等学校本期开展专业业务活动及其辅助活动实现的收入。本项目应当根据"事业收入"科目的本期发生额填列,并单独列示"教育事业收入""科研事业收入"科目的本期发生额。

"上级补助收入"项目,反映高等学校本期从主管部门和上级单位收到或应收的非财政拨款收入。本项目应当根据"上级补助收入"科目的本期发生额填列。

"附属单位上缴收入"项目,反映高等学校本期收到或应收的独立核算的附属单位按照有关规定上缴的收入。本项目应当根据"附属单位上缴收入"科目的本期发生额填列。

"经营收入"项目,反映高等学校本期在专业业务活动及其辅助活动之外开展非独立核算经营活动实现的收入。本项目应当根据"经营收入"科目的本期发生额填列。

"非同级财政拨款收入"项目,反映高等学校本期从非同级政府财政部门取得的财政拨款,不包括高等学校因开展科研及其辅助活动从非同级财政部门取得的经费拨款。本项目应当根据"非同级财政拨款收入"科目的本期发生额填列。

"投资收益"项目,反映高等学校本期股权投资和债券投资所实现的收益或发生的损失。本项目应当根据"投资收益"科目的本期发生额填列;如为投资净损失,以"—"号填列。

"捐赠收入"项目,反映高等学校本期接受捐赠取得的收入。本项目应当根据"捐赠收入"科目的本期发生额填列。

"利息收入"项目,反映高等学校本期取得的银行存款利息收入。本项目应当根据"利息收入"科目的本期发生额填列。

"租金收入"项目,反映高等学校本期经批准利用国有资产出租取得并按规定纳入本单位预算管理的租金收入。本项目应当根据"租金收入"科目的本期发生额填列。

"其他收入"项目,反映高等学校本期取得的除以上收入项目外的其他收入的总额。本项目应当根据"其他收入"科目的本期发生额填列,并单独列示"后勤保障单位净收入"科目的本期发生额。

(2) 本期费用

"本期费用"项目,反映高等学校本期费用总额。本项目应当根据本表中"业务活动费用""单位管理费用""经营费用""资产处置费用""上缴上级用""对附属单位补助费用""所得税费用"和"其他费用"项目金额的合计数填列。

"业务活动费用"项目,反映高等学校本期为实现其职能目标,依法履职或开展专业业务活动及其辅助活动所发生的各项费用。本项目应当根据"业务活动费用"科目本期发生额填列,并单独列示"教育费用""科研费用"科目的本期发生额。

"单位管理费用"项目,反映高等学校本期本级行政及后勤管理部门开展管理活动发生的各项费用,以及由高等学校统一负担的离退休人员经费、工会经费、诉讼费、中介费等。本项目应当根据"单位管理费用"科目的本期发生额填列,并单独列示"行政管理费用""后勤保障费用""离退休费用""单位统一负担的其他管理费用"科目的本期发生额。

"经营费用"项目,反映高等学校本期在专业业务活动及其辅助活动之外开展非独立核算经营活动发生的各项费用。本项目应当根据"经营费用"科目的本期发生额填列。

"资产处置费用"项目,反映高等学校本期经批准处置资产时转销的资产价值以及在处置过程中发生的相关费用或者处置收入小于处置费用形成的净支出。本项目应当根据"资产处置费用"科目的本期发生额填列。

"上缴上级费用"项目,反映高等学校按照规定上缴上级单位款项发生的费用。本项目应当根据"上缴上级费用"科目的本期发生额填列。

"对附属单位补助费用"项目,反映高等学校用财政拨款收入之外的收入对附属单位补助发生的费用。本项目应当根据"对附属单位补助费用"科目的本期发生额填列。

"所得税费用"项目,反映有企业所得税缴纳义务的高等学校本期计算应交纳的企业所得税。本项目应当根据"所得税费用"科目的本期发生额填列。

"其他费用"项目,反映高等学校本期发生的除以上费用项目外的其他费用的总额。本项目应当根据"其他费用"科目的本期发生额填列。

(3) 本期盈余

"本期盈余"项目,反映高等学校本期收入扣除本期费用后的净额。本项目应当根据本表中"本期收入"项目金额减去"本期费用"项目金额后的金额填列;如为负数,以"—"号填列。

13.3 净资产变动表

(一) 净资产变动表格式

表 13-3 净资产变动表

会政财 03 表

编制单位:_____   _____年   单位:元

项目	本年数				上年数			
	累计盈余	专用基金	权益法调整	净资产合计	累计盈余	专用基金	权益法调整	净资产合计
一、上年年末余额								
二、以前年度盈余调整(减少以"—"号填列)		—	—			—	—	

续　表

项目	本年数				上年数			
	累计盈余	专用基金	权益法调整	净资产合计	累计盈余	专用基金	权益法调整	净资产合计
三、本年年初余额								
四、本年变动金额（减少以"—"）号填列								
（一）本年盈余		—	—			—	—	
（二）无偿调拨净资产								
（三）归集调整预算结转结余								
（四）提取或设置专用基金								
其中：从预算收入中提取	—			—				
从预算结余中提取								
设置的专用基金								
（五）使用专用基金			—					
（六）权益法调整	—	—			—	—		
五、本年年末余额								

注："—"标识单元格不需填列。

（二）净资产变动表编制说明

本表反映高等学校在某一会计年度内净资产项目的变动情况，即净资产从上年年末至本年年末余额的变动过程与结果。

本表"本年数"栏反映本年度各项目的实际变动数。本表"上年数"栏反映上年度各项目的实际变动数，应当根据上年度净资产变动表中"本年数"栏内所列数字填列。

如果上年度净资产变动表规定的项目的名称和内容与本年度不一致，应对上年度净资产变动表项目的名称和数字按照本年度的规定进行调整，将调整后金额填入本年度净资产变动表"上年数"栏内。

本表"本年数"栏各项目的内容和填列方法：

"上年年末余额"行，反映高等学校净资产各项目上年年末的余额。本行各项目应当根据"累计盈余""专用基金""权益法调整"科目上年年末余额填列。

"以前年度盈余调整"行,反映高等学校本年度调整以前年度盈余的事项对累计盈余进行调整的金额。本行"累计盈余"项目应当根据本年度"以前年度盈余调整"科目转入"累计盈余"科目的金额填列;如调整减少累计盈余,以"—"号填列。

"本年年初余额"行,反映经过以前年度盈余调整后,单位净资产各项目的本年年初余额。本行"累计盈余""专用基金""权益法调整"项目应当根据其各自在"上年年末余额"和"以前年度盈余调整"行对应项目金额的合计数填列。

"本年变动金额"行,反映高等学校净资产各项目本年变动总金额。本行"累计盈余""专用基金""权益法调整"项目应当根据其各自在"本年盈余""无偿调拨净资产""归集调整预算结转结余""提取或设置专用基金""使用专用基金""权益法调整"行对应项目金额的合计数填列。

"本年盈余"行,反映高等学校本年发生的收入、费用对净资产的影响。本行"累计盈余"项目应当根据年末由"本期盈余"科目转入列;如转入时借记"本年盈余分配"科目,则以"—"号填列。

"无偿调拨净资产"行,反映高等学校本年无偿调入、调出非现金资产事项对净资产的影响。本行"累计盈余"项目应当根据年末由"无偿调拨净资产"科目转入"累计盈余"科目的金额填列;如转入时借记"累计盈余"科目,则以"—"号填列。

"归集调整预算结转结余"行,反映高等学校本年财政拨款结转结余资金归集调入、归集上缴或调出,以及非财政拨款结转资金缴回对净资产的影响。本行"累计盈余"项目应当根据"累计盈余"科目明细账记录分析填列;如归集调整减少预算结转结余,则以"—"号填列。

"提取或设置专用基金"行,反映高等学校本年提取或设置专用基金对净资产的影响。本行"累计盈余"项目应当根据"从预算结余中提取"行"累计盈余"项目的金额填列。本行"专用基金"项目应当根据"从预算收入中提取""从预算结余中提取""设置的专用基金"行"专用基金"项目金额的合计数填列。

"从预算收入中提取"行,反映高等学校本年从预算收入中提取专用基金对净资产的影响。本行"专用基金"项目应当通过对"专用基金"科目明细账记录的分析,根据本年按有关规定从预算收入中提取基金的金额填列。

"从预算结余中提取"行,反映高等学校本年根据有关规定从本年度非财政拨款结余或经营结余中提取专用基金对净资产的影响。本行"累计盈余"

"专用基金"项目应当通过对"专用基金"科目明细账记录的分析,根据本年按有关规定从本年度非财政拨款结余或经营结余中提取专用基金的金额填列;本行"累计盈余"项目以"一"号填列。

"设置的专用基金"行,反映高等学校本年根据有关规定设置的其他专用基金对净资产的影响。本行"专用基金"项目应当通过对"专用基金"科目明细账记录的分析,根据本年按有关规定设置的其他专用基金的金额填列。

"使用专用基金"行,反映高等学校本年按规定使用专用基金对净资产的影响。本行"累计盈余""专用基金"项目应当通过对"专用基金"科目明细账记录的分析,根据本年按规定使用专用基金的金额填列;本行"专用基金"项目以"一"号填列。

"权益法调整"行,反映高等学校本年按照被投资单位除净损益和利润分配以外的所有者权益变动份额而调整长期股权投资账面余额对净资产的影响。本行"权益法调整"项目应当根据"权益法调整"科目本年发生额填列;若本年净发生额为借方时,以"一"号填列。

"本年年末余额"行,反映高等学校本年各净资产项目的年末余额。本行"累计盈余""专用基金""权益法调整"项目应当根据其各自在"本年年初余额""本年变动金额"行对应项目金额的合计数填列。

本表各行"净资产合计"项目,应当根据所在行"累计盈余""专用基金""权益法调整"项目金额的合计数填列。

13.4 现金流量表

(一) 现金流量表格式

表 13-4 现金流量表

会政财 04 表

编制单位:_____　　　　　　_____年　　　　　　单位:元

项　目	本年金额	上年金额
一、日常活动产生的现金流量:		
财政基本支出拨款收到的现金		
财政非资本性项目拨款收到的现金		

续 表

项　目	本年金额	上年金额
事业活动收到的除财政拨款以外的现金		
收到的其他与日常活动有关的现金		
日常活动的现金流入小计		
购买商品、接受劳务支付的现金		
支付给职工以及为职工支付的现金		
支付的各项税费		
支付的其他与日常活动有关的现金		
日常活动的现金流出小计		
日常活动产生的现金流量净额		
二、投资活动产生的现金流量：		
收回投资收到的现金		
取得投资收益收到的现金		
处置固定资产、无形资产、公共基础设施等收回的现金净额		
收到的其他与投资活动有关的现金		
投资活动的现金流入小计		
购建固定资产、无形资产等支付的现金		
对外投资支付的现金		
上缴处置固定资产、无形资产等净收入支付的现金		
支付的其他与投资活动有关的现金		
投资活动的现金流出小计		
投资活动产生的现金流量净额		
三、筹资活动产生的现金流量：		
财政资本性项目拨款收到的现金		
取得借款收到的现金		
收到的其他与筹资活动有关的现金		
筹资活动的现金流入小计		
偿还借款支付的现金		

续 表

项　目	本年金额	上年金额
偿还利息支付的现金		
支付的其他与筹资活动有关的现金		
筹资活动的现金流出小计		
筹资活动产生的现金流量净额		
四、汇率变动对现金的影响额		
五、现金净增加额		

（二）现金流量表编制说明

本表反映高等学校在某一会计年度内现金流入和流出的信息。现金流量表为选择编制的会计报表。

本表所指的现金，是指高等学校的库存现金以及其他可以随时用于支付的款项，包括库存现金、可以随时用于支付的银行存款、其他货币资金、零余额账户用款额度、财政应返还额度，以及通过财政直接支付方式支付的款项。

现金流量表应当按照日常活动、投资活动、筹资活动的现金流量分别反映。本表所指的现金流量，是指现金的流入和流出。

本表"本年金额"栏反映各项目的本年实际发生数。本表"上年金额"栏反映各项目的上年实际发生数，应当根据上年现金流量表中"本年金额"栏内所列数字填列。

高等学校应当采用直接法编制现金流量表。

本表"本年金额"栏各项目的填列方法：

（1）日常活动产生的现金流量

"财政基本支出拨款收到的现金"项目，反映高等学校本年接受财政基本支出拨款取得的现金。本项目应当根据"零余额账户用款额度""财政拨款收入""银行存款"等科目及其所属明细科目的记录分析填列。

"财政非资本性项目拨款收到的现金"项目，反映高等学校本年接受除用于购建固定资产、无形资产、公共基础设施等资本性项目以外的财政项目拨款取得的现金。本项目应当根据"银行存款""零余额账户用款额度""财政拨款收入"等科目及其所属明细科目的记录分析填列。

"事业活动收到的除财政拨款以外的现金"项目,反映高等学校本年开展专业业务活动及其辅助活动取得的除财政拨款以外的现金。本项目应当根据"库存现金""银行存款""其他货币资金""应收账款""应收票据""预收账款""事业收入"等科目及其所属明细科目的记录分析填列。

"收到的其他与日常活动有关的现金"项目,反映高等学校本年收到的除以上项目之外的与日常活动有关的现金。本项目应当根据"库存现金""银行存款""其他货币资金""上级补助收入""附属单位上缴收入""经营收入""非同级财政拨款收入""捐赠收入""利息收入""租金收入""其他收入"等科目及其所属明细科目的记录分析填列。

"日常活动的现金流入小计"项目,反映高等学校本年日常活动产生的现金流入的合计数。本项目应当根据本表中"财政基本支出拨款收到的现金""财政非资本性项目拨款收到的现金""事业活动收到的除财政拨款以外的现金""收到的其他与日常活动有关的现金"项目金额的合计数填列。

"购买商品、接受劳务支付的现金"项目,反映高等学校本年在日常活动中用于购买商品、接受劳务支付的现金。本项目应当根据"库存现金""银行存款""财政拨款收入""零余额账户用款额度""预付账款""在途物品""库存物品""应付账款""应付票据""业务活动费用""单位管理费用""经营费用"等科目及其所属明细科目的记录分析填列。

"支付给职工以及为职工支付的现金"项目,反映高等学校本年支付给职工以及为职工支付的现金。本项目应当根据"库存现金""银行存款""零余额账户用款额度""财政拨款收入""应付职工薪酬""业务活动费用""单位管理费用""经营费用"等科目及其所属明细科目的记录分析填列。

"支付的各项税费"项目,反映高等学校本年用于缴纳日常活动相关税费而支付的现金。本项目应当根据"库存现金""银行存款""零余额账户用款额度""应交增值税""其他应交税费""业务活动费用""单位管理费用""经营费用""所得税费用"等科目及其所属明细科目的记录分析填列。

"支付的其他与日常活动有关的现金"项目,反映高等学校本年支付的除上述项目之外与日常活动有关的现金。本项目应当根据"库存现金""银行存款""零余额账户用款额度""财政拨款收入""其他应付款""业务活动费用""单位管理费用""经营费用""其他费用"等科目及其所属明细科目的记录分析填列。

"日常活动的现金流出小计"项目,反映高等学校本年日常活动产生的现金流出的合计数。本项目应当根据本表中"购买商品、接受劳务支付的现金""支付给职工以及为职工支付的现金""支付的各项税费""支付的其他与日常活动有关的现金"项目金额的合计数填列。

"日常活动产生的现金流量净额"项目,应当按照本表中"日常活动的现金流入小计"项目金额减去"日常活动的现金流出小计"项目金额后的金额填列;如为负数,以"—"号填列。

(2) 投资活动产生的现金流量

"收回投资收到的现金"项目,反映高等学校本年出售、转让或者收回投资收到的现金。本项目应该根据"库存现金""银行存款""短期投资""长期股权投资""长期债券投资"等科目的记录分析填列。

"取得投资收益收到的现金"项目,反映高等学校本年因对外投资而收到被投资单位分配的股利或利润,以及收到投资利息而取得的现金。本项目应当根据"库存现金""银行存款""应收股利""应收利息""投资收益"等科目的记录分析填列。

"处置固定资产、无形资产、公共基础设施等收回的现金净额"项目,反映高等学校本年处置固定资产、无形资产、公共基础设施等非流动资产所取得的现金,减去为处置这些资产而支付的有关费用之后的净额。由于自然灾害所造成的固定资产等长期资产损失而收到的保险赔款收入,也在本项目反映。本项目应当根据"库存现金""银行存款""待处理财产损溢"等科目的记录分析填列。

"收到的其他与投资活动有关的现金"项目,反映高等学校本年收到的除上述项目之外与投资活动有关的现金。对于金额较大的现金流入,应当单列项目反映。本项目应当根据"库存现金""银行存款"等有关科目的记录分析填列。

"投资活动的现金流入小计"项目,反映高等学校本年投资活动产生的现金流入的合计数。本项目应当根据本表中"收回投资收到的现金""取得投资收益收到的现金""处置固定资产、无形资产、公共基础设施等收回的现金净额""收到的其他与投资活动有关的现金"项目金额的合计数填列。

"购建固定资产、无形资产等支付的现金"项目,反映高等学校本年购买和建造固定资产、无形资产、公共基础设施等非流动资产所支付的现金;融资租入固定资产支付的租赁费不在本项目反映,在筹资活动的现金流量中反映。本项目应当根据"库存现金""银行存款""固定资产""工程物资""在建工程""无形资产""研发支出"等科目的记录分析填列。

"对外投资支付的现金"项目,反映高等学校本年为取得短期投资、长期股权投资、长期债券投资而支付的现金。本项目应当根据"库存现金""银行存款""短期投资""长期股权投资""长期债券投资"等科目的记录分析填列。

"上缴处置固定资产、无形资产等净收入支付的现金"项目,反映本年单位将处置固定资产、无形资产、公共基础设施等非流动资产所收回的现金净额予以上缴财政所支付的现金。本项目应当根据"库存现金""银行存款""应缴财政款"等科目的记录分析填列。

"支付的其他与投资活动有关的现金"项目,反映高等学校本年支付的除上述项目之外与投资活动有关的现金。对于金额较大的现金流出,应当单列项目反映。本项目应当根据"库存现金""银行存款"等有关科目的记录分析填列。

"投资活动的现金流出小计"项目,反映高等学校本年投资活动产生的现金流出的合计数。本项目应当根据本表中"购建固定资产、无形资产等支付的现金""对外投资支付的现金""上缴处置固定资产、无形资产等净收入支付的现金""支付的其他与投资活动有关的现金"项目金额的合计数填列。

"投资活动产生的现金流量净额"项目,应当按照本表中"投资活动的现金流入小计"项目金额减去"投资活动的现金流出小计"项目金额后的金额填列;如为负数,以"—"号填列。

(3)筹资活动产生的现金流量

"财政资本性项目拨款收到的现金"项目,反映高等学校本年接受用于购建固定资产、无形资产、公共基础设施等资本性项目的财政项目拨款取得的现金。本项目应当根据"银行存款""零余额账户用款额度""财政拨款收入"等科目及其所属明细科目的记录分析填列。

"取得借款收到的现金"项目,反映高等学校本年举借短期、长期借款所收到的现金。本项目应当根据"库存现金""银行存款""短期借款""长期借款"等科目记录分析填列。

"收到的其他与筹资活动有关的现金"项目,反映高等学校本年收到的除上述项目之外与筹资活动有关的现金。对于金额较大的现金流入,应当单列项目反映。本项目应当根据"库存现金""银行存款"等有关科目的记录分析填列。

"筹资活动的现金流入小计"项目,反映高等学校本年筹资活动产生的现金流入的合计数。本项目应当根据本表中"财政资本性项目拨款收到的现金""取得借款收到的现金""收到的其他与筹资活动有关的现金"项目金额的合计数填列。

"偿还借款支付的现金"项目,反映高等学校本年偿还借款本金所支付的现金。本项目应当根据"库存现金""银行存款""短期借款""长期借款"等科目的记录分析填列。

"偿付利息支付的现金"项目,反映高等学校本年支付的借款利息等。本项目应当根据"库存现金""银行存款""应付利息""长期借款"等科目的记录分析填列。

"支付的其他与筹资活动有关的现金"项目,反映高等学校本年支付的除上述项目之外与筹资活动有关的现金,如融资租入固定资产所支付的租赁费。本项目应当根据"库存现金""银行存款""长期应付款"等科目的记录分析填列。

"筹资活动的现金流出小计"项目,反映高等学校本年筹资活动产生的现金流出的合计数。本项目应当根据本表中"偿还借款支付的现金""偿付利息支付的现金""支付的其他与筹资活动有关的现金"项目金额的合计数填列。

"筹资活动产生的现金流量净额"项目,应当按照本表中"筹资活动的现金流入小计"项目金额减去"筹资活动的现金流出小计"金额后的金额填列;如为负数,以"—"号填列。

(4)"汇率变动对现金的影响额"项目,反映高等学校本年外币现金流量折算为人民币时,所采用的现金流量发生日的汇率折算的人民币金额与外币现金流量净额按期末汇率折算的人民币金额之间的差额。

(5)"现金净增加额"项目,反映高等学校本年现金变动的净额。本项目应当根据本表中"日常活动产生的现金流量净额""投资活动产生的现金流量净额""筹资活动产生的现金流量净额"和"汇率变动对现金的影响额"项目金额的合计数填列;如为负数,以"—"号填列。

13.5 会计报表附注

会计报表附注是对在会计报表中列示的项目所作的进一步说明,以及对未能在会计报表中列示项目的说明。附注是财务报表的重要组成部分。凡对报表使用者的决策有重要影响的会计信息,不论本制度是否有明确规定,高等学校均应当充分披露。

附注主要包括下列内容:

(一)高等学校的基本情况

高等学校应当简要披露其基本情况,包括高等学校主要职能、主要业务活动、所在地、预算管理关系等。

(二)会计报表编制基础

(三)遵循政府会计准则、制度的声明

(四)重要会计政策和会计估计

高等学校应当采用与其业务特点相适应的具体会计政策,并充分披露报告期内采用的重要会计政策和会计估计。主要包括以下内容:

(1)会计期间。

(2)记账本位币、外币折算汇率。

(3)坏账准备的计提方法。

(4)存货类别、发出存货的计价方法、存货的盘存制度,以及低值易耗品和包装物的摊销方法。

(5)长期股权投资的核算方法。

(6)固定资产分类、折旧方法、折旧年限和年折旧率;融资租入固定资产的计价和折旧方法。

(7)无形资产的计价方法;使用寿命有限的无形资产,其使用寿命估计情况;使用寿命不确定的无形资产,其使用寿命不确定的判断依据;高等学校内部研究开发项目划分研究阶段和开发阶段的具体标准。

(8)其他重要的会计政策和会计估计。

(9)本期发生重要会计政策和会计估计变更的,变更的内容和原因、受其重要影响的报表项目名称和金额、相关审批程序,以及会计估计变更开始适用的时点。

(五)会计报表重要项目说明

高等学校应当按照资产负债表和收入费用表项目列示顺序,采用文字和数据描述相结合的方式披露重要项目的明细信息。报表重要项目的明细金额合计,应当与报表项目金额相衔接。报表重要项目说明应包括但不限于下列内容:

(1) 货币资金的披露格式,如表13-5。

表13-5 货币资金的披露格式

项 目	期末余额	年初余额
库存现金		
银行存款		
其他货币资金		
合计		

(2) 应收账款按照债务人类别披露的格式,如表13-6。

表13-6 应收账款按照债务人类别披露的格式

债务人类别	期末余额	年初余额
政府会计主体:		
部门内部单位		
单位1		
……		
部门外部单位		
单位1		
……		
其他:		
单位1		
……		
合计		

注1:"部门内部单位"是指纳入单位所属部门财务报告合并范围的单位(下同)。
注2:有应收票据、预付账款、其他应收款的,可比照应收账款进行披露。

(3) 存货的披露格式,如表13-7。

表 13－7　存货的披露格式

存货种类	期末余额	年初余额
1.		
……		
合计		

（4）其他流动资产的披露格式,如表 13－8。

表 13－8　其他流动资产的披露格式

项　目	期末余额	年初余额
1.		
……		
合计		

注:有长期待摊费用、其他非流动资产的,可比照其他流动资产进行披露。

（5）长期投资

① 长期债券投资的披露格式,如表 13－9。

表 13－9　长期债券投资的披露格式

债券发行主体	年初余额	本期增加额	本期减少额	期末余额
1.				
……				
合计				

注:有短期投资的,可比照长期债券投资进行披露。

② 长期股权投资的披露格式,如表 13－10。

表 13－10　长期股权投资的披露格式

被投资单位	核算方法	年初余额	本期增加额	本期减少额	期末余额
1.					
……					
合计					

③ 当期发生的重大投资净损益项目、金额及原因。

（6）固定资产

① 固定资产的披露格式，如表 13-11。

表 13-11 固定资产的披露格式

项　目	年初余额	本期增加额	本期减少额	期末余额
一、原值合计				
其中：房屋及构筑物				
通用设备				
专用设备				
文物和陈列品				
图书、档案				
家具、用具、装具及动植物				
二、累计折旧合计				
其中：房屋及构筑物				
通用设备				
专用设备				
家具、用具、装具				
三、账面价值合计				
其中：房屋及构筑物				
通用设备				
专用设备文物和陈列品				
图书、档案				
家具、用具、装具及动植物				

② 已提足折旧的固定资产名称、数量等情况。

③ 出租、出借固定资产以及固定资产对外投资等情况。

（7）在建工程的披露格式，如表 13-12。

表 13-12　在建工程的披露格式

项　目	年初余额	本期增加额	本期减少额	期末余额
1.				
……				
合计				

（8）无形资产

① 各类无形资产的披露格式，如表 13-13。

表 13-13　各类无形资产的披露格式

项　目	年初余额	本期增加额	本期减少额	期末余额
一、原值合计				
1.				
……				
二、累计摊销合计				
1.				
……				
三、账面价值合计				
1.				
……				

② 计入当期损益的研发支出金额、确认为无形资产的研发支出金额。

③ 无形资产出售、对外投资等处置情况。

（9）受托代理资产的披露格式，如表 13-14。

表 13-14　受托代理资产的披露格式

资产类别	年初余额	本期增加额	本期减少额	期末余额
货币资金				
受托转赠物资				
受托存储保管物资				
罚没物资				
其他				
合计				

(10) 应付账款按照债权人类别披露的格式,如表 13-15。

表 13-15 应付账款按照债权人类别披露的格式

债权人类别	期末余额	年初余额
政府会计主体:		
部门内部单位		
单位 1		
……		
部门外部单位		
单位 1		
……		
其他:		
单位 1		
……		
合计		

注:有应付票据、预收账款、其他应付款、长期应付款的,可比照应付账款进行披露。

(11) 其他流动负债的披露格式,如表 13-16。

表 13-16 其他流动负债的披露格式

项　目	期末余额	年初余额
1.		
……		
合计		

注:有预计负债、其他非流动负债的,可比照其他流动负债进行披露。

(12) 长期借款

① 长期借款按照债权人的披露格式,如表 13-17。

表 13-17 长期借款按照债权人的披露格式

债权人	期末余额	年初余额
1.		
……		
合计		

注:有短期借款的,可比照长期借款进行披露。

② 高等学校有基建借款的,应当分基建项目披露长期借款年初数、本年变动数、年末数及到期期限。

(13) 事业收入按照收入来源的披露格式,如表 13-18。

表 13-18 事业收入按照收入来源的披露格式

收入来源	本期发生额	上期发生额
来自财政专户管理资金		
本部门内部单位		
单位 1		
……		
本部门以外同级政府单位		
单位 1		
……		
其他		
单位 1		
……		
合计		

(14) 非同级财政拨款收入按收入来源的披露格式,如表 13-19。

表 13-19 非同级财政拨款收入按收入来源的披露格式

收入来源	本期发生额	上期发生额
本部门以外同级政府单位		
单位 1		
……		
本部门以外同级政府单位		
单位 1		
……		
合计		

(15) 其他收入按照收入来源的披露格式,如表 13-20。

表 13-20 其他收入按照收入来源的披露格式

收入来源	本期发生额	上期发生额
本部门内部单位		
单位1		
……		
本部门以外同级政府单位		
单位1		
……		
本部门以外非同级政府单位		
单位1		
……		
其他		
单位1		
……		
合计		

(16) 业务活动费用

① 按经济分类的披露格式,如表 13-21。

表 13-21 按经济分类的披露格式

项 目	本期发生额	上期发生额
工资福利费用		
商品和服务费用		
对个人和家庭的补助费用		
对企业补助费用		
固定资产折旧费		
无形资产摊销费		
计提专用基金		
……		
合计		

注:有单位管理费用、经营费用的,可比照(业务活动费用)此表进行披露。

② 按支付对象的披露格式,如表 13-22。

表 13-22　按支付对象的披露格式

支付对象	本期发生额	上期发生额
本部门内部单位		
单位 1		
……		
本部门以外同级政府单位		
单位 1		
……		
其他		
单位 1		
……		
合计		

注:有单位管理费用、经营费用的,可比照(业务活动费用)此表进行披露。

(17) 其他费用按照类别的披露格式,如表 13-23。

表 13-23　其他费用按照类别的披露格式

费用类别	本期发生额	上期发生额
利息费用		
坏账损失		
坏账损失		
……		
合计		

(18) 本期费用按照经济分类的披露格式,如表 13-24。

表 13-24　本期费用按照经济分类的披露格式

项　目	本年数	上年数
工资福利费用		
商品和服务费用		
对个人和家庭的补助费用		

续 表

项 目	本年数	上年数
对企业补助费用		
固定资产折旧费		
无形资产摊销费		
计提专用基金		
所得税费用		
资产处置费用		
上缴上级费用		
对附属单位补助费用		
其他费用		
本期费用合计		

注:高等学校在按照本制度规定编制收入费用表的基础上,可以根据需要按照此表披露的内容编制收入费用表。

(六)本年盈余与预算结余的差异情况说明

为了反映高等学校财务会计和预算会计因核算基础和核算范围不同所产生的本年盈余数与本年预算结余数之间的差异,高等学校应当按照重要性原则,对本年度发生的各类影响收入(预算收入)和费用(预算支出)的业务进行适度归并和分析,披露将年度预算收入支出表中"本年预算收支差额"调节为年度收入费用表中"本期盈余"的信息。有关披露格式,如表13-25。

表 13-25 本年盈余与预算结余的披露格式

项 目	金 额
一、本年预算结余(本年预算收支差额)	
二、差异调节	—
(一)重要事项的差异	
加:1. 当期确认为收入但没有确认为预算收入	
(1)应收款项、预收账款确认的收入	
(2)接受非货币性资产捐赠确认的收入	
2. 当期确认为预算支出但没有确认为费用	

续 表

项 目	金 额
(1) 支付应付款项、预付账款的支出	
(2) 为取得存货、政府储备物资等计入物资成本的支出	
(3) 为购建固定资产等的资本性支出	
(4) 偿还借款本息支出	
减:1. 当期确认为预算收入但没有确认为收入	
(1) 收到应收款项、预收账款确认的预算收入	
(2) 取得借款确认的预算收入	
2. 当期确认为费用但没有确认为预算支出	
(1) 发出存货、政府储备物资等确认的费用	
(2) 计提的折旧费用和摊销费用	
(3) 确认的资产处置费用(处置资产价值)	
(4) 应付款项、预付账款确认的费用	
(二) 其他事项差异	
三、本年盈余(本年收入与费用的差额)	

(七) 其他重要事项说明

(1) 资产负债表日存在的重要或有事项说明。没有重要或有事项的,也应说明。

(2) 以名义金额计量的资产名称、数量等情况,以及以名义金额计量理由的说明。

(3) 通过债务资金形成的固定资产、公共基础设施、保障性住房等资产的账面价值、使用情况、收益情况及与此相关的债务偿还情况等的说明。

(4) 重要资产置换、无偿调入(出)、捐入(出)、报废、重大毁损等情况的说明。

(5) 高等学校将单位内部独立核算单位的会计信息纳入本单位财务报表情况的说明。

(6) 政府会计具体准则中要求附注披露的其他内容。

(7) 有助于理解和分析高等学校财务报表需要说明的其他事项。

13.6 预算收入支出表

(一) 预算收入支出表格式

表 13-26 预算收入支出表

会政预 01 表

编制单位：_____　　　　　_____年　　　　　　　　单位：元

项　目	本年数	上年数
一、本年预算收入		
(一)财政拨款预算收入		
其中：政府性基金收入		
(二)事业预算收入		
其中：教育事业预算收入		
科研事业预算收入		
(三)上级补助预算收入		
(四)附属单位上缴预算收入		
(五)经营预算收入		
(六)债务预算收入		
(七)非同级财政拨款预算收入		
(八)投资预算收益		
(九)其他预算收入		
其中：利息预算收入		
捐赠预算收入		
租金预算收入		
后勤保障单位净预算收入		
二、本年预算支出		
(一)行政支出		
(二)事业支出		
其中：教育支出		
科研支出		
行政管理支出		

续　表

项　目	本年数	上年数
后勤保障支出		
离退休支出		
（三）经营支出		
（四）上缴上级支出		
（五）对附属单位补助支出		
（六）投资支出		
（七）债务还本支出		
（八）其他支出		
其中:利息支出		
捐赠支出		
三、本年预算收支差额		

（二）预算收入支出表编制说明

本表反映高等学校在某一会计年度内各项预算收入、预算支出和预算收支差额的情况。

本表"本年数"栏反映各项目的本年实际发生数。本表"上年数"栏反映各项目上年度的实际发生数,应当根据上年度预算收入支出表中"本年数"栏内所列数字填列。

如果本年度预算收入支出表规定的项目的名称和内容同上年度不一致,应当对上年度预算收入支出表项目的名称和数字按照本年度的规定进行调整,将调整后金额填入本年度预算收入支出表的"上年数"栏。

本表"本年数"栏各项目的内容和填列方法:

(1) 本年预算收入

"本年预算收入"项目,反映高等学校本年预算收入总额。本项目应当根据本表中"财政拨款预算收入""事业预算收入""上级补助预算收入""附属单位上缴预算收入""经营预算收入""债务预算收入""非同级财政拨款预算收入""投资预算收益""其他预算收入"项目金额的合计数填列。

"财政拨款预算收入"项目,反映高等学校本年从同级政府财政部门取得的各类财政拨款。本项目应当根据"财政拨款预算收入"科目的本年发生额填列。

"政府性基金收入"项目,反映高等学校本年取得的财政拨款收入中属于政府性基金预算拨款的金额。本项目应当根据"财政拨款预算收入"相关明细科目的本年发生额填列。

"事业预算收入"项目,反映高等学校本年开展专业业务活动及其辅助活动取得的预算收入。本项目应当根据"事业预算收入"科目的本年发生额填列,并单独列示"教育事业预算收入""科研事业预算收入"本年发生额。

"上级补助预算收入"项目,反映高等学校本年从主管部门和上级单位取得的非财政补助预算收入。本项目应当根据"上级补助预算收入"科目的本年发生额填列。

"附属单位上缴预算收入"项目,反映高等学校本年收到的独立核算的附属单位按照有关规定上缴的预算收入。本项目应当根据"附属单位上缴预算收入"科目的本年发生额填列。

"经营预算收入"项目,反映高等学校本年在专业业务活动及其辅助活动之外开展非独立核算经营活动取得的预算收入。本项目应当根据"经营预算收入"科目的本年发生额填列。

"债务预算收入"项目,反映高等学校本年按照规定从金融机构等借入的、纳入部门预算管理的债务预算收入。本项目应当根据"债务预算收入"的本年发生额填列。

"非同级财政拨款预算收入"项目,反映高等学校本年从非同级政府财政部门取得的财政拨款。本项目应当根据"非同级财政拨款预算收入"科目的本年发生额填列。

"投资预算收益"项目,反映高等学校本年取得的按规定纳入单位预算管理的投资收益。本项目应当根据"投资预算收益"科目的本年发生额填列。

"其他预算收入"项目,反映高等学校本年取得的除上述收入以外的纳入单位预算管理的各项预算收入。本项目应当根据"其他预算收入"科目的本年发生额填列。

"利息预算收入"项目,反映高等学校本年取得的利息预算收入。本项目应当根据"其他预算收入"科目的明细记录分析填列。高等学校单设"利息预算收入"科目的,应当根据"利息预算收入"科目的本年发生额填列。

"捐赠预算收入"项目,反映高等学校本年取得的捐赠预算收入。本项目应当根据"其他预算收入"科目明细账记录分析填列。高等学校单设"捐赠预算收入"科目的,应当根据"捐赠预算收入"科目的本年发生额填列。

"租金预算收入"项目,反映高等学校本年取得的租金预算收入。本项目应当根据"其他预算收入"科目明细账记录分析填列。高等学校单设"租金预算收入"科目的,应当根据"租金预算收入"科目的本年发生额填列。

（2）本年预算支出

"本年预算支出"项目,反映高等学校本年预算支出总额。本项目应当根据本表中"行政支出""事业支出""经营支出""上缴上级支出""对附属单位补助支出""投资支出""债务还本支出"和"其他支出"项目金额的合计数填列。

"事业支出"项目,反映高等学校本年开展专业业务活动及其辅助活动发生的支出。本项目应当根据"事业支出"科目的本年发生额填列,并单独列示"教育支出""科研支出""行政管理支出""后勤保障支出""离退休支出"科目的本年发生额。

"经营支出"项目,反映高等学校本年在专业业务活动及其辅助活动之外开展非独立核算经营活动发生的支出。本项目应当根据"经营支出"科目的本年发生额填列。

"上缴上级支出"项目,反映高等学校本年按照财政部门和主管部门的规定上缴上级单位的支出。本项目应当根据"上缴上级支出"科目的本年发生额填列。

"对附属单位补助支出"项目,反映高等学校本年用财政拨款收入之外的收入对附属单位补助发生的支出。本项目应当根据"对附属单位补助支出"科目的本年发生额填列。

"投资支出"项目,反映高等学校本年以货币资金对外投资发生的支出。本项目应当根据"投资支出"科目的本年发生额填列。

"债务还本支出"项目,反映高等学校本年偿还自身承担的纳入预算管理的从金融机构举借的债务本金的支出。本项目应当根据"债务还本支出"科目的本年发生额填列。

"其他支出"项目,反映高等学校本年除以上支出以外的各项支出。本项目应当根据"其他支出"科目的本年发生额填列。

"利息支出"项目,反映高等学校本年发生的利息支出。本项目应当根据"其他支出"科目明细账记录分析填列。高等学校单设"利息支出"科目的,应当根据"利息支出"科目的本年发生额填列。

"捐赠支出"项目,反映高等学校本年发生的捐赠支出。本项目应当根据"其他支出"科目明细账记录分析填列。高等学校单设"捐赠支出"科目的,应当根据"捐赠支出"科目的本年发生额填列。

(3)本年预算收支差额

"本年预算收支差额"项目,反映高等学校本年各项预算收支相抵后的差额。本项目应当根据本表中"本期预算收入"项目金额减去"本期预算支出"项目金额后的金额填列;如相减后金额为负数,以"一"号填列。

13.7 预算结转结余变动表

(一)预算结转结余变动表格式

表 13-27 预算结转结余变动表

会政预02表

编制单位:_____　　　　　_____年　　　　　单位:元

项　　目	本年数	上年数
一、年初预算结转结余		
(一)财政拨款结转结余		
(二)其他资金结转结余		
二、年初余额调整(减少以"一"号填列)		
(一)财政拨款结转结余		
(二)其他资金结转结余		
三、本年变动金额(减少以"一"号填列)		
(一)财政拨款结转结余		
1. 本年收支差额		
2. 归集调入		
3. 归集上缴或调出		
(二)其他资金结转结余		
1. 本年收支差额		
2. 缴回资金		
3. 使用专用结余		

续　表

项　目	本年数	上年数
4. 支付所得税		
四、年末预算结转结余		
（一）财政拨款结转结余		
1. 财政拨款结转		
2. 财政拨款结余		
（二）其他资金结转结余		
1. 非财政拨款结转		
2. 非财政拨款结余		
3. 专用结余		
4. 经营结余（如有余额，以"—"号填列）		

（二）预算结转结余变动表编制说明

本表反映高等学校在某一会计年度内预算结转结余的变动情况。

本表"本年数"栏反映各项目的本年实际发生数。本表"上年数"栏反映各项目的上年实际发生数，应当根据上年度预算结转结余变动表中"本年数"栏内所列数字填列。

如果本年度预算结转结余变动表规定的项目的名称和内容同上年度不一致，应当对上年度预算结转结余变动表项目的名称和数字按照本年度的规定进行调整，将调整后金额填入本年度预算结转结余变动表的"上年数"栏。

本表中"年末预算结转结余"项目金额等于"年初预算结转结余""年初余额调整""本年变动金额"三个项目的合计数。

本表"本年数"栏各项目的内容和填列方法：

（1）"年初预算结转结余"项目，反映高等学校本年预算结转结余的年初余额。本项目应当根据本项目下"财政拨款结转结余""其他资金结转结余"项目金额的合计数填列。

"财政拨款结转结余"项目，反映高等学校本年财政拨款结转结余资金的年初余额。本项目应当根据"财政拨款结转""财政拨款结余"科目本年年初余额合计数填列。

"其他资金结转结余"项目，反映高等学校本年其他资金结转结余的年初余额。本项目应当根据"非财政拨款结转""非财政拨款结余""专用结余""经营结余"科目本年年初余额的合计数填列。

（2）"年初余额调整"项目，反映高等学校本年预算结转结余年初余额调整的金额。本项目应当根据本项目下"财政拨款结转结余""其他资金结转结余"项目金额的合计数填列。

"财政拨款结转结余"项目，反映高等学校本年财政拨款结转结余资金的年初余额调整金额。本项目应当根据"财政拨款结转""财政拨款结余"科目下"年初余额调整"明细科目的本年发生额的合计数填列；如调整减少年初财政拨款结转结余，以"—"号填列。

"其他资金结转结余"项目，反映高等学校本年其他资金结转结余的年初余额调整金额。本项目应当根据"非财政拨款结转""非财政拨款结余"科目下"年初余额调整"明细科目的本年发生额的合计数填列；如调整减少年初其他资金结转结余，以"—"号填列。

（3）"本年变动金额"项目，反映高等学校本年预算结转结余变动的金额。本项目应当根据本项目下"财政拨款结转结余""其他资金结转结余"项目金额的合计数填列。

"财政拨款结转结余"项目，反映高等学校本年财政拨款结转结余资金的变动。本项目应当根据本项目下"本年收支差额""归集调入""归集上缴或调出"项目金额的合计数填列。

①"本年收支差额"项目，反映高等学校本年财政拨款资金收支相抵后的差额。本项目应当根据"财政拨款结转"科目下"本年收支结转"明细科目本年转入的预算收入与预算支出的差额填列；差额为负数的，以"—"号填列。

②"归集调入"项目，反映高等学校本年按照规定从其他单位归集调入的财政拨款结转资金。本项目应当根据"财政拨款结转"科目下"归集调入"明细科目的本年发生额填列。

③"归集上缴或调出"项目，反映高等学校本年按照规定上缴的财政拨款结转结余资金及按照规定向其他单位调出的财政拨款结转资金。本项目应当根据"财政拨款结转""财政拨款结余"科目下"归集上缴"明细科目，以及"财政拨款结转"科目下"归集调出"明细科目本年发生额的合计数填列，以"—"号填列。

"其他资金结转结余"项目，反映高等学校本年其他资金结转结余的变动。

本项目应当根据本项目下"本年收支差额""缴回资金""使用专用结余""支付所得税"项目金额的合计数填列。

① "本年收支差额"项目,反映高等学校本年除财政拨款外的其他资金收支相抵后的差额。本项目应当根据"非财政拨款结转"科目下"本年收支结转"明细科目、"其他结余"科目、"经营结余"科目本年转入的预算收入与预算支出的差额的合计数填列;如为负数,以"—"号填列。

② "缴回资金"项目,反映高等学校本年按照规定缴回的非财政拨款结转资金。本项目应当根据"非财政拨款结转"科目下"缴回资金"明细科目本年发生额的合计数填列,以"—"号填列。

③ "使用专用结余"项目,反映本年高等学校根据规定使用从非财政拨款结余或经营结余中提取的专用基金的金额。本项目应当根据"专用结余"科目明细账中本年使用专用结余业务的发生额填列,以"—"号填列。

④ "支付所得税"项目,反映有企业所得税缴纳义务的高等学校本年实际缴纳的企业所得税金额。本项目应当根据"非财政拨款结转"明细账中本年实际缴纳企业所得税业务的发生额填列,以"—"号填列。

(4) "年末预算结转结余"项目,反映高等学校本年预算结转结余的年末余额。本项目应当根据本项目下"财政拨款结转结余""其他资金结转结余"项目金额的合计数填列。

"财政拨款结转结余"项目,反映高等学校本年财政拨款结转结余的年末余额。本项目应当根据本项目下"财政拨款结转""财政拨款结余"项目金额的合计数填列。

本项目下"财政拨款结转""财政拨款结余"项目,应当分别根据"财政拨款结转""财政拨款结余"科目的本年年末余额填列。

"其他资金结转结余"项目,反映高等学校本年其他资金结转结余的年末余额。本项目应当根据本项目下"非财政拨款结转""非财政拨款结余""专用结余""经营结余"项目金额的合计数填列。

本项目下"非财政拨款结转""非财政拨款结余""专用结余""经营结余"项目,应当分别根据"非财政拨款结转""非财政拨款结余""专用结余""经营结余"科目的本年年末余额填列。

13.8 财政拨款预算收入支出表

（一）财政拨款预算收入支出表格式

表 13－28　财政拨款预算收入支出表

会政预03表

编制单位：_____　　　　　_____年　　　　　单位:元

项目	年初财政拨款结转结余		调整年初财政拨款结转结余	本年归集调入	本年归集上缴或调出	单位内部调剂		本年财政拨款收入	本年财政拨款支出	年末财政拨款结转结余	
	结转	结余				结转	结余			结转	结余
一、一般公共预算财政拨款											
（一）基本支出											
1. 人员经费											
2. 日常公用经费											
（二）项目支出											
1.××项目											
2.××项目											
……											
二、政府性基金预算财政拨款											
（一）基本支出											
1. 人员经费											
2. 日常公用经费											
（二）项目支出											
1.××项目											
2.××项目											
……											
总计											

(二) 财政拨款预算收入支出表编制说明

本表反映高等学校本年财政拨款预算资金收入、支出及相关变动的具体情况。以财政拨款预算资金为内容,按财政拨款的种类明细列示,按时序反映财政拨款结转结余的变动过程及结果。

本表"项目"栏内各项目,应当按照高等学校取得的财政拨款种类分项设置。其中"项目支出"项目下,根据每个项目设置;高等学校取得除一般公共预算财政拨款和政府性基金预算财政拨款以外的其他财政拨款的,应当按照财政拨款种类增加相应的资金项目及其明细项目。

本表各栏及其对应项目的内容和填列方法:

"年初财政拨款结转结余"栏中各项目,反映高等学校年初各项财政拨款结转结余的金额。各项目应当根据"财政拨款结转""财政拨款结余"及其明细科目的年初余额填列。本栏中各项目的数额应当与上年度财政拨款预算收入支出表中"年末财政拨款结转结余"栏中各项目的数额相等。

"调整年初财政拨款结转结余"栏中各项目,反映高等学校对年初财政拨款结转结余的调整金额。各项目应当根据"财政拨款结转""财政拨款结余"科目下"年初余额调整"明细科目及其所属明细科目的本年发生额填列;如调整减少年初财政拨款结转结余,以"—"号填列。

"本年归集调入"栏中各项目,反映高等学校本年按规定从其他单位调入的财政拨款结转资金金额。各项目应当根据"财政拨款结转"科目下"归集调入"明细科目及其所属明细科目的本年发生额填列。

"本年归集上缴或调出"栏中各项目,反映高等学校本年按规定实际上缴的财政拨款结转结余资金,及按照规定向其他单位调出的财政拨款结转资金金额。各项目应当根据"财政拨款结转""财政拨款结余"科目下"归集上缴"科目和"财政拨款结转"科目下"归集调出"明细科目,及其所属明细科目的本年发生额填列;如果……,以"—"号填列。

"单位内部调剂"栏中各项目,反映高等学校本年财政拨款结转结余资金在单位内部不同项目等之间的调剂金额。各项目应当根据"财政拨款结转"和"财政拨款结余"科目下的"单位内部调剂"明细科目及其所属明细科目的本年发生额填列;对单位内部调剂减少的财政拨款结余金额,以"—"号填列。

"本年财政拨款收入"栏中各项目,反映高等学校本年从同级财政部门取得的各类财政预算拨款金额。各项目应当根据"财政拨款预算收入"科目及其所属明细科目的本年发生额填列。

"本年财政拨款支出"栏中各项目,反映高等学校本年发生的财政拨款支出金额。各项目应当根据"行政支出""事业支出"等科目及其所属明细科目本年发生额中的财政拨款支出数的合计数填列。

"年末财政拨款结转结余"栏中各项目,反映高等学校年末财政拨款结转结余的金额。各项目应当根据"财政拨款结转""财政拨款结余"科目及其所属明细科目的年末余额填列。

13.9 会计报表编制实务示范

(一) 财务会计报表的编制

一、财务会计报表的编制

[例14-1]假设某省属高校2020年12月31日资产、负债、净资产、收入、费用科目余额如下表。

科目余额表(财务)

2020年01月至12月(年终转账后)

科目编号	科目名称	期初余额		本期发生		期末余额	
		方向	余额	借方	贷方	方向	余额
1002	银行存款	借	9 000 000.00	500 000.00	200 000.00	借	9 300 000.00
1011	零余额账户用款额度	平	0.00			平	
1201	财政应返还额度	借	100 000.00	60 000.00	10 000.00	借	150 000.00
1211	应收票据	借				平	
1212	应收账款	借	50 000.00	20 000.00	40 000.00	借	30 000.00
1214	预付账款	借	2 000 000.00	200 000.00	230 000.00	借	1 970 000.00
1218	其他应收款	借				平	
1302	库存物品	借	90 000.00	6 000.00		借	96 000.00
1501	长期股权投资	借				平	
1601	固定资产	借	6 000 000.00	150 000.00		借	6 150 000.00
1602	固定资产累计折旧	贷	300 000.00		60 000.00	贷	360 000.00
1613	在建工程	借				平	
1701	无形资产	借	100 000.00	70 000.00		借	170 000.00
1702	无形资产累计摊销	贷	60 000.00		2 000.00	贷	62 000.00
1891	受托代理资产	平	20 000.00	5 000.00	15 000.00	平	10 000.00

续 表

科目编号	科目名称	期初余额		本期发生		期末余额	
		方向	余额	借方	贷方	方向	余额
2001	短期借款	贷				平	
2101	应交增值税	平	50 000.00	20 000.00	10 000.00	贷	40 000.00
2102	其他应交税费	贷	10 000.00	9 000.00	5 000.00	贷	6 000.00
2103	应缴财政款	贷		200 000.00	200 000.00	平	
2201	应付职工薪酬	平		100 000.00	100 000.00	平	
2302	应付账款	贷	70 000.00	30 000.00	36 000.00	贷	76 000.00
2307	其他应付款	贷	60 000.00	40 000.00	20 000.00	贷	40 000.00
2401	预提费用	平				平	
2901	受托代理负债	平	20 000.00	5 000.00	10 000.00	平	25 000.00
3001	累计盈余	贷	16 720 000.00			贷	16 720 000.00
3101	专用基金	贷	70 000.00	40 000.00	97 000.00	贷	127 000.00
4001	财政拨款收入	平			2 500 000.00	平	2 500 000.00
4101	事业收入	平			900 000.00	平	900 000.00
4601	非同级财政拨款收入	平			100 000.00	平	100 000.00
4603	捐赠收入	平				平	
4604	利息收入	平				平	
4609	其他收入	平			1 200 000.00	贷	1 200 000.00
5001	业务活动费用	平		2 500 000.00		借	2 500 000.00
5101	单位管理费用	平		1 724 000.00		借	1 724 000.00
5901	其他费用	平		56 000.00		借	56 000.00
合计		借	17 360 000.00	5 735 000.00	5 735 000.00	借	22 156 000.00
		贷	17 360 000.00			贷	22 156 000.00

根据上述科目余额表的数据资料,编制该高校资产负债表、收入费用表、净资产变动表如下。

资产负债表

会政财01表

编制单位:＊＊大学　　　　2020年12月31日　　　　单位:元

资产	期末余额	年初余额	负债和净资产	期末余额	年初余额
流动资产:			流动负债:		
货币资金	9 300 000.00	9 000 000.00	短期借款		

续　表

资　产	期末余额	年初余额	负债和净资产	期末余额	年初余额
短期投资			应交增值税	40 000.00	50 000.00
财政应返还额度	150 000.00	100 000.00	其他应交税费	6 000.00	10 000.00
应收票据			应缴财政款		
应收账款净额	30 000.00	50 000.00	应付职工薪酬		
预付账款	1 970 000.00	2 000 000.00	应付票据		
应收股利			应付账款	76 000.00	70 000.00
应收利息			应付政府补贴款		
其他应收款净额			应付利息		
存货	96 000.00	90 000.00	预收账款		
待摊费用			其他应付款	40 000.00	60 000.00
一年内到期的非流动资产			预提费用		
其他流动资产			一年内到期的非流动负债		
			其他流动负债		
流动资产合计	11 546 000.00	11 240 000.00	流动负债总计	162 000.00	190 000.00
非流动资产：			非流动负债：		
长期股权投资			长期借款		
长期债券投资			长期应付款		
固定资产原值	6 150 000.00	6 000 000.00	预计负债		
减：固定资产累计折旧	360 000.00	300 000.00	其他非流动负债		
固定资产净值	5 790 000.00	5 700 000.00	非流动负债合计		
工程物资			受托代理负债	25 000.00	20 000.00
在建工程			负债合计	187 000.00	210 000.00
无形资产原值	170 000.00	100 000.00			
减：无形资产累计摊销	62 000.00	60 000.00			
无形资产净值	108 000.00	40 000.00			
研发支出					
公共基础设施原值					
减：公共基础设施累计折旧(摊销)					

续 表

资产	期末余额	年初余额	负债和净资产	期末余额	年初余额
公共基础设施净值					
政府储备物资					
文物文化资产					
保障性住房原值					
减:保障性住房累计折旧			净资产:		
保障性住房净值			累计盈余	17 140 000.00	16 720 000.00
长期待摊费用			专用基金	127 000.00	70 000.00
待处理财产损溢			权益法调整		
其他非流动资产			无偿调拨净资产		
非流动资产合计	5 898 000.00	5 740 000.00	本期盈余		
受托代理资产	10 000.00	20 000.00	净资产合计	17 267 000.00	16 790 000.00
资产总计	17 454 000.00	17 000 000.00	负债和净资产总计	17 454 000.00	17 000 000.00

收入费用表

会政财02表

编制单位:**大学　　　　　　2020年12月　　　　　　单位:元

项目	本月数	本年累计数
一、本期收入		4 700 000.00
(一)财政拨款收入		2 500 000.00
其中:政府性基金收入		
(二)事业收入		900 000.00
(三)上级补助收入		
(四)附属单位上缴收入		
(五)经营收入		
(六)非同级财政拨款收入		100 000.00
(七)投资收益		
(八)捐赠收入		
(九)利息收入		
(十)租金收入		

续 表

项 目	本月数	本年累计数
(十一) 其他收入		1 200 000.00
二、本期费用		
(一) 业务活动费用		2 500 000.00
(二) 单位管理费用		1 724 000.00
(三) 经营费用		
(四) 资产处置费用		
(五) 上缴上级费用		
(六) 对附属单位补助费用		
(七) 所得税费用		
(八) 其他费用		56 000.00
三、本期盈余		420 000.00

净资产变动表

会政财03表

编制单位：**大学　　　　　2020年12月年　　　　　单位：元

项 目	本年数				上年数			
	累计盈余	专用基金	权益法调整	净资产合计	累计盈余	专用基金	权益法调整	净资产合计
一、上年年末余额	16 720 000.00	70 000.00		16 790 000.00				
二、以前年度盈余调整（减少以"-"号填列）								
三、本年年初余额	16 720 000.00	70 000.00		16 790 000.00				
四、本年变动金额（减少以"-"号填列）	420 000.00	57 000.00		477 000.00				
(一) 本年盈余	420 000.00			420 000.00				
(二) 无偿调拨净资产								
(三) 归集调整预算结转结余								
(四) 提取或设置专用基金		57 000.00		57 000.00				

续 表

项 目	本年数				上年数			
	累计盈余	专用基金	权益法调整	净资产合计	累计盈余	专用基金	权益法调整	净资产合计
其中:从预算收入在提取								
从预算结余中提取设置的专用基金								
(五)使用专用基金								
(六)权益法调整								
五、本年年末余额	17 140 000.00	127 000.00		17 267 000.00				

[例14-2] 假设该高校2020年12月31日预算会计收入、支出科目余额如下表。

预算会计科目数据

科目名称	余 额
财政拨款预算收入——一般公共预算财政拨款	2 500 000.00
事业预算收入	900 000.00
非同级财政拨款预算收入	100 000.00
其他预算收入	1 200 000.00
事业支出—财政拨款支出	2 500 000.00
事业支出—非财政拨款支出	1 724 000.00
经营支出	
其他支出	56 000.00

根据上述资料,编制预算收入支出表、预算结转结余变动表、财政拨款预算收入支出表。

预算收入支出表

会政预01表

编制单位:＊＊大学　　2020年12月　　单位:元

项 目	本年数	上年数
一、本年预算收入	4 700 000.00	
(一)财政拨款预算收入	2 500 000.00	

续　表

项　目	本年数	上年数
其中:政府性基金收入		
(二)事业预算收入	900 000.00	
(三)上级补助预算收入		
(四)附属单位上缴预算收入		
(五)经营预算收入		
(六)债务预算收入		
(七)非同级财政拨款预算收入	100 000.00	
(八)投资预算收益收入		
(九)其他预算收入	1 200 000.00	
二、本年预算支出	4 280 000.00	
(一)行政支出		
(二)事业支出	4 224 000.00	
(三)经营支出		
(四)上缴上级支出		
(五)对附属单位补助支出		
(六)债务还本支出		
(七)其他支出	56 000.00	
其中:利息支出		
捐赠支出		
三、本年预算收支差额	420 000.00	

预算结转结余变动表

会政预02表

编制单位:＊＊大学　　　　　2020年12月　　　　　　　　单位:元

项　目	本年数	上年数
一、年初预算结转结余		
(一)财政拨款结转结余		
(二)其他资金结转结余		

续　表

项　目	本年数	上年数
二、年初余额调整(减少以"-"号填列)		
(一)财政拨款结转结余		
(二)其他资金结转结余		
三、本年变动金额(减少以"-"号填列)	420 000.00	
(一)财政拨款结转结余		
1.本年收支差额		
2.归集调入		
3.归集上缴或调出		
(二)其他资金结转结余	420 000.00	
1.本年收支差额	420 000.00	
2.缴回资金		
3.使用专用结余		
4.支付所得税		
四、年末预算结转结余		
(一)财政拨款结转结余		
1.财政拨款结转		
2.财政拨款结转		
(二)其他资金结转结余	420 000.00	
1.非财政拨款结转	420 000.00	
2.非财政拨款结余		
3.专用结余		
4.经营结余(如有余额,以"-"号填列)		

财政拨款预算收入支出表

会政预03表

编制单位：＊＊大学　　　　　　　　　　2020年　　　　　　　　　　单位：元

项目	年初财政拨款结转结余		调整年初财政拨款结转结余	本年归集调入	本年归集上缴或调出	单位内部调剂		本年财政拨款收入	本年财政拨款支出	年末财政拨款结转结余	
	结转	结余				结转	结余			结转	结余
一、一般公共预算财政拨款								2 500 000.00	2 500 000.00		
（一）基本支出											
1. 人员经费								1 000 000.00	1 000 000.00		
2. 日常公用经费								1 500 000.00	1 500 000.00		
（二）项目支出											
1. ＊＊项目											
2. ＊＊项目											
……											
二、政府性基金预算财政拨款											
（一）基本支出											
1. 人员经费											
2. 日常公用经费											
（二）项目支出											
1. ＊＊项目											
2. ＊＊项目											

续　表

项目	年初财政拨款结转结余		调整年初财政拨款结转结余	本年归集调入	本年归集上缴或调出	单位内部调剂		本年财政拨款收入	本年财政拨款支出	年末财政拨款结转结余	
	结转	结余				结转	结余			结转	结余
……											
总计								2 500 000.00	2 500 000.00		

附录一

高等学校会计科目设置建议

序号	一级科目编号	明细科目编号	科目名称	财务核算要求
一、资产类				
1	1001	根据各高校实际需要设置明细科目	库存现金	根据现金流量表科目进行项目核算
		01	基本户现金	
		02	国库现金	
		03	受托代理资产现金	
		01	党费	
		02	团费	
		03	会费	
		99	其他受托代理资产	
2	1002	根据各高校实际需要设置明细科目	银行存款	根据现金流量表科目进行项目核算
		01	基本户存款	
		02	外币户存款	
		03	贷款户存款	
		04	受托代理资产	
		01	党费	
		02	团费	
		03	会费	
		99	其他受托代理资产	

续 表

序号	一级科目编号	明细科目编号	科目名称	财务核算要求
		05	其他账户存款	
3	1011	根据各高校实际需要设置明细科目	零余额账户用款额度	根据现金流量表科目进行项目核算
		01	基本支出	
		02	项目支出	
4	1021	根据各高校实际需要设置明细科目	其他货币资金	根据现金流量表科目进行项目核算
		01	外埠存款	
		02	银行本票存款	
		03	银行汇票存款	
		04	信用卡存款	
		05	第三方支付平台存款	
5	1101	根据投资对象设置明细科目	短期投资	
		01	股权投资	
		02	债券投资	
6	1201		财政应返还额度	根据现金流量表科目进行项目核算
		01	财政直接支付	
		01	基本支出	
		02	项目支出	
		02	财政授权支付	
		01	基本支出	
		02	项目支出	
7	1211		应收票据	根据往来单位进行往来核算
		01	银行承兑汇票	
		02	商业承兑汇票	
8	1212	根据各高校实际需要设置明细科目	应收账款	根据往来单位进行往来核算
		01	一般应收账款	
		02	应收应缴财政款	
9	1214	根据各高校实际需要设置明细科目	预付账款	根据往来单位进行往来核算
		01	预付基建款	
		01	预付工程款	
		02	预付设备款	
		03	预付备料款	

续 表

序号	一级科目编号	明细科目编号	科目名称	财务核算要求
		04	其他预付基建款	
		99	其他预付款	
10	1215	按投资种类、投资对象设置明细	应收股利	根据往来单位进行往来核算
11	1216	按投资种类、投资对象设置明细	应收利息	根据往来单位进行往来核算
12	1218	根据各高校实际需要设置明细科目	其他应收款	根据往来单位进行往来核算
		01	周转类应收款	
		02	暂付类应收款	
		01	教育事业	
		02	科研事业	
		03	行政管理	
		04	后勤保障	
		05	离退休	
		06	其他事业支出	
		03	应收类应收款	
13	1219	根据各高校实际需要设置明细科目	坏账准备	
		01	应收账款坏账准备	
		02	其他应收款坏账准备	
14	1301	根据各高校实际需要设置明细科目	在途物品	根据具体项目进行项目核算
		01	实验耗材及元器件	
		02	专用仪器和工具	
		03	专用服装及劳保用品	
		04	体育器材	
		99	其他在途物品	
15	1302	根据各高校实际需要设置明细科目	库存物品	根据具体项目进行项目核算
		01	实验耗材及元器件	
		02	专用仪器和工具	
		03	专用服装及劳保用品	
		04	体育器材	
		99	其他在途物品	
16	1303	根据各高校实际需要设置明细科目	加工物品	根据具体项目进行项目核算
		01	自制物品	

续 表

序号	一级科目编号	明细科目编号	科目名称	财务核算要求
		01	直接材料	
		02	直接人工	
		03	其他直接费用	
		04	间接费用	
		02	委托加工物品	
17	1401	根据种类设置明细科目	待摊费用	
		01	预付租金	
		99	其他待摊费用	
18	1501	按照被投资单位设置明细科目	长期股权投资	
		01	成本法	
		02	权益法	
		01	投资成本	
		02	损益调整	
		03	其他权益变动	
19	1502	按照被投资单位设置明细科目	长期债券投资	
		01	成本	
		02	应计利息	
20	1601	根据各高校实际需要设置明细科目	固定资产	根据具体项目进行项目核算
		01	房屋及构筑物	
		02	专用设备	
		03	通用设备	
		04	文物和陈列品	
		05	图书档案	
		06	家具用具装具及动植物	
21	1602	根据各高校实际需要设置明细科目	固定资产累计折旧	
		01	房屋及构筑物	
		02	专用设备	
		03	通用设备	
		04	家具用具装具	
22	1611	根据各高校实际需要设置明细科目	工程物资	
		01	库存材料	

续 表

序号	一级科目编号	明细科目编号	科目名称	财务核算要求
		02	库存设备	
23	1613	按照基建项目设置明细	在建工程	根据具体项目进行项目核算
		01	基建在建工程	
		01	建筑安装工程投资	
		02	设备投资	
		03	待摊投资	
		04	其他投资	
		05	待核销基建支出	
		06	基建转出投资	
		02	非基建在建工程	
		03	改扩建在建工程	
24	1701	根据资产种类设置明细	无形资产	根据具体项目进行项目核算
		01	专利	
		02	非专利技术	
		03	著作权	
		04	商标权	
		05	资源资质	
		06	信息数据	
		07	经营	
25	1702	根据资产种类设置明细	无形资产累计摊销	
		01	专利	
		02	非专利技术	
		03	著作权	
		04	商标权	
		05	资源资质	
		06	信息数据	
		07	经营	
26	1703	按照费用项设置明细	研发支出	根据具体项目进行项目核算
		01	研究支出	
		01	直接支出	
		02	间接支出	

续 表

序号	一级科目编号	明细科目编号	科目名称	财务核算要求
		02	开发支出	
		01	直接支出	
		02	间接支出	
27	1891	根据各高校实际需要设置明细科目	受托代理资产	
		01	党费	
		01	应收及暂付款	
		02	库存物品	
		03	固定资产	
		04	无形资产	
		01	团费	
		01	应收及暂付款	
		02	库存物品	
		03	固定资产	
		04	无形资产	
28	1901	根据费用项目设置明细	长期待摊费用	根据具体项目进行项目核算
29	1902		待处置资产损溢	
		01	现金资产	
		02	非现金资产	
		01	待处理财产价值	
		02	处置净收入	
二、负债类				
30	2001	按照借款种类、债权人设置明细	短期借款	
31	2101		应交增值税	
		01	应交税金	
		01	进项税额	
		02	销项税额	
		03	已交税金	
		04	转出未交增值税	
		05	转出多交增值税	
		06	进项税额转出	
		07	减免税款	

续 表

序号	一级科目编号	明细科目编号	科目名称	财务核算要求
		02	未交税金	
		03	预交税金	
		04	待抵扣进项税额	
		05	待认证进项税额	
		06	待转销项税额	
		07	简易计税	
		08	转让金融商品应交增值税	
		09	代扣代交增值税	
32	2102		其他应交税费	
		01	应交个人所得税	
		01	工资薪金所得税	
		02	劳务报酬所得税	
		02	应交企业所得税	
		03	应交房产税	
		04	应交城镇土地使用税	
		05	应交城市维护建设税	
		06	应交教育费附加	
		07	应交地方教育费附加	
		99	应交其他税费	
33	2103		应缴财政款	
		01	应缴国库款	
		01	国有资产有偿使用收入	
		02	其他非税收入	
		02	应缴财政专户款	
		01	学费	
		02	住宿费	
		03	考试费	
34	2201		应付职工薪酬	
		01	基本工资	
		01	在职人员	
		02	离退休人员	

续 表

序号	一级科目编号	明细科目编号	科目名称	财务核算要求
		02	国家统一规定的津补贴	
		01	在职人员	
		02	离退休人员	
		03	规范津贴补贴(绩效工资)	
		01	在职人员	
		02	离退休人员	
		04	改革性补贴	
		01	在职人员	
		02	离退休人员	
		05	社会保险费	根据险种进行明细核算
		01	失业保险	
		02	养老保险	
		01	单位负担	
		02	个人负担	
		03	医疗保险	
		01	单位负担	
		02	个人负担	
		04	工伤保险	
		05	生育保险	
		06	职业年金	
		01	单位负担	
		02	个人负担	
		06	住房公积金	
		01	单位负担	
		02	个人负担	
		07	附属单位返还工资	
		08	其他个人收入	
35	2301	根据各高校实际需要设置明细科目	应付票据	根据往来单位进行往来核算
36	2302	根据各高校实际需要设置明细科目	应付账款	根据往来单位进行往来核算
		01	应付基建款	
		99	其他应付款	

续 表

序号	一级科目编号	明细科目编号	科目名称	财务核算要求
37	2304	按照债权人设置明细	应付利息	
		01	短期借款利息	
		02	长期借款利息	
38	2305	按照债权人设置明细	预收账款	根据往来单位进行往来核算
		01	预收租金	
		99	其他预收款	
39	2307	根据各高校实际需要设置明细科目	其他应付款	根据往来单位进行往来核算
		01	周转类应付款	
		02	应付类应付款	
		03	暂收类应付款	
		99	其他应付款	
40	2401		预提费用	根据具体项目进行项目核算
		01	项目间接费用或管理费	
		01	管理补偿费	
		02	项目管理费	
		03	绩效支出	
		99	其他预提费用	
41	2501	按照债权人设置明细	长期借款	
		01	本金	
		02	应计利息	
42	2502	根据各高校实际需要设置明细科目	长期应付款	根据往来单位进行往来核算
		01	质保金	
		99	其他长期应付款	
43	2601	根据各高校实际需要设置明细科目	预计负债	根据往来单位进行往来核算
44	2901	按照接受资产类型设置明细	受托代理负债	
		01	党费	
		02	团费	
		03	学(协)会会费	
		04	个人公共维修基金	
		99	其他	
三、净资产类				

续 表

序号	一级科目编号	明细科目编号	科目名称	财务核算要求
45	3001		累计盈余	
		01	事业基金	
		02	非流动资产基金	
		03	财政补助结转	
		04	财政补助结余	
		05	非财政补助结转	
		06	经营结余	
46	3101		专用基金	
		01	职工福利基金	
		02	学生奖助基金	
		03	住房基金	
		04	留本基金	
		01	本金	
		02	收益	
		05	科技成果转化基金	
		99	其他专用基金	
47	3201	按照被投资单位设置明细	权益法调整	
48	3301	根据各高校实际需要设置明细科目	本期盈余	
		01	事业结余	
		02	经营结余	
49	3302	根据各高校实际需要设置明细科目	本年盈余分配	
		01	可分配结余	
		02	提取专用基金	
		03	结转事业基金	
50	3401	根据各高校实际需要设置明细科目	无偿调拨净资产	
		01	无偿调拨房屋及构筑物	
		02	无偿调拨专用设备	
		03	无偿调拨通用设备	
		04	无偿调拨文物和陈列品	
		05	无偿调拨图书、档案	

续 表

序号	一级科目编号	明细科目编号	科目名称	财务核算要求
		06	无偿调拨家具用具装具及动植物	
51	3501		以前年度盈余调整	
		01	调整以前年度收入	
		02	调整以前年度费用	
		03	盘盈非流动资产	
四、收入类				
52	4001		财政拨款收入	根据具体项目进行项目核算
		01	基本支出	
		01	人员经费	
		02	公用经费	
		02	项目支出	
		01	＊＊专项资金	
53	4101	按照收费具体项目设置明细	事业收入	根据具体项目进行项目核算
		01	教育事业收入	
		01	学费	
		02	住宿费	
		03	考试费	
		02	科研事业收入	
		01	非同级财政拨款	
		01	中央	
		02	地方	
		02	横向科研收入	
54	4201		上级补助收入	根据具体项目进行项目核算
		01	主管部门非财政拨款收入	
		02	其他上级部门非财政拨款收入	
55	4301	按照附属单位设置明细	附属单位上缴收入	

续　表

序号	一级科目编号	明细科目编号	科目名称	财务核算要求
56	4401		经营收入	根据具体项目进行项目核算
57	4601		非同级财政拨款收入	根据具体项目进行项目核算
		01	同级横向转拨财政款	
		02	非同级财政拨款	
58	4602		投资收益	
		01	股权投资	
		02	债券投资	
59	4603		捐赠收入	
		01	单位捐赠	
		02	个人捐赠	
60	4604		利息收入	
61	4605		租金收入	
		01	房屋出租收入	
		02	场地出租收入	
		03	设备出租收入	
62	4609		其他收入	根据具体项目进行项目核算
		01	现金盘盈收入	
		02	科技成果转化收入	
		03	置换换出资产评估增值收入	
		04	核销应付及预收款项处置收入	
		99	其他收入	
五、费用类				
63	5001		业务活动费用	根据具体项目进行项目核算，同时进行往来单位核算。
		01	教育费用	
		01	教学及辅助费用	
		02	学生资助费用	
		02	科研费用	
64	5101		单位管理费用	根据具体项目进行项目核算，同时进行往来单位核算。
		01	行政管理费用	

续 表

序号	一级科目编号	明细科目编号	科目名称	财务核算要求
		02	后勤保障费用	
		03	离退休费用	
		04	单位统一负担的其他管理费用	
65	5201		经营费用	根据具体项目进行项目核算，同时进行往来单位核算。
66	5301	根据资产处置形式设置明细	资产处置费用	
		01	现金盘亏损失	
		02	库存物品处置	
		03	固定资产处置	
		04	无形资产处置	
67	5401	按照缴款项目设置明细	上缴上级费用	
68	5501	按照附属单位设置明细	对附属单位补助费用	
69	5801		所得税费用	
70	5901		其他费用	
		01	利息费用	
		02	坏账损失	
		03	罚没支出	
		04	现金资产捐赠支出	
		05	设立非企业法人单位	
		06	单位统一负担的其他费用	
六、预算收入类				
71	6001		财政拨款预算收入	
		01	基本支出	
		01	人员支出	
		02	公用支出	
		02	项目支出	
		01	＊＊专项资金	
72	6101	按照收费具体项目设置明细	事业预算收入	根据具体项目进行项目核算
		01	教育事业预算收入	
		01	学费	
		01	基本支出	

续 表

序号	一级科目编号	明细科目编号	科目名称	财务核算要求
		02	项目支出	
		02	住宿费	
		01	基本支出	
		02	项目支出	
		03	考试费	
		01	基本支出	
		02	项目支出	
		02	科研事业预算收入	
		01	非同级财政拨款	
		01	中央	
		02	地方	
		02	横向科研预算收入	
73	6201		上级补助预算收入	根据具体项目进行项目核算
		01	基本支出	
		02	项目支出	
74	6301		附属单位上缴预算收入	
75	6401		经营预算收入	根据具体项目进行项目核算
76	6501	按照借款种类、贷款单位设置明细	债务预算收入	
		01	短期借款	
		02	长期借款	
77	6601		非同级财政拨款预算收入	根据具体项目进行项目核算
		01	本级横向转拨财政款	
		01	基本支出	
		02	项目支出	
		02	非本级财政拨款	
		01	基本支出	
		01	中央	
		02	地方	
		02	项目支出	
		01	中央	
		02	地方	

续 表

序号	一级科目编号	明细科目编号	科目名称	财务核算要求
78	6602		投资预算收益	
		01	股权投资	
		02	债券投资	
79	6609		其他预算收入	根据具体项目进行项目核算
		01	捐赠预算收入	
		01	单位捐赠	
		02	个人捐赠	
		02	利息预算收入	
		03	租金预算收入	
		01	房屋出租收入	
		02	场地出租收入	
		03	设备出租收入	
		04	现金盘盈收入	
		05	其他	
七、预算支出类				
80	7201		事业支出	根据具体项目进行项目核算，同时进行往来单位核算。
		01	教育支出	
		01	财政拨款资金支出	
		01	基本支出	
		02	项目支出	
		02	非财政专项资金支出	
		01	非税收入上缴返还支出	
		02	其他支出	
		03	非财政非专项资金支出	
		01	非税上缴返还支出	
		02	其他支出	
		02	科研支出	
		01	财政拨款资金专项支出	
		02	非财政专项资金支出	
		01	非同级财政拨款支出	

续 表

序号	一级科目编号	明细科目编号	科目名称	财务核算要求
		02	横向科研预算支出	
		03	行政管理支出	
		01	财政拨款资金支出	
		01	基本支出	
		02	项目支出	
		02	非财政专项资金支出	
		01	非税上缴返还支出	
		02	其他支出	
		03	非财政非专项资金支出	
		01	非税上缴返还支出	
		02	其他支出	
		04	后勤保障支出	
		01	财政拨款资金支出	
		01	基本支出	
		02	项目支出	
		02	非财政专项资金支出	
		01	非税上缴返还支出	
		02	其他支出	
		03	非财政非专项资金支出	
		01	非税上缴返还支出	
		02	其他支出	
		05	离退休支出	
		01	财政拨款资金支出	
		01	基本支出	
		02	项目支出	
		02	非财政专项资金支出	
		01	非税上缴返还支出	
		02	其他支出	
		03	非财政非专项资金支出	
		01	非税上缴返还支出	
		02	其他支出	

续 表

序号	一级科目编号	明细科目编号	科目名称	财务核算要求
		99	其他事业支出	
		01	财政拨款资金支出	
		01	基本支出	
		02	项目支出	
		02	非财政专项资金支出	
		01	非税上缴返还支出	
		02	其他支出	
		03	非财政非专项资金支出	
		01	非税上缴返还支出	
		02	其他支出	
81	7301		经营支出	根据具体项目进行项目核算，同时进行往来单位核算。
82	7401	按照缴款项目设置明细	上缴上级支出	
83	7501	按照附属单位设置明细	对附属单位补助支出	
84	7601	按照投资类型、投资对象设置明细	投资支出	
		01	股权投资支出	
		02	债券投资支出	
85	7701	根据各高校实际需要设置明细科目	债务还本支出	
		01	非财政专项资金支出	
		01	非税上缴返还支出	
		02	其他支出	
		02	非财政非专项资金支出	
86	7901		其他支出	根据具体项目进行项目核算，同时进行往来单位核算。
		01	财政拨款资金支出	
		01	基本支出	
		02	项目支出	
		02	非财政专项资金支出	
		01	非税上缴返还支出	
		02	其他支出	
		03	非财政非专项资金支出	

续 表

序号	一级科目编号	明细科目编号	科目名称	财务核算要求
		01	非税上缴返还支出	
		02	其他支出	
八、预算结余类				
87	8001		资金结存	
		01	货币资金	
		01	库存现金	
		02	银行存款	
		03	其他货币资金	
		02	零余额账户用款额度	
		01	基本支出	
		02	项目支出	
		03	财政应返还额度	
		01	财政直接支付	
		01	基本支出	
		02	项目支出	
		02	财政授权支付	
		01	基本支出	
		02	项目支出	
88	8101		财政拨款结转	
		01	年初余额调整	
		01	基本支出	
		02	项目支出	
		02	归集调入	
		01	基本支出	
		02	项目支出	
		03	归集调出	
		01	基本支出	
		02	项目支出	
		04	归集上缴	
		01	基本支出	
		02	项目支出	

续 表

序号	一级科目编号	明细科目编号	科目名称	财务核算要求
		05	单位内部调剂	
		01	基本支出	
		02	项目支出	
		06	本年收支结转	
		01	基本支出	
		02	项目支出	
		07	累计结转	
		01	基本支出	
		02	项目支出	
89	8102		财政拨款结余	
		01	年初余额调整	
		02	归集上缴	
		03	单位内部调剂	
		04	结转转入	
		05	累计结余	
90	8201		非财政拨款结转	
		01	年初余额调整	
		01	教育事业预算收支结转	
		02	科研事业预算收支结转	
		01	非同级财政拨款收支结转	
		02	横向科研预算收支结转	
		02	缴回资金	
		01	教育事业预算收支结转	
		02	科研事业预算收支结转	
		01	非同级财政拨款收支结转	
		02	横向科研预算收支结转	
		03	项目间接费或管理费	
		01	非同级财政拨款收支结转	
		02	横向科研预算收支结转	
		04	本年收支结转	
		01	教育事业预算收支结转	

续 表

序号	一级科目编号	明细科目编号	科目名称	财务核算要求
		02	科研事业预算收支结转	
		01	非同级财政拨款收支结转	
		02	横向科研预算收支结转	
		05	累计结转	
		01	教育事业预算收支结转	
		02	科研事业预算收支结转	
		01	非同级财政拨款收支结转	
		02	横向科研预算收支结转	
91	8202		非财政拨款结余	
		01	年初余额调整	
		02	项目间接费或管理费	
		03	结转转入	
		04	累计结余	
		01	事业结余	
		02	经营结余	
92	8301		专用结余	
		01	提取职工福利基金	
		02	学生奖助基金	
		99	其他专用结余	
93	8401	按照经营活动类别设置明细	经营结余	
94	8501		其他结余	
95	8701		非财政拨款结余分配	
		01	事业结余分配	
		02	经营结余分配	
96	9001		预算收入	
		01	校内预算收入	
		02	指定性资金收入	
		03	结算收入	
		04	专项、科研收入	
97	9002		预算分配	
		01	校内预算分配	

续 表

序号	一级科目编号	明细科目编号	科目名称	财务核算要求
		02	指定性资金分配	
		03	结算分配	
		04	专项、科研分配	
98	9003		预算调整	
		01	专项资金调整	
		02	校内预算收回	

附录二

＊＊大学财务报销指南

目 录

使用说明……………………………………………………………
财务常用信息…………………………………………………………
报销基本要求…………………………………………………………

使用说明

1. 为进一步优化财务报销管理,方便师生员工规范、高效地办理财务报销事项,提供统一、标准、科学的报销口径,特制作本指南。

2. 本指南依据《会计基础工作规范》(2019修订)、《＊＊大学财务报销细则》等规章、制度编制,需要了解制度完整内容,请查阅＊＊大学财务处网页"政策法规"栏目。

3. 报销所需材料已列出,请按照要求准备。特殊事项报销需要填报的表格请在财务处网页"资料下载"栏目或直接双击本指南相关文件名下载。

4. 想要了解更多财务资讯,请关注财务处微信公众号。

财务常用信息

1. 银行账户信息

单位名称	＊＊大学
开户银行	＊＊银行＊＊支行
银行账号	＊＊＊＊＊＊＊＊＊＊＊＊＊＊＊＊＊
银行行号	＊＊＊＊

2. 增值税开票信息

单位名称	＊＊大学
纳税人识别号（或统一社会信用代码）	＊＊＊＊＊＊＊＊＊＊＊＊＊＊＊＊＊
地址、电话	＊＊市＊＊路＊＊号/＊＊＊-＊＊＊＊＊＊＊＊
开户行及账号	＊＊银行＊＊支行＊＊＊＊＊＊＊＊＊＊＊＊＊＊＊＊＊
开票代码	＊＊＊＊＊

3. 信息门户中常用财务版块介绍

进入＊＊大学财务处-【财务综合服务平台】和【财务综合查询】业务。

A.【财务综合服务平台】主要有以下四大版块：

（1）【网上报销】，可以进行日常报销单、国内差旅费报销单、资产报销单和借款单的网上填报。

（2）【个人薪酬申报】，可以进行校内酬金、学生奖助学金、校外及临时聘用人员酬金的申报。

（3）【财务审批】，可以进行财务业务审批。

B. 查询类主要有以下三个版块：

（1）【个人项目查询】可以查询个人负责的项目收支信息。

（2）【个人收入查询】可以查询2021年1月以后的工资、校内酬金及专项附加扣除数据。

（3）【银行来款信息查询】可以查询外单位来款的银行到账信息。

(4)【报销款信息查询】可以查询报销款到账情况。

(5)缴费类:【校园缴费平台】模块线上办理缴费业务。

4. 网上报销申报业务流程如下图:

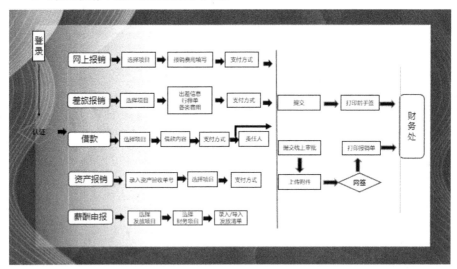

5. 财务信息公布及咨询渠道

(1) 热线电话:＊＊＊＊＊＊＊＊

(2) ＊＊大学财务处官网:https://＊＊＊.lntu.edu.cn

财务处官网常用版块简介:

⇨【通知公告】:可查看近期财务处的最新业务相关的通知。

⇨【下载专区】:可下载常用的报销表格。

分为:① 借款单;

② 差旅费报销单;

③ 薪酬-劳务费发放表;

④ 预借科研票据申请单

⇨【服务指南】:可查看＊＊大学常见业务如借发票、借款、差旅费报销等流程。

⇨【政策法规】:可查看国家、学校发布的各类财经政策、制度及管理办法。

(3) "＊＊大学财务"微信公众号:推送最新的财务政策、报销单进度等信息。(进入公众号-点击"信息查询"-"用户绑定",输入工号密码,可以绑定公众号实时接收单据驳回信息)。

报销基本要求

一、原始票据要求

各单位(或个人)取得的票据必须真实反映经济业务活动,并对票据的真实性、合法性负责。

(一)票据种类

1. 发票:由国家税务局监制、盖有全国统一发票监制章及加盖开具单位发票专用章的发票,常见发票包括:增值税专用发票、增值税普通发票、增值税电子普通发票、通用机打发票、通用定额发票。

2. 收据:财政部门印制、盖有财政部门票据监制章及加盖开具单位的结算专用章、收费专用章的票据,常见收据包括:非税收入票据、资金往来结算票据、行政事业性收费票据。

(二)票据印章齐全

1. 发票须具有税务机关统一印制的发票监制章,加盖开票单位印章,且在税务机关规定的发票使用有效期内。

2. 财政性票据须有市级以上财政部门统一印制的财政票据专用章,加盖开票单位印章,且在财政部门规定的票据使用有效期内。

(三)票据要素完整

1. 票据须具备开票日期、付款单位、经济业务内容、数量、单价、金额、填制人等要素,其中付款单位须填写"＊＊大学"(定额发票、机票、火车票、汽车票、船票等除外),统一社会信用代码填写"＊＊＊＊＊＊＊＊＊＊＊＊＊＊＊＊＊＊"。

2. 大小写金额须相符且不得涂改,金额有错误须重开,其他项目更改须在更改处加盖开票单位印章。

3. 业务内容笼统以及数量、单价未单独列明的,由开票单位提供加盖印章的明细清单,清单总金额应与发票金额相符。汇总开具增值税专用发票的,应使用防伪税控系统开具《销售货物或者提供应税劳务清单》,并加盖发票专用章。

(四)定额发票

须由经办人在票据背面注明经济业务内容、时间、数量、单价等事项。

（五）国内电子票据

由经办人打印电子发票,同时在保证票据真实性的情况下(可通过财务处网站首页进行增值税发票查验、电子客票/行程单验真),在财务网上综合服务平台申报预约单时上传电子发票文件作为报销凭证,电子票据文件名统一为发票代码-发票号码或票据代码-票据号码。

（六）境外票据

1. 境外发票一般应有"invoice"或"receipt"字样。若未取得有"invoice"或"receipt"字样的票据,可提供购物小票/订单/邮件和支付凭证,由经办人写明原因,可视同发票报销。电子凭证应打印纸质版,并由经办人在空白处签名承诺"此票据只报销一次,不再重复报销"。

2. 境外票据须翻译为中文并由翻译人签字。

3. 能提供银行刷卡记录或兑换水单的,按注明的汇率折算人民币报销;未能提供或没有明确列明的,按票据出具日期当月首日中国银行公布的外汇中间价折算人民币报销。

（七）合同

对于报销附件中需要提供合同的报销业务,合同的签署须遵照《＊＊大学合同管理办法(试行)》、《＊＊大学采购管理办法(试行)》中的相关规定。＊万元(含)以上的经济业务应签署合同;合同预付款一般不超过合同总金额的30%;合同上必须由双方法人或委托授权人签字并盖章,我方必须加盖学校合同专用章,注明签署合同的日期。

（八）明细单

对于报销附件中需要提供发票明细的报销业务,发票开具单位如为实体商户,须提供加盖发票专用章或财务专用章的明细清单;如为网络商户,须提供打印的订单或交易界面截图。

（九）票据报销有效期

当年票据(指开票日期)当年报销,年底封账期开具的票据,最迟于次年3月31日之前报销。

（十）整理粘贴要求

票据粘贴采用A4纸张,横版使用;按业务类型分类粘贴,张数过多应分页粘贴。每张票据正面朝上,由左向右四角平铺粘贴,左侧留出2-3厘米空白,以便装订;A4纸张大小的原始票据,无需粘贴,直接附在预约报销单后即可;除实名制票据外,须经办人在票据背面签字,并分类写明原始票据的合计金额和张数。

(十一) 其他报销要求

1. 同一经济业务事项严禁以各种理由或明目拆分。

2. 同一天同一地点采购同类物品开具若干发票的,无论是否连号均视为同一张发票处理;同一地点采购同类物品开具连号发票的,无论是否同一天均视为同一张发票处理。

3. 金额一万元(含)以上的发票,须提供发票所属税务机关开具的验真证明。

4. 发票正面禁止书写或标记。

5. 购买低值易耗品、材料、设备等票据,须有经办人、验收人签字。

二、财务审批要求

各级审批人应履行审批签字的权责。按照"谁主管、谁签字、谁负责"的原则,经费借款或报销时,须项目负责人和经办人签字。项目负责人为经办人时,须他人复签。签字时应使用亲笔签名,不得使用手签章,线上审批可以使用预留密码签章。

确因工作需要委托他人加盖项目负责人名章审批的,须出具项目负责人和被授权人签字的书面授权委托书。授权委托书须注明无法审批的原因、被授权人、授权审批范围、授权审批时限及其他需要特别注明的事项等,并加盖所在单位公章,提交财务部门备案。在未经授权的情况下禁止任何人代签。

根据《**大学财务审批管理办法(试行)》相关规定,学校资金的支付按照"预算控制,分级审批,统一支付"的原则管理:

1. 单笔支付额度在 10 万元以下(不含 10 万元)支出,由二级单位(部门)、归口管理部门负责人审批;

2. 单笔支付额度在 10 万元(含)至 30 万元的支出,由二级单位(部门)、归口管理部门审批负责人审批,财务处审核。

3. 单笔支付额度在 30 万元(含)至 50 万元的支出,经二级单位(部门)、归口管理部门负责人审批,分管财务校领导审核。

4. 单笔支付额度在 50 万元以上(含 50 万元)的支出,经二级单位(部门)、归口管理部门负责人审批后,单位(部门)、归口管理部门分管校领导审批,分管财务校领导审核。

5. 基建项目、大型修缮项目等根据学校的相关规定限额以上的,还须由审计处出具审计意见材料;限额以下的,由施工组织方提供本单位以外的第三方出具的审计意见材料。

三、资金支付要求

（一）严格执行中央预算单位公务卡强制结算目录

发生办公费、印刷费、咨询费、差旅费、维修（护）费、会议费、培训费、公务接待费、专用材料费等中央预算单位公务卡强制结算目录内的支出,应使用公务卡结算,原则上不得使用现金结算。不具备刷卡条件的,应通过学校对公账户转账结算。

（二）以下情况可使用现金结算

1. 在县级以下（不包括县级）地区发生的公务支出,以及野外科考发生的支出;

2. 单笔消费200元以下的公务支出;科研经费（经费代码2、3开头）1 000元以下的公务支出;

3. 火车、公共汽车、出租车、网约车、因公出国签证及代办费、快递费、过桥过路费等支出;

4. 学生、博士后、临时聘用人员、校外人员、离退休教职工以及尚未办理公务卡的新进教职工,因执行公务产生的差旅费（自驾车除外）;

5. 离退休教职工和学生经办的单笔1 000元以下的活动费支出。

（三）下列情况可不填列《未使用公务卡或对公转账结算审批单》

1. 通过外汇汇款或个人银行卡支付国（境）外版面费、会议注册费以及其他公务支出,并能提供支付凭据的;

2. 通过邮局汇款、支付宝、微信、个人银行汇款支付的国内版面费,并能提供支付凭据的;

3. 在未开设对公账户的个体户处购买货物,报销时直接将款项转入个体户个人账户（须提供营业执照复印件）;

4. 因教学科研需要向个人购买农副产品、租赁土地等,由税务局代开发票,报销时直接将款项转入提供商品或服务的个人账户。

（四）应该使用而未使用公务卡或学校对公账户转账结算的支出,原则上不予报销。确有特殊原因的,需填写《未使用公务卡或对公转账结算审批单》并提供相关证明材料,由经办人进行真实性承诺后,提交经费负责人审批。

日常报销业务

一、人员经费申报要求

1. 按照国家和学校有关规定,学校于每月 12 日统一发放教职工工资、津贴、离退休费、遗属生活补助费等,先由人事及相关部门核定发放人员范围、金额,并于当月 6 日前提交财务部门。

2. 在职在编人员个人零星收入、学生奖助学金、校外人员个人酬金收入,可随时在薪酬申报系统中进行网上申报。在职在编人员个人零星收入,统一于次月 1 日集中发放(遇节假日顺延)。

3. 发放人员经费时,财务部门按国家税法和学校有关规定代扣代缴各项税费后,依据实发数发放至个人银行卡。

二、办公费

办公费是指在学校业务活动中发生的随买随用办公用品支出。办公用品一般包括硒鼓、墨盒、打(复)印纸、笔、笔记本、文件夹、U 盘、移动硬盘、插排、鼠标、键盘等办公必备物品。报销时须提供发票、加盖供货商印章的商品清单。

使用学校公用经费报销办公费,按现行集中定点采购规定,需在政府采购网上商城采购。使用横向课题经费报销可不执行集中定点采购规定。

使用国家社会科学基金经费和自然科学类纵向科研经费报销办公耗材时,须提供项目计划书中列有办公耗材费用的经费预算复印件。

三、印刷费

印刷费是指在学校业务活动中发生的打印、复印、装订、冲扩、图文设计制作、视频录制及升级维护、光盘刻录等费用。报销时须提供发票、明细清单。金额超过 1 万元的大宗印刷、装订等费用,报销时须附合同。

四、图书资料费

图书资料费包括报刊、资料、杂志等。报销时须提供发票、明细清单。超市、商厦等商家开具的图书发票原则上不予报销。

使用校级图书购置经费等购置图书时,须办理图书类固定资产建账手续,报销时须提供"图书入库单"。

五、版面费、出版费

版面费、出版费是指发表论文、出版著作发生的版面费支出,包括在会议或期刊上发表论文、论文前期评审、论文检索查新、论文润色、修改、审稿等相关费用，以及专著、标准、图集等出版费用，包括国内版面费和国外版面费。

国内版面费报销须提供发票、论文录用通知或缴费通知，报销出版费还须附出版合同。

国外版面费报销须提供录用通知、缴费通知、支付记录、发票（Invoice）或收据（Receipt）以及支付当日中国银行或外汇管理局外币兑换人民币的汇率。其中，外文材料须提供重点内容的简要翻译。

此外，如论文录用单位与发票开具单位不一致，须提供相关证明材料。

六、咨询费

咨询费是指学校发生的支付给外单位的咨询支出，包括向财务、审计、法律、设计、战略等专业机构咨询时所支付的费用。报销时须提供发票、咨询合同。专家咨询费等需通过酬金系统发放。

财政专项经费项目、科研经费项目中的纵向课题等原则上不可报销咨询费。任务书中有咨询费相关预算的项目报销时须另附预算复印件。

七、手续费

手续费是指学校支付的各类手续费支出，包括汇款手续费、承兑手续费、换汇手续费、保函、资信证明费等。

换汇手续费应与相关出国费用、国外版面费用或购买境外专用设备的费用等同时报销，不予单独报销。

保函、资信证明等手续费原则上只能在横向科研经费中列支。

八、邮电费

邮电费是指学校开支的信函、包裹、货物等物品的邮寄费及电话费、电报费、传真费、网络通讯费等。报销时须提供发票、明细清单。

网络通讯费原则上由学校相关职能部门统筹管理，确有必要支出网络费的，报销时须注明网络使用地点。网络安装地址在校内的，报销时须经网络信息中心审签；在校外的，须提供与安装地址一致的房屋租赁合同等。

财政专项、纵向科研项目原则上不得报销日常办公使用的移动电话、固定电话、网络通讯等费用。确因项目研究需要支出的专业通信费，并在预算中列示的，须提供相关说明，注明通信目的、在项目中的作用、测试使用的SIM卡号码等，报销须提供任务书。

九、物业管理费

物业管理费是指学校外包保洁、绿化等后勤业务发生的费用,也包含购买清洁用品、鲜花绿植等发生的支出。报销时须提供发票、合同及所购物品明细。

专项经费项目及科研项目原则上不可报销此项费用。

十、国内差旅费

国内差旅费是指我校师生员工临时到常驻地以外开展调研、参加会议和培训等活动所发生的费用,包括城市间交通费、住宿费、伙食补助费和交通补助费等。报销时须提供往返城市间交通费发票和出差期间的住宿费发票,可根据出差情况按自然天数发放伙食补助费和市内交通费。

差旅费报销的具体规定参考《中央国家机关差旅费管理办法》(财行〔2013〕531号)、《中共辽宁省委办公厅 辽宁省人民政府办公厅〈关于印发辽宁省省直机关差旅费管理办法〉的通知》(辽委办发〔2014〕13号)、关于转发《辽宁省省直机关差旅费管理办法》的通知(辽宁*大发〔2014〕157号)

1. 出差人员报销差旅费执行如下基本规定:

(1)出差审批

在公用经费中开支差旅费,由出差人所在二级单位负责人审批。二级单位负责人出差,由所在单位其他负责人审批。出差超过3日,须提供出差审批单。

科研项目组成员出差,由项目负责人审批;项目负责人出差,由项目负责人所在二级单位负责人审批。

(2)城市间交通费

出差人员按照规定等级乘坐交通工具,报销单据上应注明出差人员的身份及级别,未按规定等级乘坐交通工具的,超支部分由个人承担。相应级别对应标准如下:

交通工具级别	火车(含高铁、动车、全列软席列车)	轮船(不包括旅游船)	飞机	其它交通工具(不包括出租小汽车)
省级及以上	火车软席(软座、软卧),高铁/动车商务座,全列软席列车一等软座	一等舱	头等舱	凭据报销

续表

交通工具级别	火车(含高铁、动车、全列软席列车)	轮船(不包括旅游船)	飞机	其它交通工具(不包括出租小汽车)
厅局级及以上	软席车(软座、软卧),高铁/动车一等座,全列软席列车一等软座	二等舱	经济舱	凭据报销
其余人员	硬席车(硬座、硬卧),高铁/动车二等座,全列软席列车二等软座	三等舱	经济舱	凭据报销

注:表中省级包括副省级;厅局级包括副厅局级。

省直机关职务级别与学校专业技术职务比照表

省直机关职务级别	比照的专业技术职务
省级及相当职务人员	院士及相当的专业技术职务人员
局级及相当职务人员	教授及相当的专业技术职务人员
其他人员	其他人员

城市间交通费按照乘坐交通工具的等级凭据报销,订票费、经批准发生的签转或退票费、交通意外保险费凭据报销;乘坐飞机出差,报销时应提供机票(电子客票行程单)和登机牌;通过电商平台购票,超过电子客票行程单打印期无法取得机票,须同时提供发票及网上购票订单,或与售票方签订的合同或协议。

(3) 住宿费

出差人员按照规定等级对应的标准开支住宿费,具体标准参照附表《省直单位工作人员到省外或大连出差按照财政部发布的中央和国家机关差旅住宿费标准》。

住宿费原则上应在限额标准内据实报销,超出部分由个人自理。

实际发生住宿而无住宿费发票的,原则上不得报销住宿费以及城市间交通费、伙食补助费和市内交通费。因特殊情况无法取得住宿费发票的,应当依据出差审批单、出差任务实际内容、城市间交通费凭证、报销人提供无住宿费发票的详细说明等,经单位相关领导批准后,可按照规定报销城市间交通费、伙食补助费和交通费补助,不得变相报销住宿费。

住宿费发票应注明住宿天数、人数(或房间数)、单价等基本信息,以便判断住宿费是否符合标准。如因客观条件限制无法在发票上体现住宿天数、人数(或房间数)、单价,出差人员应实事求是在发票背面予以注明并签字确认。

(4)伙食补助费

出差人员伙食补助费包干使用,按自然天数包干发放。发放标准除西藏、青海、新疆为120元/人·天外,其余地区均为100元/人·天。在途期间的伙食补助费按当天最后到达目的地的标准报销。

已由校外单位负担伙食费用的,不得在学校重复领取伙食补助费。

(5)市内交通费

市内交通费按出差自然(日历)天数计算,发放标准为80元/人·天,包干使用。往返机场(火车站、码头)的市内交通费可凭据实报实销,但不再发放当天的市内交通费。

已由校外单位负担市内交通费用的,不得在学校重复领取市内交通费。

2. 关于差旅费报销中其他特殊事项的规定:

(1)出差使用公务车辆出差,不报销市内交通费,当日往返的(包括沈阳市所辖的康平、法库、新民、辽中),按照规定程序审批后可按照标准报销伙食补助费。

(2)外出参加会议、培训的,报销时还须提供会议、培训通知。通知中未注明"伙食自理"相关内容的,仅可发放往返路途的伙食和交通补助。

(3)确因工作需要租车前往目的地的,用车期间(以用车起止日期为准)无交通补助。报销时须提供发票,注明用车起止日期、出发地和目的地的租车合同(协议)及租车审批单。

(4)邀请校外学者、专家或有关人员来校或赴外地开会、交流、访问、调研,报销时须提供加盖所在单位公章的邀请函或书面说明。

(5)经学校批准借调到国家部委等部门或赴外地扶贫等工作的,报销工作期间的房屋租赁费用时,须提供租房合同。

(6)教职工到外地参加各类短期学习培训的,半个月以内的(含半个月)按《辽宁省省直机关差旅费管理办法》执行;超过半个月的,应在学习单位住宿,宿费每学期不得超过 3000 元。超过部分自理。伙食补助每天 30 元,不发交通费。

（7）教职工到外地攻读博士学位的,每学期只报销一次往返车票,并按所在学校学生宿费标准凭据报销宿费,但每学期宿费标准不得超过 1500 元,超过部分自理。伙食补助每天 5 元。

（8）学生实习期间差旅费,在学校规定的实习经费限额标准内凭据报销,按照学生实习经费管理办法执行。

（9）研究生参加科研任务或出席学术会议的,经导师同意差旅费从导师科研项目经费中列支的,其出差视同一般教职工。

（10）研究生（含在职研究生）出差调研,费用从研究生业务费列支的,住宿费按一般工作人员标准的 1/2 执行,超过规定标准部分由个人自理。研究生出差期间,伙食补助、交通补助标准按一般工作人员标准的 1/2 执行。

（11）出差人员在出差期间所发生的全部费用（包括会务费、培训费、订票费、退票费、往返交通意外保险费等）,须连同当次城市间往返交通费、住宿费及出差补助等差旅费一起报销,事后不得补报。

十一、因公出国（境）费用

因公出国（境）费用是指在职教职工因公务出国（境）发生的国际旅费、国外城市间交通费、住宿费、伙食费、培训费、公杂费等支出。包括一般因公出国（境）费用和学术交流因公出国（境）费用。

报销因公出国（境）费用时须提供如下材料（打印件或复印件）：

1. 邀请函（中、英文）

2. 《因公出国（境）任务批件》

3. 《因公临时出国任务和预算审批意见表》

4. 护照首页及签证页

5. 出国（境）期间中国银行或外汇管理局外汇牌价

6. 各类票据（须用中文注明开支内容、日期、数量、金额、币种等重要信息）

十二、维修（护）费

维修（护）费反映学校日常发生的固定资产（不包括车、船等交通工具）修理和维护费用、网络信息系统运行与维护费用等支出,包括设备维修费、房屋维修费、网络信息系统运行维护费和其他维修费。

设备维修费是指在学校活动中发生的列入固定资产管理的仪器设备维修

及升级改造费用,包括维修计算机、服务器、空调、打印机、家具等办公设备产生的费用及更换配件的费用。报销设备维修费须提供维修明细;更换设备零件的,应依照辽宁工程技术大学资产相关管理规定办理手续后方可报销。

房屋维修费包括维修教学、办公、科研用途的房屋产生的费用以及实验室装修费用等。房屋维修费原则上由学校后勤、资产等职能部门统筹安排。报销时须提供发票、维修合同、工程验收报告、工程结算(决算)书、审计处出具的"审计意见书"原件。

专项经费项目及科研经费项目中的纵向科研项目原则上不可报销房屋维修费,任务书中有实验室改装费相关预算的纵向科研项目报销时须另附任务书。

网络信息系统运行维护费包括专用通讯网费、虚拟服务器升级费、云服务年费、数据恢复费等。网络信息系统运行维护费报销须提供相关缴费依据和发票。

其他维修费包括低值易耗品维修费、防护栏安装费、综合布线费等非设备类维修费。报销须提供维修明细。财政专项经费项目及科研经费项目中的纵向课题,如任务书中有其他维修费相关预算的,报销时须另附任务书。

十三、租赁费

租赁费是指学校租赁办公用房、教学科研用房、专用设备、专用通讯网络所发生的支出,包括房屋租赁费、专用设备租赁费、网络信息系统租赁费、其他租赁费等。

房屋租赁费一般为科研经费租赁科研用房发生的费用,报销时须提供发票、房屋租赁合同。

设备租赁费包括租用大型仪器、专用设备等产生的费用。报销时须提供发票、租赁合同。财政专项经费项目及科研经费项目中的纵向科研项目,如任务书中有专用设备维修费相关预算的,报销时须另附任务书。

网络信息系统租赁费包括租用专用通讯网、云服务器等产生的费用,报销时须提供租赁合同。财政专项经费项目及科研经费项目中的纵向科研项目,如任务书中有网络信息系统租赁费相关预算的,报销时须另附任务书。

其他租赁费是指用于与教学业务相关的场地租用费、服装租赁费等。报销其他租赁费须提供结算清单。财政专项经费项目及科研经费项目原则上不可报销其他租赁费,如任务书中有其他租赁费相关预算的,报销时须另附任务书。

十四、会议费

会议费是指学校组织召开(含主办、承办、协办)的各类会议、论坛等的支出,包括住宿费、伙食费、会议室租金、交通费、文件印刷费、医药费等。

根据《中央和国家机关会议费管理办法》(财行\[2013\]286号)、《辽宁省省直机关会议费管理办法》(辽委办发〔2014〕12号),报销会议费应符合以下要求:

1. 会议审批:

使用科研经费举办的国内业务会议,由项目负责人审核后执行;其他国内业务会议由各二级单位审批。

所有国内管理会议均由党政办审批。

所有在华举办的国际会议均由国际合作与交流处审批后报党政办批准。会议费报销时须提供发票、"举办会议预/决算表"、会议通知、参会人员签到表、伙食费和住宿费等费用明细清单等,与校外单位共同承办或委托会议服务单位承办的,还须提供合同。在华举办国际会议费报销还须提供教育部或其他同级部门批准办会的文件。

2. 会议会期和人数:

会议会期原则上不得超过2天,会议报到和离开时间不超过1天,会议人数一般不超过50人。会期在2天以上或参会人数超过50人的,遵循以下原则进行审批:

国内业务会议须经项目归口管理单位审批;

所有国内管理会议须经党政办审批;

所有在华举办的国际会议须经国际合作与交流处审批后报党政办批准。

原则上尽量避免在国家法定节假日召开会议。

3. 会议地点:

会议优先安排在学校内部会议室、礼堂、报告厅等场所。当校内不具备召开条件时,原则上安排在四星级以下(含四星)宾馆饭店召开。

会议召开地参会人员原则上不安排住宿。工作人员除必须住会的以外,不安排住宿。

4. 会议费开支标准如下:

会议类别	住宿费	伙食费	其他费用	合计
国内业务会议	400	150	100	650
国内管理会议	340	130	80	550
在华举办国际会议	700	200	300	1200

注1：综合定额标准是会议费开支的上限，各单位应在综合定额标准以内结算报销。

注2：不安排住宿的会议，综合定额按照扣除住宿费后的定额标准执行，住宿费不能调剂使用。

注3：不安排就餐的会议，综合定额按照扣除伙食费后的定额标准执行，伙食费不能调剂使用。

注4：使用实行预算控制的经费召开会议，应在经费批准的会议费预算额度和标准内开支会议费。

5. 会议费结算方式：

会议费须以对公转账的方式结算。

6. 借款和报销：

主办会议借款时须提供《＊＊大学会议审批表》；

主办会议报销时须提供《＊＊大学会议审批表》、会议通知（应包含会议名称、会议内容、时间地点等）及与会人员签到表、会议服务单位开具的费用原始明细单据或电子结算单等。委托会务公司代办会议事项的，还须提供与会务公司签订的合同及费用明细清单。

工作人员因公参加校外会议缴纳的参会费，应凭参会通知及缴费通知在差旅费中报销。

举办会议发生的全部费用，须一次性报销完毕，事后不得补报。

十五、培训费

培训费是指除因公出国（境）培训以外的，由学校各单位举办培训发生的师资费、住宿费、伙食费、培训场地费、培训资料费、交通费以等各类培训费用。

工作人员因公参加校外培训缴纳的培训费，报销时应提供培训通知及缴费通知等。

我校主办培训时，根据《中央和国家机关培训费管理办法》（财行〔2016〕540号），应符合下列要求：

1. 培训审批：

各二级单位培训主管部门应当制订年度培训计划（包括培训名称、目的、对象、内容、时间、地点、参训人数、所需经费及列支渠道等），经学校批准后施行。

2. 培训开支标准

除师资费外,培训费实行分类综合定额标准,分项核定、总额控制,各项费用之间可以调剂使用。综合定额标准如下:

(单位:元/人天)

培训类别	住宿费	伙食费	场地、资料、交通费	其他费用	合计
三类培训	340	130	50	30	550

三类培训是指参训人员主要为处级及以下人员的培训项目。以其他人员为主的培训项目参照三类培训标准执行。对未履行审批程序的培训,以及超范围、超标准开支的费用不予报销。

组织培训的工作人员控制在参训人员数量的10%以内,最多不超过10人。

3. 培训费结算方式

培训费须以对公转账的方式结算。

4. 借款与报销

借款时须提供《**大学培训审批表》、培训通知。

报销时须提供举办培训预/决算表、培训通知、实际参训人员签到表以及培训服务单位开具的费用原始明细单据、电子结算单、发票等。与校外单位共同承办的和委托其他单位承办的还须提供合同。

报销培训师资费,应当提供讲课费签收单或合同,异地授课发生的城市间交通费、住宿费、伙食费按照差旅费报销办法提供相关凭据在标准内据实报销。

举办培训发生的全部费用,须一次性报销完毕,事后不得补报。

十六、公务接待费

公务接待费是指学校按规定发生的各类公务接待(含外宾接待)费用支出,包括接待时产生的住宿费、伙食费、宴请费、交通费、赠礼等。

报销国内公务接待费参考《**大学公务接待管理办法》,须提供发票、单位公函(邀请函、访问函、会议通知等证明公务活动的有关材料)、《**大学国内公务接待审批单》、消费明细清单等。

报销外事接待费参考《**大学外事接待管理办法(暂行)》,须提供《**大学外事接待清单》、各类票据(应用中文注明开支内容、日期、数量、金额等重要信息)、外宾来华期间的外币对人民币的汇率等。

十七、专用材料费

专用材料费是指学校业务活动中消耗的各种原材料、辅助材料、低值易耗品的采购及其运输、装卸、整理等费用,包括日常教学、科研中使用的消耗性材料、器件、工具,专用服装、消耗性体育用品等。采购专用材料费须按照《＊＊大学采购管理办法(试行)》相关规定执行。报销时须提供发票、明细清单。

材料所有权归属校外单位的,报销时须提供写明材料(设备)所有权归属的合同或经科研管理部门审批的材料购置说明报告。

十八、劳务费

劳务费是指在学校业务活动中发生的专家咨询费、讲座讲课费、论文答辩费、学生助研费等劳务费用。其中,科研项目中的劳务费是指在项目实施过程中发放给校内没有工资性收入的学生、校外人员的劳务性费用支出,原则上通过银行转账方式向校内和校外人员发放劳务费,并依法代扣代缴个人所得税。

发放对象为校内教职工的,须随当月工资一起发放。从科研经费发放,须提供"劳务费发放明细表";从科研项目绩效发放,须提供"科研绩效发放表";从非科研经费发放,须提供"教职工个人酬金发放明细表"。

发放对象为在校学生或校外人员的,通过预约系统的个人酬金发放模块申报,报销时须提供"酬金申报预约单"。向在校学生发放,预约申报时须填报学生学号、工作时间、工作内容等;向校外人员发放,预约申报时须填报姓名、身份证号、工作单位名称、职称或职务、银行卡账号及开户行名称、工作时间、工作内容等信息或提供"劳务费发放明细表"。

向校外人员发放劳务费,已自行在税务局代开发票的,须通过预约系统日常报销模块预约,填写姓名、工作时间和内容,报销时须提供发票。各单位、课题组等长期聘用的劳务派遣人员支付工资和社保费用,须报人事部审批。报销时须通过预约系统日常报销模块预约填报,提供人力资源公司开具的发票、工资(社保)明细表。发放外籍人员的劳务费,须提供外籍人员护照首页复印件及出入境记录等。

十九、福利费

职工福利费是指用于教职工住院、重大疾病、生活困难等补助、慰问及其他个人福利和集体福利的费用。应在各单位职工福利基金中发放和报销职工福利费。发放和报销时须提供发票、发放名单、情况说明。

二十、公务用车运行维护费

公务用车运行维护费是指学校经上级部门批准保留的公务车辆发生的车辆保险费、燃料费、过桥过路费、车辆维修费和安全奖励费用等费用。

公车运行维护费应由党政办统筹安排,报销时须提供发票、公车维修清单、公车保单等明细清单(含车牌号信息)。

二十一、测试化验加工费

测试化验加工费是指学校在科研、教学项目的测试费、化验费、电路板制作费、加工费、焊接费等。报销时须提供发票、测试单位资质证明、结算清单、测试结果报告或验收单。其中,科研项目报销一万元(含)以上的测试加工费须提供《＊＊大学经费外拨审批表》。

二十二、科研协作费

科研协作费是指在科研项目研究过程中,由于技术、工艺和设备等条件的限制,依据合同约定必须将部分研究工作委托给项目参加单位以外的其他单位所发生的费用。

支付科研外协费时,须提供学校与接收经费单位的科研外协合同或协议、《＊＊大学经费外拨审批表》、协作单位出具的合法有效的票据。

二十三、会员费

会员费是指向国内相关科研、学术等团体或组织缴纳的会费。报销会员费须提供发票、缴费通知书。财政专项经费项目及科研经费项目中的纵向科研项目原则上不可报销会员费。

二十四、广告宣传费

广告宣传费是指用于与教学、科研等业务相关的宣传费用,包括条幅、海报、展板等的制作费,宣传设计费,展位费等。广告宣传费报销的发票内容应为购买物品明细。财政专项经费项目及科研经费项目中的纵向科研项目原则上不可报销广告宣传费。

二十五、招投标代理费

招投标代理费是指学校委托招投标代理机构进行招投标而支付给代理机构的代理费。报销时须提供发票、招投标代理合同或协议。

二十六、燃料动力费

燃料动力费反映学校发生的可以独立计量的燃料消耗费用支出。

报销燃料动力费须提供发票、收费方盖章的结算清单。科研经费项目中的纵向科研项目,任务书中燃料动力费有汽油费等相关预算的,报销时还另须提供任务书复印件、燃料费计费依据等。

二十七、专利费

专利费是指用于与教学、科研等业务相关的专利费用支出。报销时须遵循以下原则:

1. 自行缴纳专利费的,报销时须提供国家专利局专利费收据。

2. 委托专业代理机构缴纳专利费的,报销时须提供代理公司开具的发票、代理公司盖章专利请款单或缴费明细。其中,1万元以上的代理费用还须提供代理合同。

财政专项经费项目及科研经费项目中的纵向科研项目报销专利费时,不能列支专利年费、恢复费等。

因迟交专利费产生的滞纳金等不予报销。

二十八、设备费

购置设备应依据《＊＊大学固定资产管理办法》、《＊＊大学采购管理办法(试行)》等规定。

通用设备购置反映学校用于购置并按财务会计制度规定纳入固定资产核算范围的办公家具和办公设备所发生的支出,包括购置计算机、打印机、空调、家具等设备。

专用设备购置反映学校用于购置有专门用途并按财务会计制度规定纳入固定资产核算范围的各类专用设备所发生的支出,包括购置科研、教学用途的专用设备。

报销设备购置费须提供相应的采购手续、合同、固定资产验收单、发票。报销进口仪器设备时,还须提供进出口公司出具的付款通知书、学校与供应商的进口设备技术及售后服务协议、进出口公司与供应商的合同。

图书购置费是指学校购置的图书、期刊、数据库等。报销时须提供发票、图书资产验收单、合同及清单。

软件购置费是指购买与教学、科研等业务相关软件的支出。报销时须提供相应的采购手续、购置明细及验收单。

使用财政专项和纵向科研经费报销设备费时,须提供项目计划书列有相关费用的经费预算页复印件。

二十九、党建活动费

党建活动费是指各级党组织开展主题党日、学习调研等党建活动发生的租车费、城市间交通费、伙食费、住宿费、场地费、讲课费、资料费等费用。报销时须提供发票、明细清单、活动情况说明(含活动内容、时间、地点、人员名单等)等。确需将党建活动委托给校外单位组织的,报销时须提供合同。

三十、党费

党费主要作为党员教育经费的补充,必须用于党的活动。报销时须提供发票、明细清单、活动情况说明(包括活动内容、时间、地点、人员名单等)等。

参考文献

1. 财政部.《政府会计制度—行政事业单位会计科目和报表》(财会〔2018〕3号)[Z],2018
2. 财政部.关于高等学校执行《政府会计制度—行政事业单位会计科目和报表》的补充规定(财会〔2018〕19号)[Z],2018
3. 周亚君,陈志斌.政府会计制度解构与账务处理[M].北京:中国财经出版传媒集团,2018.12:133-135
4. 辽宁省教育会计学会.高等学校内部控制实施指南[M].大连:东北财经大学出版社,2018.12:10-11